体育概念研究

——体育价值回归教育本质的视角

蒋红霞 著

上海交通大學出版社
SHANGHAI JIAO TONG UNIVERSITY PRESS

简介说明

体育是教育的重要内容，本书综合运用文献分析、历史分析、逻辑分析、比较研究等多种方法，系统梳理古今中外体育发展历程，通过分析国内外体育概念的词源、语义、语用等，把体育界定为“以身体活动为主要形式的教育活动”，为推动我国体育创新发展提供理论参考。

图书在版编目(CIP)数据

体育概念研究：体育价值回归教育本质的视角 / 蒋红霞著. — 上海：上海交通大学出版社，2022.9

ISBN 978-7-313-27188-4

Ⅰ. ①体… Ⅱ. ①蒋… Ⅲ. ①体育事业—发展—研究—中国 Ⅳ. ①G812

中国版本图书馆 CIP 数据核字(2022)第 139102 号

体育概念研究——体育价值回归教育本质的视角

TIYU GAINIAN YANJIU——TIYU JIAZHI HUIGUI JIAOYU BENZHI DE SHIJIAO

著　　者：蒋红霞

出版发行：上海交通大学出版社　　地　址：上海市番禺路 951 号

邮政编码：200030　　电　话：021-64071208

印　　刷：广东虎彩云印刷有限公司　　经　销：全国新华书店

开　　本：710mm×1000mm　1/16　　印　张：17

字　　数：261 千字

版　　次：2022 年 9 月第 1 版　　印　次：2022 年 9 月第 1 次印刷

书　　号：ISBN 978-7-313-27188-4

定　　价：89.00 元

本书得到贵州大学引进人才科研基金、
社科学术出版基金资助（部分资助）

我国体育发展中的价值诉求(代序)

一

2016 年 5 月，国务院办公厅发布《关于强化学校体育促进学生身心健康全面发展的意见》(国办发〔2016〕27 号)，其中指出“学校体育仍是整个教育事业相对薄弱的环节”“学生体质健康水平仍是学生素质的明显短板”。2017 年 3 月，《学校体育工作条例》修订。2017 年 9 月，中共中央办公厅、国务院办公厅印发《关于深化教育体制机制改革的意见》，要求“切实加强和改进体育”。2019 年 8 月，国务院办公厅印发《体育强国建设纲要》，规划了“到 2050 年，全面建成社会主义现代化体育强国”的目标。2020 年 9 月，国家体育总局和教育部近日联合印发《关于深化体教融合促进青少年健康发展的意见》，再次强调“要加强学校体育工作”。没有体育的发展，教育是不完整的。重视学校体育、发展学校体育、改革学校体育，已成为新时代深化教育改革创新的重要内容。

多年来，学校体育因实际开设课时比计划课时少、实际授课难度比教学计划低、体育教师资源不足、青少年体质健康测试结果不理想等问题饱受诟病。为什么学校体育得不到足够的重视呢？难道是人们不知道体育的益处吗？显然不是，体育强健身体、锤炼意志、增进团结的作用可谓尽人皆知。但是，没有更深层次的价值认识，还不足以使人们愿意在体育上投入更多的时间和精力。因此，学校体育所处的困境，恰是体育价值问题的现实反映。

2016 年 8 月，习近平指出，在我国体育发展的进程中要“加快推进体育改革创新步伐，更新体育理念”。2020 年 9 月，习近平在教育文化卫生体育领域专家代表座谈会上，再次强调：“要科学研判体育发展面临的新形势，坚持问题导向，聚焦重点领域和关键环节，深化改革创新，不断开创体育事业发展新局面。”近年来，我国体育理论研究成果不断增多，视野不断扩展，但为人们提供体育价值认识、价值判断、价值选择、价值评价等的能力还有待提升。进入新时代，体育实践的发展变化迫切需要思想观念的创新，思想观念的创新必然需要理论研究的创新，研究体育的价值问题和价值重构，可看作通过理论创新推动体育实践改革发展的具体行动。

那么，什么是体育？什么是学校体育？除了学校体育，还有什么体育？其实，在人类漫长的体育历史中，并未严格区分过什么是学校体育，什么不是学校体育。学校体育不过是在现代学校普及以后的新叫法。但是，体育概念的混沌状态严重地干扰了人们对体育价值的认知。因此，在人类体育发展的历史长河中研究体育形态，辨析“体育”概念的由来，更有助于分析体育价值的现存问题及其原因，更有助于找出学校体育价值重构的方向和路径。

二

人类世界是价值充盈的世界，人类自我传承、自我发展与自我实现的过程是价值生发和转化的过程，人之主体性是价值生成的根本动力。在这一逻辑前提下讨论体育价值，要认识到人之主体性是在实践中不断生成的，价值也是在实践中不断生成的，而体育价值的生成是在规范、丰富和发展人自身的身体活动来改造自身、发展自身的过程中实现的，它以人之主体性的生成为价值归依；要抛弃把体育价值视为某种给定的、独一无二的造物的想法，改变体育价值只有一种实现路径的念头；要发现人之主体性的生成是人在主体性活动中实现的，体育的产生与发展既是人主体性发挥的产物，也以培育人的主体性为其本体价值。

具体而言，体育是人能动地、有意识地在生产生活中总结、创造出来的发展身心的身体活动，人通过把自发的、无序的身体活动发展为自觉的、有序的身体活动，联结了教育者、被教育者与体育资料等体育过程的简单要素，又通过与政治、经济、文化等外部要素的交互作用实践着其育人价值。其中，社会历史的变迁不仅为体育的内容与手段提供了丰硕的资源，也为体育从非形式化走向形式化，进而走向制度化奠定了社会基础。因此，人类体育的历史就是体育价值生发和转化的历史，人之主体性的发挥表现为对体育目的进行预想、反思与校正，表现为对体育内容和形式进行创新、选择与调整，表现为对体育方法、资料进行创造与改革，表现为对体育活动的自主自觉实践。

认识到体育是人的主体性活动，并具有培育人之主体性的价值经历了漫长的历史进程。受本体论与认识论限制，人并非一开始就认清自己在体育中具有主体地位，而是把体育价值目标设置为某种悬设的理想人格，把人之主体性在体育中的生成固定为某种理想人格的实现，而不是人之主体性的彰显。就好像人们并不是一下子就意识到并承认儿童在教育中具有主体地位一样，人在体育中的主体地位至今未能得到深层次的确认。这在以下三种典型的体育价值形态中能得到较好说明。

以德性为价值取向的古希腊体育从神之德性那里获得价值启示，在城邦之德性那里获得实践空间，最终把人(公民)之德性确立为体育的价值目标，从而把德性这一价值主线贯穿在古希腊体育的兴衰成败中。从身体到灵魂，古希腊人通过对德性的前瞻性认识，一步步地明确了体育的发展方向，构建了西方古代教育的先进范型。古希腊体育在实践着虔诚、忠诚、勇敢等德性的同时，也在协调着体育与智育、德育、美育之间的关系，但它始终没有脱离城邦德性的范畴。受时代和认识的限制，古希腊体育一旦失去城邦政治和伦理基础，其作为特权阶层完善灵魂手段的历史作用也就告终了。

以理性为价值取向的西方现代体育得以发展的价值根源是文艺复兴、宗教改革和启蒙运动中对“人”的发现和追求，理性是其鲜明的价值指向。但是，理性的吊诡之处在于：政治上的民主潜存着帝国的诞生，经济上的自由隐匿着垄断的形成，科学上的进步暗藏着技术的侵占，与政治、经济、科学关联甚密的体育又如何能独自阻滞理性分裂的僭越？卢梭曾一针见血地指出“所有的科学中最为有用但发展最少的就是有关于‘人’的知识”①，的确，人们可以用科学的方法、先进的技术研究人的身体、改造人的身体，可以用公平的制度保障体育的实施，却依旧无法彻底解决身体被压抑、被贬斥的状态，身心和谐发展的教育目标至今没有完全实现。放置在理性主导的教育体系中的体育已经在人类体育史上书写了光彩的一页，然而体育摆脱了禁欲主义的囚禁，却又陷入悬置的理性之中。理性之于体育的悖论恰恰是借助外在于人的制度、器具去实现人自身的完善，人的自主性、自觉性无从实现，理性无法为其自身解围。

与上述二者相比，以心性为价值取向的我国古代体育却有着截然不同的风貌。在我国古代“纳国家于伦理，合法律于道德，而以教化代政治”的社会历史背景中②，无论是对仁礼关系的厘清，还是对天人关系的探源，抑或对心性关系的具体化，我国古代教育以德育最为成熟和完善，一以贯之的是以圣贤君子为教育目标，以人伦关系为现实载体，向内主静的我国古代体育不可避免地也要以修仁德入仕途为现实目标。历史地看，受“重文轻武”教育理念影响的古人由于缺乏现代体育竞争精神和竞技能力在近代同西方的较量中败下阵来，我国古

① 卢梭. 论人类不平等的起源[M]. 吕卓，译. 南昌：江西教育出版社，2014：10.

② 梁漱溟. 中国文化要义[M]. 上海：上海人民出版社，2005：122.

代体育也没有发育出西方式竞技运动，但扎根于我国古代哲学、宗教、医学等之中的我国古代体育，不断从培养贵族子弟、武士、官僚士绅的官学中演化为古代社会的民俗，从宫廷走向民间，从而在养生保健、民俗娱乐等方面得到了发展。诚然，在我国古代教育体系内，武学是没有得到充分重视的，从武举制和武学设立的目的、目标、内容、评价体系等来看，也不能过高地估计古代体育在教育中的地位。

体育价值形态是集中的、典型的体育价值的凝练过程，能反映出一定时空中较为稳定的体育价值观念、价值评价、价值路径等。上述三种体育价值形态均在人类体育史上留下了浓墨重彩的一笔，其丰富的体育价值思想与价值实践将永远为人类体育发展提供历史借鉴和历史启迪。体育价值形态的多样性，历史地证明了人对未来可能性的追求是如此的不同，然而人们往往被一种形式或现象所蒙蔽，忘记了其他可能性的发展；又或者因为固守在某一体育价值形态中而武断地强行比较不同体育价值形态的横切面，以致忽略了、轻视了其他体育价值形态对发展人之主体性的意义。因此，认识不同体育价值形态在某一地域、某一族群、某一历史阶段的积极作用，是认识人之主体性朝向无限可能性发展的必要内容。

同时也应看到，作为中西方体育源头的我国古代体育和古希腊体育，和作为现代体育典型形态的西方现代体育，由于否认了或窄化了人是主体这一根本认识，其体育价值取向又各有历史局限性。古希腊体育把人的德性建立在灵魂对身体的辖制上，身体的训练是智慧、勇敢、节制、正义“四主德”的要求，“无孔不入”的公共生活否认了人的个性自由，身与心的和谐发展存在一定的缺失。西方现代体育重视对身体更快更高更强的激发，但过度依赖科学技术，无法避免工具理性把身体对象化、工具化和功利化，暴露出了理性价值取向身心二元化的弊端。心性为我国古代体育设定了身、心一元化的路径，却过多地追求内在修为，我国古人重视武德修为，偏好养生和娱乐，他们不是把竞技活动完全独立出去，而是把竞技运动也融入修心养性之中，从而弱化了外在的竞争与对抗。

体育不单单是对身体活动形式的简单汇集，更是对身体潜能的一种启蒙，是通过身体活动对人的身与心的一种探索和协调，是对人的本质的仰望和追寻。因此，以德性为价值取向的古希腊体育、以理性为价值取向的西方现代体育、以心性为价值取向的我国古代体育，共同指向塑造人、培养人这一价值目标，不过是在对人的不同价值预设中开拓了各自的价值路径。古希腊体育把身体的训练看作智慧、勇敢、节制、正义“四主德”的内容，整体呈现“重力”景象；西方现代体育在重视激发身体更快更高更强中显现“尚动”面貌；我国古代体育则过多追求内在修为，凸显出“主静”的风貌。无论是“重力”“尚动”还是“主静”，都隐含着人们对人性的认识和假设，德性、理性和心性的体育价值取向是历史地形成的，其局限性也将在不断发展中不断被超越。

三

黑格尔有句名言：“凡是合乎理性的东西都是现实的；凡是现实的东西都是合乎理性的。”[①]这句话常被人们津津乐道地用以维护自己的所作所为。但是，恩格斯的《路德维希·费尔巴哈和德国古典哲学的终结》和列宁的《哲学笔记》都曾就此问题进行过阐述，核心思想是现存的不都是现实的，“现实性决不是某种社会状态或政治状态在一切环境和一切时代所具有的属性”[②]，“现实高于存在并高于实存”[③]，当事物失去其必然性时，其不符合理性的一面便会暴露出来，由新的拥有必然性的事物取而代之。因此，各种体育形态也不过是人类体育史里暂存的一角，曾经被人们视为理想化的体育形态必然会被更高级的体育形态所取代，而取代的过程必然伴随着现存体育的挣扎，内隐着不同体育价值观之间的交流、碰撞、融合，这在我国体育进入现代体育的过程中表现得尤为突出。

在我国，现代体育的产生与发展是特殊语境下的产物。从19世纪末至20世纪上半叶，现代体育先是在教会学校、洋务学堂中萌芽，后在1904年以“体操”之名成为初等小学、高等小学、中学的修学科目，并于1923年更名为“体育”。这一时期，尽管社会体育得到了《国民体育法》的确认，却受经济社会条件限制没能很好地开展起来。因此，学校体育仍是体育的主力，“身体教育”仍是“体育”的主要内涵。20世纪下半叶至21世纪初，受国际竞技运动发展壮大的推动，我国在“普及与提高相结合”的体育工作方针指导下，出现了社会体育、学校体育和竞技体育等三种“体育”并存的局面，受竞技体育在实践中发挥统领作用的影响，“大体育观”也较“真义体育”更占上风。于是，体育的内涵是身体、心理、精神和社会适应能力的教育，其外延却是以竞技运动为统领、学校体育与社

---

① 黑格尔. 法哲学原理[M]. 范扬，张企泰，译. 北京：商务印书馆，2010：11.

② 恩格斯. 路德维希·费尔巴哈和德国古典哲学的终结[M]. 中共中央马克思恩格斯列宁斯大林著作编译局，编译. 北京：人民出版社，2014：8.

③ 列宁. 列宁全集：第55卷：哲学笔记：1895—1916年[M]. 中共中央马克思恩格斯列宁斯大林著作编译局，编译. 北京：人民出版社，1990：131.

会体育同时发展。在经历了2008年北京奥运会的辉煌后，我国体育发展的历史任务已经从体育大国转变为体育强国，体育的对象从少数人转变为所有人，体育的目标也从提高竞技运动水平转向培养人的身心健康，但“大体育观”仍盛行不已。

受体育内涵与外延变化的影响，人们对体育的认识出现了历史性偏差，主要是把竞技运动当作体育对待，产生了“竞技运动即体育”“体育即竞技运动”的认识误区；又受钟摆效应的影响，体育的发展总是无法从政治、经济、文化的影响中找到自己的定位。

首先是在历史维度中，古与今的碰撞所引起的体育价值偏执。自清末“天朝上国”的美梦破碎之后，我国古代体育被突如其来的西方现代体育侵袭，打破了原来的运行轨迹。从清末学堂废弃封建武学起，西方现代体育便作为我国教育早期现代化的重要内容，凭借效仿国外先进教育制度、同国际体育接轨的特殊优势成为我国体育的主体内容。我国古代体育所作的抗争是以中华新武术为矛头，发起“土洋体育之争”，在学校体育中赢得了一席之地。不过时值“德先生”和“赛先生”受推崇之际，随后又进入了数十年的动荡时期，我国古代体育虽也不拒改革，却难以满足人们的心理需要与实际需要。直至20世纪末，我国不断增强的综合国力为继承和发扬我国古代体育中的优秀部分奠定了基础。我国古代体育中的优秀部分经过改良后被称为民族传统体育，现在已经进入体育课程和教材体系。

其次是在教育维度中，基于身与心的异议所引起的体育价值弱化。在早期社会中，人一切求生的知识、谋生的手段都是通过身体活动直接体现和传承的，体育成为人类教育的最早内容之一，并在相当长的时期中占据绝对的主导地位。然而，人的主体性绝不限于对身体的发展，智育、德育、美育因其对心智、精神的特殊价值，很快地从根本上改变了体育在教育中的地位。现在，在主智主义实际统治教育的情况下，“无力的体育”与“孤立的体育”便是无“人”的体育与无“育”的体育的真实写照。其深层原因是人们更加重视对心智、精神的培养，体育价值被弱化为对身体的培养或通过身体的培养，从而难逃被冷遇的命运。

最后是在社会维度中，体育无时无刻不被政治、经济、文化等环境因素交织而成的价值之网包裹，从而引起体育价值的泛化。我国体育进入现代体育历史进程是外源性诱发所致，我国现代体育是社会历史急剧变革的产物之一，政治社会价值一直左右着体育价值，竞技运动把体育的对象特殊化便是因此而致。当下，体育产业的崛起也将是体育价值泛化的一种新威胁，它极易诱使体育的经济价值扶摇直上。另外,在社会文化中长期存在着的“看客”与“实用”心理加剧了人们对体育的拒斥。这种把体育作为推动政治、经济、文化发展“万金油”的“适应论”论调只会导致体育的育人价值消解。

现存体育价值问题的根源,一方面是在认识上通过价值预设的方式把给定的人性等同于人的本质贬抑了人的主体性;另一方面是在实践中,人与体育活动、体育的结果形式、体育中的人相异,阻隔了体育价值的实现;体育中教育者与受教者主体地位模糊,失去了对体育本体价值的坚守。因此,重构体育价值,先要构建一种认识框架或实践框架,即“主体性体育价值”。主体性体育价值肯定教育者和受教者在体育中的主体地位,改变无“人”的体育;确立体育培育人的主体性价值目标,改变无“育”的体育。其要义在于:第一,摒弃先验主义或逻辑主义的方法,抛去人们头脑中既定的、悬设的理想人格,用生成的思维对待体育价值主体,在人的主体性的历史的、动态的变化发展中把握体育价值,重视人的主体性的发挥;第二,摒弃“适应论”论调,从身与心同一、个人与社会统一两个维度来消除人的自然性与社会性、个体化与社会化之间的隔阂,旨在观照人之主体性在体育中的生成。

综上,这一百多年来,在我国体育的发展历程中产生着的体育价值偏执、弱化和泛化还在持续,关于体育价值认识的两种立场——“健康论”与“技能论”的争鸣也在进行。通观我国现代意义上的学校体育在引进传播和深化推广两个历史时期中的具体实践,从“强种强民”的直接目的到“健康第一”的指导思想,反映出“技能论”先声夺人、“健康论”后占据主导地位的演进轨迹。现在,健康一词的内涵已经扩展为身体、心理、精神、社会适应能力的协调一致,体育的育人目的也已开始从对身体的培育发展为对人身心的整体培育,蕴含着人的全面发展教育观,更能贴近人们的价值目标。然而,近十年来,人们对健康一词在认识上的进步似未在实践中取得预期的成效,人的全面发展目标也未能改变体育的边缘化地位,体育所受的非议不减反增,终身体育、快乐体育、人文体育等思想也还在议论之中,体育价值选择困难、体育价值评价无力、体育价值冲突激烈依旧不容忽视。也就是说,我国体育在经历了学校体育为主力、竞技体育为统领的两个阶段后,已经步入了更加重视人的全面协调发展的新时期,新的发展必然需要新的体育价值观来引领。

四

如果人能使所有的结果形式都符合事先拟定好的计划、方案,那么人就是完全占有了自己的本质，就能自由自觉地按照自己的意向形成和创造历史。但是，恩格斯早就提醒大家："如果用这个尺度来衡量人类历史，甚至衡量现代最发达的民族的历史，我们就会发现：在这里，预定的目的和达到的结果之间还总是存在着极大的出入。"①体育价值的实现也无法规避这个历史法则，如果人在每一个历史阶段所预设的体育价值都能精确地付诸实践，那将不会存在什么体育价值问题。

不同的体育价值形态反映出人在社会历史变迁中，出于对人的本质的不同认识，形成了不同的价值目标和价值路径，为人在体育中发展主体性积累了宝贵经验和财富。这些都是人之主体性活动的产物，都是人在占有自己本质的道路上形成的阶段性成果，都曾对推动人类体育发展发挥过积极的历史作用，并无优劣之分，相互之间不具有排斥性。因此，无论体育价值形态如何变化，育人才是体育的本体价值，其核心是在育体中培育人的主体性，体育的政治价值、经济价值、文化价值等不过是体育在发展演变中与其周围环境相互作用产生的工具价值。一旦工具价值凌驾在本体价值之上，就会遮蔽培育人的主体性这一价值理想，从而令人丧失对体育的自主性、自觉性、自由性，远离人的本质。

需要澄清的是，体育中有大量与竞技运动、养生健身、休闲娱乐相同的身体活动形式，其中也有直接可见的各种功能，但不能因此就说体育与竞技运动、养生健身、休闲娱乐是等同的。作为职业化的、以取胜为目的的竞技运动早在古希腊时就已与以培养公民为目标的体育产生了分野，而养生健身、休闲娱乐等身体活动也均与以育人为目的的体育大相径庭。因此，体育的本质是教育，从人的主体性发展来看，体育从自发性、偶发性、松散性到自觉性、经常性、集中性的转变，是人的外在行为和内心体验在身体表达上取得的一致，是成"人"的教育。体育不是少数人的特权。打个比方，体育就好像布料工厂，不同的活动形式犹如织布的线有粗有细，织成的布有厚有薄，竞技运动、娱乐、健身、军事等就好像不同的服装工厂，根据自己的需求把布料裁剪缝合，做成西装、衬衣、裙子、裤子等，因此体育不是直接把人培养成某一种运动员，而是把人培养成具备一定体育知识、掌握一定体育技能、自觉养成身体活动习惯、善于创造和发现体育之美的具有各种发展可能的人，并以其自身主体性在一定社会历史条件中选择自我、发展自我、完善自我。

因此，把"体育"界定为"以身体活动为主要形式的教育活动"是在超越以

---

① 恩格斯. 自然辩证法[M]. 中共中央马克思恩格斯列宁斯大林著作编译局，编译. 北京：人民出版社，2015：22.

“身体教育”为内涵的“真义体育”和以“竞技运动为核心”的“大体育”后的“新体育”,是学校体育、家庭体育和社会体育贯通的“新体育”。以此“新体育”为逻辑起点的以培育人的主体性为目的的价值观被称为“新体育观”。“新体育观”的实践,首先,需要在全社会形成一种普遍的认识与理解,还“竞技体育”以“竞技运动”的本来面目,还“体育”以“教育”的本来面目,摒弃“看客”心理和“实用”心理;其次,修改现行《中华人民共和国体育法》为《中华人民共和国体育与竞技运动法》,改革现行的体育制度,从法律、制度层面厘清体育与竞技运动的关系;最后,当前体育立法尚不完善,体育制度还不健全,相比于更需人的自主性的家庭体育和社会体育而言,学校体育以其制度性优势更能以规范化的手段提升人的自主性。因此,把学校作为体育改革的重点场所,实施以学校体育为主体、以家庭体育与社会体育为两翼的“一体两翼”发展策略在现阶段是较为可行的。当然,除了这些措施之外,硬件投入与建设、师资培养等也都是发展体育的重要内容,但这里只能提纲挈领地指出重塑价值意识、修改现行法律和制度、实施“一体两翼”的发展策略这几个必要条件。

现象越是复杂,体育越易脱离育人价值。本书不把体育作为一项社会活动,也不把体育作为更广意义上的文化活动,而是把体育作为一项教育活动,在理论上构建“主体性体育价值”的设想,是在把握已有体育价值观的共同特征和体育实践发展趋势的基础上,不再把某种先验的、假定的理想人格当作终极目的,而是主张要观照人之主体性在体育中的生成,其意蕴为人之主体是体育价值的创造者、实现者和享有者,人之主体性的根本在于使价值的创造回归主体。具体到“新体育观”的实现,就是不能光靠教育家、体育家、运动员的努力与呼吁,只有在人人参与、人人行动中才能从根本上改变我国体育发展滞缓的现状。也就是说,“新体育观”的实现程度归根结底取决于作为主体的人所发挥的主体性程度。

当然,“新体育观”只是本书在主体性体育价值这一框架下,根据我国体育实践趋势和应然追求所提出的阶段性认识,据此提出的改革措施也是历史性的。当到达新的历史高度后,人们将可能找出“新体育观”中的悖论或谬误,代之以更能彰显人之主体性的体育观。例如,本书提到的以学校体育为主体、以家庭体育与社会体育为两翼的“一体两翼”措施是未来构建家庭体育、学校体育、社会体育“三位一体”格局的阶段性策略,但至于“如何协调家庭体育、学校体育与社会体育之间的关系”“‘三位一体’格局如何建构”等相关问题很快便会出现。到那时,如何构建和完善“三位一体”的体育格局将是需要破解的理论问题和实践难题。

总之，体育的发展是体育价值认识不断深化和拓展的历程，如何培育和发挥人的主体性还将是体育发展中重要的历史课题；而我们作出的每一步努力，都将是体育发展历史进程中的足印！

五

培养全面发展的人，应以德智体美全面发展的教育为根基。长期以来，“多智”“少体”“缺德”“无美”的“无价值的”的“教育”阻滞了人们对教育的认知和期望，导致一些似是而非的教育理念流行于世。教育基本理论研究者担负着帮助人们进一步澄清教育价值、推进教育实践的责任，然而，受研究惯性思维的影响，少有教育基本理论方面的学者愿意尝试系统性地研究体育相关理论；也受书中所论述体育价值认识和实践的影响，体育基本理论中关于体育价值的研究起点也各不相同。

体育是人们长期实践的历史结果，是教育不可或缺的内容，本书作者以独到的视角，从我国体育理论研究与体育实践的深层次转型阐述了体育价值研究的必要性和重要性；以历史的思维，系统回顾与分析了中西方体育价值的演变历程；以深刻的见解，剖析了我国体育价值冲突的现象与根源；以较大的勇气，梳理了体育概念给人们造成价值困扰的前因后果，提出了从教育学视域论证体育价值的逻辑和路径。书中关于学校体育价值的讨论，本质上是对全面教育的反思，既深化了体育价值的理论研究，也丰富了教育价值的理论研究，是一次难能可贵的学术尝试。

魏贤超

（浙江大学教育学院教授、博士、博士生导师）

2021 年 12 月于杭州

前　言

体育是什么？体育的价值是什么？体育与教育的关系如何？这些是常论常新的话题，却又是少有人全面、深入触碰的问题。我斗胆把“体育概念”作为研究主题，主要表达的观点有：

1. 在教育的理论框架中讨论体育，既符合体育的“初心”，也符合全面教育的内在要求，希求还“体育”以“教育”的本来面目；

2. 近几年来，人们对体育的评价是诸多价值理念暗流涌动的结果，对体育概念进行讨论，有助于认识“无人”的和“无育”的体育是如何形成的；

3. 历史告诉我们，古今中外的体育是千姿百态的，发展了体育在教育之外的很多功用，体育概念的词源、语义、语用因此也发生过多重变化，给人们认识体育的教育本质制造了比较多的障碍；

4. 在教育这一上位概念下把体育界定为“以身体活动为主要形式的教育活动”，设想构建“主体性体育价值”，把人视为体育价值的创造者、实现者和享有者，意在呼吁人人关心、人人参与，共同创造体育价值。

上述观点仍较为稚嫩，论证也有疏漏，且作为教育学基本理论的初学者，选择这样一个写作方向，如同未飞过屋檐的燕雀不知天高地阔。承蒙魏贤超教授的关怀和鼓励，才完成此书。感谢上海交通大学出版社编辑团队对本书付出的辛勤劳动，感谢可能读到此书的人们，并诚恳接受各位专家和广大读者的批评指正！

目录

第一章
体育与体育价值的基本问题

在西方，体育概念研究主要从教育领域向政治、经济、文化领域展开。在我国，清末及民国时期已有少数学者涉足体育研究，如朱元善曾发表过《体育之价值》一文。但受社会历史条件的限制，我国体育概念研究在萌芽之后时隔多年才得以起步，而今围绕“体育应当是什么”这一问题域取得了较为可观的成果，开拓了体育理论研究的视野，丰富了体育理论研究的论域。梳理已有的研究成果，足以证明“体育是什么”对“体育应当如何”产生了直接影响。也充分说明，体育概念研究的必要性和紧迫性。

第一节　体育价值研究与体育概念研究相互交织

体育概念研究富含关于体育价值的研究学说，体育价值研究是体育概念研究的重要理论渊源。价值哲学为体育价值研究提供新的理论生长点，是开展体育价值研究的理论动力；我国体育价值的嬗变和冲突是体育价值研究的历史动力；我国体育现象的复杂和形态的多样是体育价值研究的实践动力；党和政府的高度重视是体育价值研究的政策动力。这些都是研究体育概念的重要途径。

一、从体育价值研究反观体育概念研究的必要性

体育价值的定义需借鉴价值的相关界说。关于价值的定义，西方学界大致有两类观点。一类是主观主义价值论，其主要特点是从人的主观感受、兴趣、需要等去定义价值，如德国哲学家文德尔班（Windelband）认为“抽开意志与情感，就不会有价值这个东西”[①]。德国哲学家石里克（Schlick）说“价值的本质完

① 刘放桐，等.现代西方哲学[M].修订本.北京：人民出版社，1990：143.

全就在于快乐的感情"①。美国哲学家拉·巴·培里(Ralph Barton Perry)认为"事物是由于它们被意愿着而产生价值的,而它们愈被意愿着,就愈有价值"②。另一类是客观主义价值论,即认为价值是客观存在的或者先验的,如德国哲学家舍勒(Scheler)认为在自然事实、科学事实和纯粹事实中,价值是独立存在的纯粹事实③;德国哲学家尼古拉·哈特曼(Nicolai Hartmann)认为"价值不仅独立于有价值的善物之外,而且实际上还是这些善物的先决条件"④。

我国关于价值的研究始于20世纪80年代,至今形成了关于价值的各种学说。综观而言,国内对价值的认识主要建立在主客体基础上,形成了"需要说""效用说""关系说""人道说"和"实践说"。

"需要说"是20世纪80年代流行于我国学界的一种价值学说,它的主要理论依据是马克思"'价值'这个普遍的概念是从人们对待满足他们需要的外界物的关系中产生的"这句话⑤,于是,价值常被定义为"价值是满足人的需要",或"价值是客体对主体需要的满足"。

持"效用说"的学者王玉樑认为"需要说"是建立在主体需要的角度确立的主观价值,从客体对主体的客观效应来界定的价值是客观价值,即价值是客体对主体生存、发展、完善的效应⑥。"需要说"和"效用说"都强调在主客体互动中客体对主体产生的积极作用,表示的是客体具有有效性,这种有效性被"需要说"从主体的角度理解为需要被满足,从客体理解为客体的属性。

"关系说"把价值的着力点放在了主体与客体之间的关系上,把客体的有效性理解为功能或效用,如徐贵权认为价值最基本的规定性就是它首先是一种事实,只有从主客体关系中才能真正把握价值:"价值是标志客体与主体之间肯定关系的哲学范畴,具体是指客体在与主体相互作用的过程中对主体生存、发展、完善所产生的积极效应。"⑦

"人道说"是赖金良在批评"关系说"时提出的,他认为"主客体价值关系模式"只能说明"客体人"的价值,不能说明"主体人"的价值,人的生命存在、人格

---

① 石里克.伦理学问题[M].张国珍,赵又春,译.北京:商务印书馆,1997:97.

② 拉·巴·培里.现代哲学倾向[M].傅统先,译.北京:商务印书馆,1962:324.

③ 江畅.现代西方价值理论研究[M].西安:陕西师范大学出版社,1992:112—113.

④ 万俊人.现代西方伦理学史:下卷[M].北京:北京大学出版社,1992:67.

⑤ 马克思.评阿·瓦格纳的"政治经济学教科书"[M]//马克思,恩格斯.马克思恩格斯全集:第19卷.中共中央马克思恩格斯列宁斯大林著作编译局,编译.北京:人民出版社,1963:406.

⑥ 王玉樑.客体主体化与价值的哲学本质[J].哲学研究,1992(7):16—24+52.

⑦ 徐贵权.价值世界的哲学追问与沉思[M].北京:中国社会科学出版社,2012:25.

尊严等是"主体人"的内在价值，它们不像效用价值那样可分大小①。韩东屏的"元价值"实际上也是一种"人道说"，他认为在价值领域，人和其他存在物根本不是一个逻辑等级的范畴，无法用"属＋种差"的方式来下定义；人这种"不言自明的价值"是"元价值"。韩东屏所说的元价值就是人，其意在说明价值的属人性，"价值就是人赋予对象的好坏意义"，人是价值之源，被赋予好坏意义的对象是价值之物②。

"实践说"是在已有价值学说的基础上发展起来的。王玉樑重点对邓小平的实践价值哲学思想进行了研究，他把1962年7月邓小平的《怎样恢复农业生产》的讲话作为实践价值哲学诞生的标志③。李德顺从主体性入手，"首先承认价值是一种关系现象，指出价值是作为一种特定的'关系态'或'关系质'而产生和存在的；进而指出，价值的客观基础，是人类生命活动即社会实践所特有的对象性关系——主客体关系，价值是这种关系的基本内容和要素；价值产生于人按照自己的尺度去认识世界改造世界的现实活动；价值的本质，是客体属性同人的主体尺度之间的一种统一，是'世界对人的意义'"④。其中，"世界对人的意义"是李德顺根据马克思和恩格斯的相关论述给"实践"下的定义，这就是价值的"实践说"含义。

由以上可以看出，西方学者和我国学者在理解价值时基本都是从主、客或主客关系的视角切入的，不过，我国学者使用的主体、客体属于关系范畴，并没有沿袭西方"主客二分"模式，主体不等于主观，客体也不等于客观，"主体与客体，是以人在对象性活动中的现实地位为标志的范畴。……主体和客体作为现实的存在者，必须是指具有自己的全部属性和要素的整体"，"主观与客观，则是以人的意识、思维的本性和特性为标志而建立的关系范畴。'主观'仅指'意识着的意识'，'客观'则指被意识着的对象或状态"⑤。因此，西方学界的主、客观价值学说与我国的"需要说""效用说""关系说""人道说"和"实践说"均有着本质的不同。目前来看，"需要说"虽曾被郝晓光的《对所谓普遍价值定义的否证》一文否定过，但它还是我国最为深入人心的价值学说，也基本上是其他学科寻求哲学价值论说最常见的理论依据。相比之下，"效用说""关系说""人道说"和"实践说"等虽各有其理论依据，并从主体、客体的不同侧面发展了价值论，却没

① 赖金良.主客体价值关系模式的方法论特点及其缺陷[J].浙江社会科学，1993(1)：55—60.
② 韩东屏.人是元价值：人本价值哲学[M].武汉：华中科技大学出版社，2013：44—50.
③ 王玉樑.从理论价值哲学到实践价值哲学[M].北京：人民出版社，2013：274—277.
④ 李德顺.价值论：一种主体性的研究[M].3版.北京：中国人民大学出版社，2013：29.
⑤ 李德顺.价值论：一种主体性的研究[M].3版.北京：中国人民大学出版社，2013：33—34.

有像“需要说”那样得到最为广泛的认同。不过，本书认为“实践说”较为全面地概括了价值的本质与特征，更有利于对体育这一特殊活动的价值进行全面的分析论证，因此，本书将以“实践说”为理论基础。

“体育价值”是“体育”与“价值”的组合，如同“体育”与“价值”概念的多样一样，何为“体育价值”也是个难以统一的命题。在目前的研究中，体育价值的内涵一般有三种表述。

(1)体育价值是人的需要，如胡小明和石龙认为“体育的价值映射着人的需要，这也就是体育对人的意义”①。

(2)体育是满足人的需要的效用，如施群英认为“……体育有满足人和社会发展现实需要的实际效用，这种实际效用就是体育的价值”②。

(3)体育是主客体之间关系，如“体育价值就是作为客体的体育与作为主体的人或社会的需要之间的关系”③。综合看来，绝大多数“体育价值”概念采用了价值哲学中的“需要说”“效用说”和“关系说”，尽管谭华批评诸多体育价值研究中直接套用哲学论述的痕迹太过明显，体育价值范畴本身研究仍不充分，却也得出了“……体育价值是体育活动对人的需要的满足及其程度”的定义④。

在分析体育价值的过程中，主体、客体或主客体关系是一种适宜的研究路径。人类很多实践活动的客体是物，但不仅限于物，客体是对象性关系中的对象，体育作为人的自我教化活动，教育者和受教育者都是“人”，其主体和客体是同一的。因此，“需要”“效用”或“关系”都只是反映了体育价值中的某一项重要内容。本书努力从“实践说”中去把握体育价值，认为体育价值是在人和人的教育关系中产生的重要内容，其中主体尺度和客体尺度统一表现为“人”的存在和体育活动意义本身，其本体价值是育人价值。

由于教育活动不只有体育一种，智育、德育、美育等的本体价值也可用育人价值来表达，因此，需指明体育育人价值的核心是育体价值。在一些研究中，有学者指出教育的本体价值就是培养人⑤或使人成为人⑥，这为体育具有育人价

---

① 胡小明，石龙.体育价值论[M].成都：四川科学技术出版社，2008：1.

② 施群英.从体育价值的嬗变商谈高校体育教学的改革方向[J].体育与科学，2009，30(6)：77—79+83.

③ 龚德胜，郑成爱，张利.中国体育价值选择的历史演变及展望[J].体育与科学，2009，30(3)：51—53.

④ 谭华.体育本质论[M].成都：四川科学技术出版社，2008：106.

⑤ 韩晶.教育价值通论：上册[M].沈阳：万卷出版公司，2007：133—135.

⑥ 罗崇敏.教育的价值[M].北京：人民出版社，2012：7.

值提供了一般性理论依据。为了有助于全面深刻地理解体育价值,我们既要看到体育的教育价值即育人价值,也要看到“体育在培养全面发展的人的过程中重在‘育体’”①,育体是“……对人的主体功能态的定向培育”,其任务是“……通过有目的的培育活动,使人体系统的结构和功能保持或达到预期的优化目标”②,即育体是对人的身体活动能力的培养和发展,体育是从育体中实现其育人价值的。

还需说明的是,以“实践说”为理论基础的体育价值不是一经预设便固定不变的,而是随着人的体育活动的深入和扩展,人的体育价值意识的日趋深入,体育价值观念也会逐渐成熟。任何一个历史时期关于体育价值认识的精华都通过一定的体育价值观念反映出来,具有价值规范与引导的作用。因此,体育价值观念是在特定的时间和空间内,人们对体育所持的基本观点和基本倾向,是指导人们作出体育价值认识、评价、选择、实现等的基本原则。为简便起见,本书中的体育价值观、体育价值取向都与体育价值观念是同一个意思。

二、体育价值研究的三个维度凸显出体育概念研究的紧迫性

(一) 学理的维度

哲学的发展总是围绕着一定的主题展开的,而每个时代的哲学以什么内容为主题则是由人类认识和实践发展的水平决定,同时又反过来影响人类的认识和实践发展的。在西方,古希腊哲学的“本原”、中世纪哲学的“信仰”、近代哲学的“理性”分别代表了不同时代的哲学主题,反映出的本质与现象、灵魂与肉体、存在与思维等关系一直是西方哲学的核心问题,形成了本体论、认识论、价值论的研究范畴。自文艺复兴特别是启蒙运动以来,西方哲学的基本问题如人、文化、历史、价值、身体等愈加突出人的主体性,文化哲学、哲学人类学、人学、价值哲学、身体哲学等的兴起与发展已经表明,现代哲学的主题是“人”。哲学主题的每一次转换都意味着人类社会一次新的革命的到来,哲学本体论深化了对体育本质的探究,哲学认识论促进了体育认知的广度和深度。现在,文化哲学、哲学人类学、人学对体育研究的主要影响是文化与体育、人与体育的关系有了全新的解释。而价值哲学对体育研究的影响正在日益凸显。

---

① 任杰,刘卓.体育的本质和功能[J].体育学刊,2002,9(4):5—7.

② 韩丹.论体育、育体和人体科学:关于体育在教育中的地位、作用的新思考[J].体育学刊,1995(1):56—60.

作为专门研究价值问题的价值论或价值哲学是在科学化、工业化带来的人文精神缺失、人被严重物化的历史背景下，于19世纪末20世纪初在西方学界产生的。西方哲学家罗素(Russell)曾说："哲学在其全部历史中一直是由两个不调和地混杂在一起的部分构成的：一方面是关于世界本性的理论；另一方面是关于最佳生活方式的伦理学说或政治学说。这两部分未能充分划分清楚，自来是大量混乱想法的一个根源。"①罗素所说的划分不清楚的两个部分，就是西方哲学发展史中一直存在着的两个相互对立的领域——事实与价值(或称实然与应然，又或称真理与价值)。一般认为，以认识客观世界为目的的事实研究古已有之，主要表现为对"是"的认识上；而价值哲学主要表现为对"应当"的阐明上。

人是实践活动的出发点和归宿，历史上的种种人性观无不体现着人的价值取向，体现着对生命、生活的感悟和意义的追寻，因此，人的实践活动天然具有价值性。哲学家对人性问题日渐深入和完善的剖析，不知不觉地把价值问题从事实的深潭中拉了出来，以价值为核心问题域的价值哲学在20世纪迎来了发展的春天。与向来从事实入手探讨世界本原问题的形而上学相比，价值问题试图阐明人的"应当"，而形而上学则努力解答世界的"是"；价值问题承认人的自然性，却主张在人的社会性中去寻找"应当"，而形而上学只承认在经验事实和把握规律性的基础上作出的还原性解释。基于人的特性，价值问题总是充满着情感、欲望、意志、信仰、意义等的交错，不适宜于用量化的方法进行确定性的研究。因此，价值哲学立足于人的自然性和社会性，充分挖掘人的主体性，把价值看作一个不断形成、发展和变化的过程，从而致力于解释价值"如何存在"，而不愿意陷入"是什么"的漩涡。显然，不论在思维方式上，还是在内容上，申明价值是生成的都是价值哲学的一大贡献，它为全新阐释人的世界，以及人的世界与自然世界的关系打开了一扇大门。

看似"公说公有理，婆说婆有理"的价值问题，蕴含着人共同的、深层次的信念与追求。作为教育基本内容的体育，自始具有人改造自己、发展自己的内涵，只因社会历史样貌的多样性与阶段性，体育也呈现出迥然不同的景观，给人们在体育价值认识、判断、选择、评价等方面制造了一定障碍。我国哲学家李鹏程说："哲学一方面以各门学科和学说的任何一个具体部门都不能涵盖的整体的和无限的世界为对象，同时它也以各门科学和学说立论的终极的依据和基础为

① 罗素.西方哲学史：及其与从古代到现代的政治、社会情况的联系：下卷[M].马元德，译.北京：商务印书馆，2011：432—433.

对象,它在探讨世界的整体性和无限性的同时,也探讨各门科学和学说的立论依据的非终极性和不完全的可靠性,并对它们进行哲学式的而不是科学式的、也不是具体学说式的批判(评论)。"[①]体育价值研究离不开价值哲学的指导,不可能离开"人",但在哲学"本原""信仰""理性"的主题中,在本体论思维和身心分离的框架内,形成了"身体—感性—现象""意识—理性—本质"的逻辑,人的自身教化也呈现出鲜明的重智样态,体育价值被长期遮蔽,"体"与"育"被迫分离。因此,从价值哲学中寻找体育价值研究的新的生长点,既包括对过去与现存体育的说明与反思,也包括对体育未来发展的期待与观照,是澄清体育价值迷误、达成体育价值共识的理论需要。

从理论背景上看,哲学本体论深化了对体育本质的探究,哲学认识论促进了体育认知的广度与深度,哲学价值论推动了体育价值研究的兴起与发展,在这三个哲学主题基础上形成的"体育是什么""体育如何可能"和"体育应当如何"的问题域共同构成了体育理论的基本内容。与传统哲学关注抽象的、永恒的本体世界不同的是,现代哲学更关注人的生活世界,更关注人的生存、尊严、价值和意义等,价值哲学中的"人是主体""人的尊严""人的价值"所讨论的就是"人"的问题。因此,价值哲学为体育价值的彰显提供了契机,体育价值研究围绕"体育应当怎样"为人们重新认识体育开辟了新的领域,拓展了体育理论研究的视野,体育价值的研究应当主动地寻求价值哲学的观照。

(二)历史的维度

人们从政治、社会的维度分析我国体育价值的演变时,常常以批判的口吻把我国的体育描绘成政治、社会的附庸,把体育中的个人价值置于被忽视、被遗忘、被贬斥的地位。客观地说,我国现代社会的价值冲突已经持续了一个多世纪,其中民族危机、阶级矛盾等社会政治问题始终是近代中国的历史主题,百余年前的民族生存价值、半个多世纪前的国家主权价值是当时社会历史中的最高价值。体育的发展和体育价值的凸显自然不能脱离社会历史背景而独立存在,著名哲学家李泽厚曾说近代中国这个时代中心的一环就是关于社会政治问题的讨论[②]。的确,在这一百多年里,国家、民族、社会、个人的命运是紧紧拴在一起的,国家、民族、社会、个人的价值取向是根本一致的。

19 世纪末到 20 世纪中叶,实用主义体育思想、自然主义体育思想和民族体育思想在一定范围内的传播共同构成了我国近现代体育发展的思想基础和

① 李鹏程.当代文化哲学沉思[M].2版.北京:人民出版社,2008:导论3.

② 李泽厚.中国近代思想史论[M].北京:生活·读书·新知三联书店,2008:485.

价值取向的三个方面，即实用之竞技、自然之娱乐、民族之健身等观念。但“强兵、强种、强国”是那个时代的最强音，丢掉“东亚病夫”的帽子是人心所向，因此，赋予体育以政治价值和社会价值是历史的必然，也是人作为社会关系总和的本质体现。

在新民主主义国民体育的总方针下，“体育为人民服务”“发展体育运动，增强人民体质”“国民体育运动的普及化和经常化”等在很长一段时期内指导着体育在学校、社会和竞技比赛中的发展。基于国情的实际需要，我国除了规范学校体育的发展之外，还大力推动群众性体育活动和竞技运动的发展。特别是竞技运动大大提升了我国在国际舞台上的形象，在国内社会中显著增强了民族自豪感和自信心，以竞技运动为核心的“大体育”所彰显的政治价值、社会价值再次与时代需求契合。

改革开放以来，全球化时代的科学、开放、个性等生存生活价值准则深入社会的各个领域，个人价值意识在个人的经济政治权利得以进一步确认和保障后逐渐觉醒，“快乐体育”“休闲体育”“大众体育”“终身体育”“人文体育”等一些新概念、新观念已经被人们普遍接受，体育的形态快速多样化，竞技性、休闲性、民族性的体育活动呈现出百花齐放的良好态势，内隐其中的体育价值也不再是单一的政治价值和社会价值，原本融于政治价值和社会价值之中的个人价值逐渐脱离出来，我国体育价值选择、价值评价日益多样化。现在，民族危机已经解决，经济重建和发展已经步入正轨，给予其他价值集中凸显的机会，这正是个人价值彰显的社会历史背景。

从历史的维度来看，在“古与今、东与西”的文化交融与冲突的背景下，我国体育发展中所作出的每一次重大选择都是一次对体育价值的评价与选择。美国教育哲学家奈尔·诺丁斯(Nel Noddings)曾说：“我们可以运用经验的方法来表明我们的选择确实达到了预期结果中的最好状态，但是，我们仍然需要哲学的立论来说服别人：我们所寻求的结果应该是有价值的。”[①]因此，我们要从体育价值的层面分析和研究体育的发展，并对体育的未来进行展望。

（三）实践的维度

实践中的现象和问题是本书研究的另一出发点。1983 年国家体委明确提出要在 20 世纪末把我国建设成为“体育强国”；2008 年北京奥运会、残奥会成功举办后，由体育大国向体育强国迈进成为新的历史任务。众所周知，在 2008

① 奈尔·诺丁斯.教育哲学[M].许立新，译.北京：北京师范大学出版社，2008：2.

年北京奥运会上，我国代表团金牌总数位列第一，实现了竞技运动的历史性跨越；近些年来，越来越多的人愿意花时间参加体育活动，观看体育比赛，体育从未像今天这样与人们的生活息息相关。但我们还应看到，虽然竞技运动成绩斐然，群众体育发展态势良好，但我国仍不能被称为体育强国，原因何在？在于学校体育的薄弱。

一直以来，我国都以人的全面发展为教育目标，但教育中的体育与德育、智育、美育等是形式并列的。之所以说是形式并列，是因为在科学主义、技术主义盛行的时代，“知识就是力量”“科学技术就是第一生产力”已成为不证自明的“真理”，除了以教授和学习知识为主的智育备受重视外，德育被高高挂起，美育被偷换概念，体育被敷衍了事，各“育”的不平衡、不融合显而易见。在体育方面，体育课程被挤占、体育教学质量低下、体育教材少人问津、体育教师被边缘化的现象比较普遍。近些年来，学校中体育的薄弱与学生体质的下降常常见诸媒体，并每每引发人们的反思。或许我们会把这种现象归咎于“高考指挥棒”，或许还会责怪“崇文尚柔”“重文轻武”的文化传统，又或许还会迁怒于体育设施设备不够多不够好，但内中隐含的体育价值冲突已经不容忽视。

党和政府始终高度重视学校体育的发展，1999 年发布的《中共中央国务院关于深化教育改革，全面推进素质教育的决定》，指出：“学校教育要树立健康第一的指导思想，切实加强体育工作，使学生掌握基本的运动技能，养成坚持锻炼身体的良好习惯。”进入 21 世纪后，在全面推进素质教育的背景下，国家相继颁布实施了一系列加强学校体育、增强学生体质的文件（见表 1-1）。

表 1-1　2006 年以来有关加强学校体育工作的重要文件

颁布时间	名　称	颁布单位
2006 年 12 月	关于进一步加强学校体育工作切实提高学生健康素质的意见	教育部、国家体育总局
2007 年 5 月	关于加强青少年体育增强青少年体质的意见	中共中央、国务院
2012 年 10 月	关于进一步加强学校体育工作若干意见的通知	教育部、发展改革委、财政部、国家体育总局
2016 年 5 月	关于强化学校体育促进学生身心健康全面发展的意见	国务院办公厅
2017 年 9 月	关于深化教育体制机制改革的意见	中共中央办公厅、国务院办公厅

对于政策的利好与学校体育的疲软形成的较大反差，有学者认为缺失文化认同、社会认同和心理认同是造成政策溢出效应欠佳的重要原因①，而文化认同、社会认同和心理认同实质上就是价值认同问题。叶澜曾说："实践中长期存在的用已有观念或方法无法解释和解决的问题，经验、感受与现存理论的矛盾，常常引起人们的反思，使人们产生改变观念和视角的需要。"②体育价值的研究不是抽象空洞的，而是面向实践的，是以体育发展、教育发展为指向的。体育价值研究所解决的"应然"问题与实践者关注的"实然"问题的理性统一正是体育发展应该追求的一种境界。因此，我们不能囿于操作层面，还应走出重重价值误区，进一步廓清体育价值问题。

第二节 体育价值研究中的体育概念问题③

我国关于体育价值的研究成果主要从体育价值的内涵、类型、变迁、比较研究、不同的体育价值观念等几个方面展开，既取得了积极进展，也暴露出在体育价值研究的逻辑起点、研究路径、内涵界定、体系建构等方面的不足。

一、国外体育价值相关研究蕴含的体育概念研究

西方关于体育价值的论说古已有之，根据其问题域的变化，我们可以将之大致分为三个历史时期。第一个历史时期是在古希腊时期，体育价值论说主要是关于"体育为什么重要"的探讨；第二个历史时期是文艺复兴至19世纪，主要从"体育与道德、精神、智力等的关系"展开体育对人的身心教育价值研究；第三个历史时期是19世纪末至今的这段时间里，教育家主要围绕"体育与个人发展"和"体育与社会发展"这两个问题进行体育价值的讨论。现在，体育价值的研究涵盖了上述问题，其政治、经济、文化、军事、社会交往等价值都已为人们所熟知，但需看到，教育价值或者说是育人价值一直是西方体育价值研究的核心。

体育作为教育的重要内容，进入古希腊哲学家、教育家视野时首先表现为

① 张文鹏，王健．新中国成立以来学校体育政策的演进：基于政策文本的研究[J]．体育科学，2015，35(2)：14—23．

② 叶澜．教育研究方法论初探[M]．上海：上海教育出版社，1999：13．

③ 本节部分内容曾在《我国体育价值研究的进展、不足及趋向》(载《山东体育学院学报》2018年第5期)中作过论述。

对“体育为什么重要”“怎样实施体育”等问题的探索。在《理想国》一书中，柏拉图(Plato)借苏格拉底(Socrates)之口说道：“每一个市民绝不能成为体育的门外汉，应该具有最坚实的身体条件，一旦国家危急便能随时出征，尽自己保卫国家的义务。”①其意为体育的价值在于塑造人们强健的身体，其目的是守卫城邦不受侵犯，因此，无论男女都应终身接受体操训练。亚里士多德(Aristotle)对体育的思考更进一步，他认为训练身体是养成良好习惯的重要内容，对启发理智大有裨益，另外，他还着重思考不同体质的人应该有各自不同的训练方法，怎样的训练才是适度的等问题②。

文艺复兴时期，许多教育家开始从身体与精神、知识等关系的角度论述体育的价值。著名教育家夸美纽斯(Comenius)在《大教学论》《泛智学校》《母育学校》中多次提及身体健康对儿童成长的重要性，并认为学校是儿童进行身体锻炼的最好场所，体育属于泛智学校的第三位课程③。洛克(Locke)和卢梭(Rousseau)也非常重视儿童身体的健康，他们把儿童的饮食、作息、保健、游戏、锻炼等都视为身体教育的内容。不过，需要注意的是，夸美纽斯、洛克、卢梭等人的思想虽以尊重儿童自然天性著称，却是把身体教育作为心智、精神、道德的基础或工具来对待的。斯宾塞把身体发育同心智发育置于同等重要的地位，将智育、德育和体育并列于其著作《论教育》中，他还说：“教育有一个秘诀，那就在‘知道怎样聪明地在身体和心智上花时间’。”④在“完满的生活”中，健康教育就是直接有助于自我保全的活动，这就是体育的价值。

使人们足以重视体育教育价值的还有巴塞多(Basedow)、萨尔茨曼(Saltzman)、古兹姆茨(Guts Muths)、阿诺德(Arnold)和顾拜旦(Cubertin)等教育家。18世纪晚期，受卢梭自然主义教育思想的影响，德国教育家巴塞多创办的博爱学校首次把体育列为学校课程。曾在该校任教的萨尔茨曼后来另在他地创建了一所博爱学校，他在1784年《教育余论及学校通告》中指出了他新建学校的特色就是对身体教育的关注。在萨尔茨曼学校中教授体操课的古兹姆茨总结了体操的理论和方法，出版了第一本学校体育的教科书《青少年体操》

---

① 柏拉图.理想国[M].郭斌和，张竹明，译.北京：商务印书馆，1986：375.

② 单中惠，杨汉麟.西方教育学名著提要[M].南昌：江西人民出版社，2000：26—27.

③ 夸美纽斯把课程分为主要的、次要的和第三位的，其中，第三位的课程是指：“……那些对智力、口才、良好的德行和虔信无甚帮助，但对强身健体和焕发精神却极有益的课程；如各种娱乐、游戏等就是这种课程。”“第三位的课程与其说是促进智力的内部锻炼，不如说是促进身体的外部运动，并通过运动，保持头脑清醒。”参见夸美纽斯《泛智学校》。

④ 赫·斯宾塞.斯宾塞的快乐教育[M].颜真，译.福州：海峡文艺出版社，2002：91.

(1793 年)。古兹姆茨非常重视体育的教育价值,他认为体操能使人身体和心灵保持健康,身体越锻炼,人体就越有精神力量①。阿诺德的贡献则在于在学校体育中发展了竞技运动,他对学校体育进行了组织化改革,并把道德培养与竞技运动结合起来,主张“没有身体运动的教育就不能成为教育”②。被誉为“现代奥林匹克之父”的法国教育家顾拜旦也是从对学校体育的改革来发展奥林匹克运动的,他在 1908 年的一次演讲中说道:“体育具有高度的教育价值,是人类追求完美的最重要的因素之一。”③

19 世纪,法国、英国把体育列为学校必修课。丹麦、瑞典、法国、德国、美国先后开办军事体操学校、体操学校或体育师范学校,以培养专门的体育教师。到了 20 世纪,世界各国基本都在学校中开设了体育课程。这个时期,体育价值在“体育与个人发展”的问题上继续拓展,例如,日本教育家小原国芳从培养“全人”的角度论述了体育的价值,他认为教育的理想是创造真、善、美、圣、健、富这六种价值,全人教育应由学问、道德、艺术、宗教、身体和生活六个方面组成④;在全人教育中,体育的目的是“坚韧的体魄、灵巧的动作和健美的身体”⑤,体育的价值在于它是心育的一种手段。

在“体育与社会发展”的问题上,美国著名哲学家杜威(John Dewey)在中国的教育演讲中多次提及体育的重要性,并把体育的价值从个人层面拓展至社会层面,在他看来,于个人而言,智育、德育由运动养成,“果能体育健全,智德两育,自然可以圆满”⑥;于社会而言,体育发达,人人健康,社会才有发展。因此,在我国,基于杜威实用主义教育思想而产生的实用主义体育思想曾在 20 世纪上半叶名噪一时。至今,仍有学者研究杜威哲学和他关于体育的论述,并认为邀请学生培养明智的和稳定的体育锻炼习惯和价值观是未来课程的需要。

当然,除了促进社会交往和社会平衡之外,苏联的一些教育家把体育对培

---

① 缪佳.论德国近代体育之父古兹姆茨对学校体育发展的贡献[J].体育与科学,2011,32(6):107—109+114.

② 国家体委百科全书体育卷编写组.外国体育名人选编[M].北京:国家体委百科全书体育卷编写组,1984:35.

③ 顾拜旦.奥林匹克理想:顾拜旦文选[M].詹汝琮,邢奇志,等,译.北京:奥林匹克出版社,1993:24.

④ 小原国芳.小原国芳教育论著选:下卷[M].刘剑乔,由其民,吴光威,译.北京:人民教育出版社,1993:2.

⑤ 小原国芳.小原国芳教育论著选:上卷[M].由其民,刘剑乔,吴光威,译.北京:人民教育出版社,1993:225.

⑥ 单中惠,王凤玉.杜威在华教育讲演[M].北京:教育科学出版社,2007:151.

养人的集体精神和爱国主义精神方面的价值发挥得淋漓尽致，马卡连柯和凯洛夫在马克思的"人的全面发展"理论基础上，赋予了体育鲜明的政治价值取向，"体育底任务在于培养一辈健康的、强有力的、坚强的、有锻炼的、有工作能力的以及有捍卫社会主义祖国准备的人们"①。苏霍姆林斯基(Suchomlinski)主张在集体教育中培养全面和谐发展的新人，他认为体育是教育整体的一个有机组成部分，"我们尽力使体育操练变为一种享受，变为机体的需求。人从事运动不应当只是为了在竞赛中取得好成绩，而是为了培养自己完美的体魄"②。苏联教育家的体育思想以社会主义政治制度为依托，基于共同的政治制度理想，他们关于体育价值的论述和发展体育的实践模式曾长期被我国教育界、体育界吸收、采纳，特别是在20世纪下半叶深刻影响了我国体育制度的建立。

20世纪中叶以来，体育的个人价值和社会价值趋向融合，关于体育价值的研究成果也颇为丰硕，研究内容和研究方法呈现多元化趋势，此处只能列举一二。曾在联合国教科文组织任职的保尔·朗格朗(Paul Lengrand)提出的终身教育思想集中表达了关怀生命、关怀生活、关怀生存的思想。朗格朗在《终身教育引论》中指出，长期以来人们只重视精神世界，而导致了心灵与肉体的不和谐，应该"……把体育运动和整体的终身教育结合起来，把它从单纯的肌肉作用、从它与文化隔离的状况中解放出来，把它与智力的、道德的、艺术的、社交的和公民的活动等更紧密地结合起来"③。因此，体育被普遍认为是终身教育体系的重要组成部分，这孕育并发展了现在被广为接受的终身体育思想。在具体的体育价值内容上，美国威斯康星大学教授劳伦斯·拉里克(Lawrence Rarick)列举了已成共识的几项基本价值内容，主要包括：对健康和身体发育的积极作用，拓展具有本国文化特征的运能技能的熟练度，为儿童提供发展社会情感的中介等。同时，拉里克还指出美国课程改革不应忽视儿童身体健康正遭受现实危险这一最大利益，为此，必须加强学校体育方案，家庭和社区机构虽然能为体育发展作出一定贡献，但学校应负起最主要的责任。

在英国，发展年轻人心理上的、精神上的、身体上的、文化上的种种体育价值内容可在2000年国家课程方案中找到。2000年，英国进行教育改革，有史以来对所有学校提供了一套共同的国家课程目标框架，对包括体育在内的十一

---

① 凯洛夫.教育学[M].沈颖，南致善，等，译.北京：人民教育出版社，1953：51.

② 蔡汀，王义高，祖晶.苏霍姆林斯基选集：五卷本：第4卷[M].北京：教育科学出版社，2001：236.

③ 保尔·朗格朗.终身教育引论[M].周南照，陈树清，译.北京：中国对外翻译出版公司，1985：60.

门基础学科的课程目标进行了统一。其中，学校体育的总体目标可概括为"认识坚持健康生活方式的重要性"，覆盖了身体机能知识、适宜的饮食习惯、身体形态，充足锻炼的需要、安全教育、药物教育和性教育等方面的内容，以及满足一些儿童在提高一些特殊身体技能如舞蹈、体操、游戏、游泳和竞技运动等方面兴趣需求的课程。不过，约翰·怀特(John White)指出，类似这种专业化的课程，并不有利于实现一般的健康目标。

随着现代哲学的发展，国外一些学者还从分析哲学的框架内讨论体育价值问题，如大卫·卡尔(David Carr)将体育价值问题定位于二战后彼得斯(Peters)和赫斯特(Hirst)的分析教育哲学语境中，二人界定教育时具有的"自由教育"倾向，使得体育被排除于教育价值之外。不过这种自由教育范式中内在价值/工具价值的区分具有双重含义，首先是实践活动中价值理性行为和工具理性行为的区分，其次是就整体的构型而言，组成部分是本质必需抑或偶然；后者(本质必需/偶然)并不能应用于前者(价值理性/工具理性)，而是用以区分知识是否具有教育价值(教育性质/非教育性质)，因此应避免在理论/实践二元对立乃至其反面实用主义体系中讨论体育的教育价值问题。大卫·卡尔认为教育的成型关键在于获取的知识及理解对于学生认知自己与世界和他人的意义关系是本质必需的，尽管体育存在实践知识(与理论知识相对)，具有道德教育和健康教育价值(与智识价值相对)，但用价值多元主义挑战自由教育范式注定歧路亡羊；体育在学校课程中的价值论证依赖于教育(education)与学校教育(schooling)之间的区分，体育与具有教育性质的课程共同存在于学校教育的多元价值之中。

另外，以实证研究见长的国外学者还通过定量分析研究体育价值的影响因素。如劳伦斯·拉里克在1964年就曾综合了相关实证研究成果，用以证明体育对美国儿童身体成长、身体健康、动作技能习得以及社会和情感层面发展所产生的积极影响。詹姆斯·L.舒尔曼(James L. Shulman)和威廉·G.鲍文(William G. Bowen)选择了美国30所不同类型的选拔性高校，以其1951年、1976年和1989年入学的90 000名运动员学生为样本，考察了美国高校对运动员学生和校际竞技比赛项目的投资所产生的意料之外的影响，他们并不否认大学竞技活动对养成忠实、自律、谦逊、合作、奉献、勇气和诚实等品质的积极作用，但认为由于体育比赛的专业化和商业化，运动员学生所处其中的竞技文化与高校在选拔和培养过程中赋予的教育理念日趋分离。查尔斯·O.多特森(Charles O. Dotson)和W.J.斯坦利(W.J. Staney)则调查了699名男大学生对体育的相关态度，结果表明，男大学生对体操最为积极，而对羽毛球、射箭、保龄球兴趣最少，其原因是人在不同体育活动中得到的感知价值是不同的，运动中的成就感是与身体活动感知价值高度相关的一种审美体验。

在国外，体育价值也是心理学、社会学的研究对象。许多学者认为人具有攻击本能、侵犯本能或死亡本能，体育是人发泄多余精力、释放攻击本能的一种有效手段。奥地利心理学家康拉德·洛伦兹（Konrad Lorenz）在其著作《论侵犯》（*On Aggression*）一书中阐述了侵犯是人的本能，侵犯行为是人的本能行为。为了避免战争这种极端的侵犯行为对人类社会的伤害，洛伦兹的建议之一是用体育竞赛的方式疏导那种产生侵犯的狂热或兴奋。但心理学家埃里希·弗洛姆（Erich Fromm）却分析道，体育竞赛本身就是社会竞争习气的产物，具有竞争性质，反而会导致人们追逐名利，助长竞争性的侵犯心理的生成，例如慕尼黑奥运会上的恐怖袭击事件就说明体育竞赛也会刺激侵犯性①。研究运动暴力的美国学者杰弗里·马戈利斯（Jeffrey A. Margolis）就认为暴力本身是竞技运动一个内置部分，职业领域竞技运动的暴力已经侵入大学和高中的选秀机制，并对体育产生着影响。因此，尽管很多人认为体育具有社会"安全阀"的功能，体育竞赛是一种文明、有序、公平的对抗形式，是一种缓解敌对情绪、消除侵犯性的制度设计，但是，社会稳定与否是多种因素综合作用的结果，不断出现的骚乱与暴力事件说明不能夸大体育及竞赛的社会控制作用。

二、我国体育价值研究本质上是对体育概念的研究

自 20 世纪 80 年代末以来，受哲学界价值论研究热潮的推动和教育学界教育价值研究的独立，体育价值研究也逐渐进入人们的视野。梳理已有的体育价值研究成果，将有助于找准体育价值研究的方向，推动体育价值研究的良好发展。

（一）我国体育价值研究的背景

在我国，清末及民国时期已有少数学者涉足体育价值研究。王国维提出的"三育"、蔡元培提出的"四育"、杨贤江提出的"造就完全之人格"都从教育的总框架中指出了体育的重要性，这对我国现代教育建立时期认识体育价值起到了重要作用。1915 年朱元善的《体育之价值》一文代表了当时的主要观点，文中

① 埃里希·弗洛姆. 人类的破坏性剖析[M]. 李穆，等，译. 北京：世界图书出版公司北京公司，2014：18—19.

论及人们因“国势之危险”“战祸之剧烈”而知体育，却不知体育之价值，又指出人是“心身相营”的活动体，二者调和发展为“自然体”，否则为“病体”，保持“自然体”，疗治“病体”皆有赖于体育；体育是人可知的有意义的活动，增进活力是人生目的“第一要端”，另有“储蓄排难除患之能”，个人活力是增进社会强国富民之基。总之，“不事体育，决非可目为人类”，“施行体育，当由身体方面竭尽修炼。以增进全体之活动”，体育“直接增进身体之活力。间接增进精神之活力”，无身体机能之活力，也无健全人格①。其后，也有教育家提及体育价值，如宋君复编著的《体育原理》在“体育之目的”一节中也论及体育的价值，他指出体育有纯属身体方面的目的，如康健、体格、筋肉、姿势、神经等发育或发达，也有属于发展品性及人格方面之目的。“一言以蔽之，体育活动之价值，即体育对于品性与人格教育之价值也”②。受社会历史条件等多种因素的限制，清末及民国时期体育价值研究还处于萌芽时期，经过多年的沉寂，直到 20 世纪 80 年代末才得以起步。

自 20 世纪 80 年代起，我国哲学界兴起了一股研究价值论的潮流，随之，我国教育界也兴起了一股关于教育价值研究的潮流。王方林与郑金洲曾根据相关资料统计，指出 1987 年后教育价值研究开始逐渐从其他领域中分化出来，“从教育的政治价值、经济价值转向对人的价值的关注”是教育价值研究成为独立研究领域后的显著特点③。在这一背景下，学者们也开始关注作为教育传统内容之一的体育在价值方面的理论研究，自此，体育价值研究也开始从体育基本理论、体育哲学中分化出来，并从一开始就把人的发展置于体育价值的核心地位。1987 年第 3 期《体育科学》刊登了《体育价值观念的形成与变迁》一文，作者刘德佩花了五年时间以问卷法和访谈法调查了中日两国的部分大学生和其他职业者，得出物质生活水平、余暇时间和体育宣传是影响人们体育价值观念的重要因素等结论。1987 年刊登在《沈阳体育学院学报》上的《关于东北四城市女职工体育价值观念的研究》，作者王晓春也以问卷法和访谈法对 723 人进行调查，认为东北三省四城市女职工的体育价值观念主要还停留在教育和欣赏的层次上，健身层次的比例较低，职业、年龄、家庭环境、场地器材、体育工作队伍均是影响女职工参加体育活动的因素。无论是在体育价值研究的早期，还

---

① 朱元善. 体育之价值[J]. 教育杂志，1915，7(11)：201—208.

② 宋君复. 体育原理[M]. 上海：商务印书馆，1933：13.

③ 王方林，郑金洲. 教育价值[M]. //瞿葆奎. 教育基本理论之研究：1978～1995. 福州：福建教育出版社，1998：407.

是现在，像此类以实证方法研究体育价值的论文都是少见的，基于价值问题总是充满着情感、欲望、意志、信仰、意义等的交错，相关研究更多是思辨性研究。如同在1987年发表的论文《体育价值与体育价值观》从文化由外向内的器物层、制度层到观念层的结构出发，把体育价值作为体育文化的核心，从变动的体育价值观念中认识体育价值，指出体育价值是关系范畴，并进一步提出体育价值的分类。不过，在20世纪90年代以前体育价值研究仍少有人问津，整体处于起步阶段。

1999年，鲍明晓在其论文《体育价值的哲学思考》中提出"开展体育价值研究就是要引导人们对体育作价值判断，就是要使人们能够辨别体育运动中真与假、善与恶、美与丑"①；2000年，陈融发表了《价值认识：体育基本理论研究的新生长点》一文，他指出体育价值是体育基本理论体系的重要组成部分，价值关系、价值目标、价值继承和价值重估等都是价值认识问题，这将是体育理论研究的新生长点②。鲍明晓和陈融在寻找体育价值研究切入点的同时，也试图引起人们对体育价值研究的重视。进入21世纪后，体育价值的专题研究明显增多，相关期刊论文数量的增长（见表1-2）可以较为直观地反映我国体育价值研究从2000年后开始进入发展阶段。胡小明和石龙合著的《体育价值论》、冯霞的《人学视野中的人文体育观研究》、黄诚胤和李国泰合著的《体育价值研究》等少数专著的出版表明体育价值研究已经迈上了一个新的台阶，体育价值研究呈现出新的面貌。

表1-2 体育价值研究中文文献数量统计表

年 度	篇名含"体育价值"的中文文献数量(篇)	关键词含"体育价值"的中文文献数量(篇)
1980—1989	7	3
1990—1999	22	18
2000—2009	106	91
2010—2019	263	236

（数据来源：CNKI中国学术期刊网络出版总库，截至2019年12月）

(二) 体育价值类型的研究

体育价值究竟有哪些类型？我国学者根据不同的标准，划分出了不同的价

① 鲍明晓．体育价值的哲学思考[J]．体育文化导刊，1999(1)：9—10.

② 陈融．价值认识：体育基本理论研究的新生长点[J]．南京体育学院学报，2000，14(1)：9—11.

值类型，反映出了不同的价值思维。刘建和最早对体育价值进行了分类，他从人的需要出发将体育价值分为政治价值、教育价值、健身和娱乐价值等，从物质和精神的角度将之分为物质价值和精神价值，按主体的层次又将之划分为类价值、群体价值和个体价值①，勾画出了体育价值类型研究的轮廓。综观现有研究，学者们主要从三种不同的维度划分体育价值类型，一是以体育在满足人需要的过程中的性质和地位划分，如从社会结构要素和人的价值结构层次把体育价值分为元价值、工具性价值和消费性价值②；二是以体育满足人需要的层次划分，如孙德朝等人从身体社会学"身体造反有理"的语境出发，以我国基础教育体育课程变迁为基础，提出"三层四维"学校体育功能价值，即国家层面的生产力、单位层面的凝聚力、个体层面的生命力和思想力③；三是以人的生活领域为维度划分，如把体育价值分为健身价值、休闲价值、教化价值、精神价值、城乡发展价值与经济价值等④。大体看来，学者们基本上都是从主体需要的不同角度开展体育价值研究的，这并没有在刘建和研究的基础上走出多远(见表 1-3)。

表 1-3　已有研究中体育价值的划分维度与主要类型

划分体育价值类型的维度	体育满足人需要过程中的性质和地位	体育满足人需要的层次	人的生活领域
体育价值的类型	目的价值 工具价值	个体价值 社会价值 类价值	政治价值 经济价值 社会价值 文化价值 教育价值

虽然上述体育价值类型的划分都有一定的理论依据，但在具体的划分标准上，仍有边界不清的嫌疑。例如，姚风萍根据"体育在其长期的历史发展中形成的'文化现状'"，把体育直接功能所反映出的价值称为工具价值，把体育间接功能所反映出的价值称为文化价值。姚风萍进而指出，体育的工具价值主要表现在"提高人类改造自然的能力，通过增强体质，以利于人类的生存，促进社会的发展"和"通过体育产业创造经济价值，为社会做出特殊贡献"，体育的文化价值

① 刘建和．体育价值与体育价值观[J]．成都体院学报，1987(4)：17—20.

② 范叶飞，马卫平．体育价值分类探究：基于人与社会的价值结构统一的视角[J]．北京体育大学学报，2015，38(3)：35—39.

③ 孙德朝，孙庆祝．我国基础教育体育课程百年演进历程的身体社会学解析[J]．首都体育学院学报，2015，27(6)：525—531.

④ 张细谦．当代中国体育价值体系的构建[J]．广州体育学院学报，2012，32(4)：1—6.

"是作为增强体质和发展经济的手段以外的内在精神价值"①。黄诚胤在《体育价值研究》中按照体育的"文化特质"划分体育价值，并着重讨论了个人价值和社会价值。其中，在体育的个人价值方面，从体育对人的自身价值的实现和体育促进人的社会化两个角度进行了论述。但是，两篇著述都没有对体育价值的分类标准，即什么是体育的"文化现状"或"文化特质"作出交代。

其他著作中也有类似的问题，胡小明和石龙按照体育满足人的需求的标准，把体育价值划分为自然价值、社会价值和人文价值，他们认为这三种价值分别是"……参与体育活动所集中反映的身体自然物质材料积极变化的价值、体育竞赛等组织形态辐射到其他社会领域的价值和体育对促进人自身终极发展的精神文化价值"②。按照他们的论述，体育的自然价值对应人的生物需求，是指体育对人的身体自然属性产生的积极作用；体育的社会价值对应群体的发展需求，是指体育在推动经济、政治发展和凝聚群体精神方面的积极作用；体育的人文价值对应人的文化需要，"是关于体育中代表人的生存状态和方式的价值"③。从中我们可以发现，体育的社会价值和文化价值之间没有清晰的界限，书中把体育人文价值的外化形态称为体育文化，指向人的自由全面发展的全部价值，这又给我们造成了困惑，"体育文化是关于人类体育运动的物质、制度、精神文化的总和"④。人的自然价值和社会价值的外化形态难道就不属于体育文化？显然答案是否定的。

（三）体育价值观变迁的研究

近些年来，一些研究从历史的维度研究我国近代以来体育价值观念的变迁，极大地丰富了体育价值研究的内容，其结论主要是我国体育经历了从工具价值到目的价值、从社会价值到个人价值的转变，价值主体、价值选择趋向多样化等。如范巍从20世纪以来我国学校体育课程的发展变化中寻找学校体育价值取向的演变特征，他认为我国学校体育课程价值取向发展将由单一性的价值取向转向多元性的价值取向；由社会本位的价值取向转向人本位的价值取向；由"被组织"的价值取向转向"自组织"的价值取向⑤。覃刚则把近代以来我国学校体育发展史分为人文缺失、人文初现、人文失落和人文重构四个阶段，提出

---

① 姚风萍.体育价值之思考[J].兰州大学学报：社会科学版，2001(S1)：32—35.

② 胡小明，石龙.体育价值论[M].成都：四川科学技术出版社，2008：1—2.

③ 胡小明，石龙.体育价值论[M].成都：四川科学技术出版社，2008：5.

④ 卢元镇.体育社会学[M].北京：高等教育出版社，2002：127.

⑤ 范巍.中国20世纪以来学校体育课程价值取向研究[D].长春：东北师范大学，2013.

了回归学校体育的人文向度、重构人文体育、发展完善人格的人文体育目标①。金光辉根据体育教科书和著作中体育教学、运动训练、体育思辨三大领域的文本考察，认为百余年来在学校体育发展不同时期的体育思想博弈根本上是本土体育观与西化体育观之间的博弈②。张环宇和张强则从1949年后学校体育课程计划（大纲、标准）中寻找学校体育价值取向的演变轨迹③。上述研究基本都以学校体育价值变迁为对象，含有体育价值回归教育的期望。

（四）体育价值的比较研究

比较研究是体育价值研究的重要内容，从现有的研究来看，在文化的大框架下进行体育价值比较研究是学者惯用的方法。李可兴从传统观念价值、思想内涵价值、文化产业价值、文化审美价值四个方面对比了中西体育文化，认为它们各自受到强势文化和弱势文化的影响，具有极强的地域特色④。徐成立也从文化的维度比较了中西方体育价值观，认为二者的冲突包括"身心统一"与"形神二分"、"养生化"与"健身化"、"社会本位"与"个体本位"、"伦理化"与"竞技化"、"整体化"与"局部化"五个方面⑤。王延在对比了学校体育价值取向的哲学、文化、社会基础后，认为西方学校体育具有获胜和参与的价值取向，中国学校体育树立的是修身养性的价值取向⑥。当然，还有些体育价值比较研究蕴含在体育思想、体育史的研究中，如吕俊莉的论文《身体哲学视阈下的中西体育思想比较研究》等。还有学者深入挖掘20世纪初发生的"土洋体育之争"，如李义君和尹碧昌认为该争论的实质，是世界性与民族性、时代性与传统性、科学本位与经验本位之间的冲突⑦。大体看来，现在已形成了"中国-养生""西方-竞技"的基本取向，这得益于中西方体育文化、体育思想研究的深入，更得益于中西哲学、中西文化比较研究的深入。

（五）不同"体育"的价值研究

长期以来，人们把体育划分为竞技体育、学校体育、社会体育、民族传统体育等类型，成为体育价值研究的基本参照系。在竞技体育方面，苗治文和张帆

---

① 覃刚. 近代以来中国学校体育教育人文向度的失落与重构[D]. 武汉：华中师范大学，2013.

② 金光辉. 从体育教科书和专著的立论基础看体育思想的演化[D]. 上海：华东师范大学，2012.

③ 张环宇，张强. 我国学校体育课程价值取向的梳理与启示[J]. 体育文化导刊，2015(11)：131—135+139.

④ 李可兴. 中西方体育文化的精神实质及价值向度比较[J]. 西安体育学院学报，2005，22(2)：22—24.

⑤ 徐成立. 中西方体育文化价值取向的冲突与融合[J]. 体育文化导刊，2007(10)：52—54.

⑥ 王延. 中西方学校体育价值观的比较研究[J]. 成都体育学院学报，2013(1)：59—63.

⑦ 李义君，尹碧昌. "土洋体育之争"的回顾与启示[J]. 体育学刊，2015，22(5)：17—21.

从竞技体育的发展历程提出我国竞技体育价值取向转变的四个维度①,周李莉着重探究了竞技体育对个人、组织和社会三个层次的教育价值②。学校体育价值研究的成果颇为丰富,谈论较多的是体育的育体价值,后又转向了课程、教学、教材、学校体育史等视角的育人价值研究,如时杰讨论了体育教学中教育性价值的缺失与回归③;刘映海等人在把体育本质指向竞争和内在自由的基础上,提出体育的教育价值是促进类本质④;王远林和刘霞则提出体育的本真价值是生命关怀⑤,上述研究把握住了体育中的"育",探索出了一条在教育框架下讨论体育价值的路径,对今后的相关研究做了很好的铺垫工作。众多社会体育和民族传统体育价值研究体现出鲜明的多学科背景特点,学者大多从人类学、文化学、历史学、社会学、民俗学等理论中演绎出社会体育和民族传统体育的文化传承价值、文化共存价值等,这方面的成果有唐宏贵的《体育价值观念的嬗变与社会体育发展》、胡小明的《中国少数民族传统体育的文化多元价值》、古柏的《全球化背景下民族传统体育的文化选择》等。

(六)身体研究视域中的体育价值研究

自 20 世纪以来,西方哲学界兴起了一股以"身体"为主题的研究之风,身体现象学、身体政治学、身体社会学、身体人类学、身体美学等相继问世。21 世纪以来,大量的西方身体研究著作在国内翻译和出版,最具代表性的是 2000 年春风文艺出版社出版的"阅读身体系列";2002 年,华龄出版社又推出"生理人文系列图书";从 2003 年起,百花文艺出版社也推出了身体系列丛书。此后,国内学者也开始陆续出版身体理论研究的著作⑥。其中,对体育价值研究较具启发意义的当属身体观研究和"身体-教育"研究。

第一,身体观是关于身体存在和价值的基本认识,影响着体育价值的设定、评价和实现。关于身体观研究,除了对西方哲学家、教育家的身体观进行研究

---

① 苗治文,张帆.我国竞技体育价值取向的转变[J].北京体育大学学报,2014,37(7):126—130.

② 周李莉.竞技体育三层次教育价值分析[J].西南师范大学学报:自然科学版,2014,39(6):89—94.

③ 时杰.试论体育教学中教育性价值的回归:从赫尔巴特"教育性教学"的视角审视当前的体育教学[J].体育研究与教育,2013,28(4):69—72.

④ 刘映海,石岩,丹豫晋.论体育的本质及其教育价值[J].教育研究,2014,35(9):24—32.

⑤ 王远林,刘霞.体育教育的本真价值:生命关怀[J].西南师范大学学报:自然科学版,2012,37(8):168—171.

⑥ 如汪民安的《身体的文化政治学》(河南大学出版社,2004 年)、汪民安等的《后身体:文化、权力和生命政治学》(吉林人民出版社,2011 年第 2 版)、刘小枫的《沉重的肉身:现代性伦理的叙事纬语》(华夏出版社,2004 年)、葛红兵等的《身体政治》(上海三联书店,2005 年)等。

之外，我国学者倾向于从我国古代哲学中凝练出我国古代身体观，进而进行中西方身体观的比较研究，涌现出了许多优秀的著述。概言之，学界普遍认同我国古代身体观的身、心、气相通合一的观点，而且把它视为与西方身心二元论根本相异之处。周与沉说："在多元文化论当令的今日，中国人文研究应深入具有中国文化特色之特殊性的议题，并开发其普世意义与价值，以便与西方或其他文化互相参照……'身体观'研究在中国思想史研究领域中的确具有可观的发展潜力。"[①]身体观的形成受特定历史时期哲学体系和价值体系的影响，对我国古代身体观的研究内含了对我国古代哲学体系和价值体系的研究，这对于我们如何认识体育的普遍价值，以及中西方和不同历史时期的不同形态的体育的特殊价值具有非常重要的意义，对分析我国体育价值的变迁具有非常重要的意义。

我国古代的身体观带给体育的影响有哪些？葛红兵认为儒家的舍生取义、杀身成仁是对身体的蔑视，中国没有崇尚身体、感性的源头，也没有像尼采那样的反理性哲学的冲击，"……中华民族看起来似乎是先天就反身体的，不重视身体锻炼，缺乏户外体育活动的兴趣，对身体的快感嗤之以鼻"[②]。葛红兵把"种族上的身体的颓败形式"归咎于"反身体"的传统道德理念。在以身体和体育为题的为数不多的博士论文中，刘媛媛的研究直接突出了身体观与体育文化的关系，她归纳了先秦儒家社会化身体观、道家自然化身体观和医家实体化身体观及它们对古代体育文化的影响[③]。聂真新则在身体认知的基础上凝练出了体育价值体系中的四个基本范畴——真、善、利、美，试图以此来统揽体育教育的"是"与"应当"问题[④]。但目前看来，身体观与体育价值的关联性研究还非常匮乏。

第二，自2000年以来，教育界出现了一股"身体-教育"研究的热潮。此处之所以不用大家广泛使用的"身体教育"，是因为国内的"身体教育"研究决不仅限于体育学，而是已经跨越了哲学、文化学、史学、社会学、政治学、教育学等诸

① 周与沉. 身体：思想与修行：以中国经典为中心的跨文化关照[M]. 北京：中国社会科学出版社，2005：17.

② 葛红兵. 障碍与认同：当代中国文化问题[M]. 上海：学林出版社，2000：213.

③ 刘媛媛. 先秦身体观语境下的中国古代体育文化研究[D]. 北京：北京体育大学，2009.

④ 聂真新. 论身体与体育教育[D]. 北京：北京体育大学，2012.

多学科①，例如，张德安研究的“身体教育”：“基本上是在历史的视域中，以身体史或身体文化的角度，去考察教育活动作用于身体上的形式与成效，借以展示个人、社会与历史相互交织的发展轨迹。”②更多的时候，学者在使用“身体教育”这一说法时往往不作严格的界定，如此一来，我国学界已经把“身体教育”的内涵扩展到关于身体的一切文化现象的广阔空间去了，早已大大超出了体育界的体育(PE)的范畴，体育(PE)成了“身体教育”的一部分内容。因此，为了避免因概念误用引起的误解，下文中把关于身体和教育的研究称为“身体-教育”研究。

在“身体-教育”研究中，基本形成共识的是，无论是在西方还是在中国，长期以来教育中的身体都处于被贬斥、压抑、规训的状态，这种教育是一种无“人”的教育、无生命的教育、无主体的教育；身体不是纯自然的肉体，而是“人”整体存在的一部分，现代教育要实现从“反身”到“正身”的身体转向，“回归整全意义上的身体世界”③。我们且不论上述共识是否成立，重点来看看在体育领域关于身体的研究却是长期困顿于生物学、物理学、化学和医学等学科的研究范畴中，对体育中身体的价值研究也一直隐蔽于德育、智育和美育之中，没能开拓出自己的领域。客观地说，哲学主题的转换和“身体-教育”研究的兴起促进了体育理论研究视角和关注热点的转换，身体终于进入了体育研究的视野，然而，对于以身体活动为主要形式的体育来说，当前的身体研究还有很大的拓展空间。

如何看待体育的各种具体形态，本身就是体育价值问题，在这方面，谢光前为我们提供了新颖的研究视角。一般来说，人们会把古希腊的体育与斯巴达军

---

① 主要有张之沧的论文《论身体教育的迫切性》(《体育与科学》2005年第4期)、《后现代身体论》(《江海学刊》2006年第2期)、《论身体和智慧》(《体育与科学》2006年第5期)、《论身体尺度》(《体育与科学》2008年第3期)、《论身体教育》(《杭州师范大学学报(社会科学版)》2008年第3期)、《对身体的整体思考》(《湖南社会科学》2008年第5期)、《身体认知的结构和功能分析》(《南京师范大学学报(社会科学版)》2010年第3期)等；金生鈜的《规训与教化》(教育科学出版社，2004年)；檀传宝的《论惩罚的教育意义及其实现》(《中国教育学刊》2004年第2期)；周与沉的《身体：思想与修行——以中国经典为中心的跨文化关照》(中国社会科学出版社，2005年)；闫旭蕾的《教育中的“肉”与“灵”——身体社会学研究》(南京师范大学出版社，2007年)；汪民安、陈永国的《后身体：文化、权力和生命政治学》(吉林人民出版社，2011年第2版)；齐林华的《中国古代文化中的身体观念及其发展》(湖南师范大学博士学位论文，2013年)；张德安的《身体教育的历史(1368—1919)——关于近世中国教育的身体社会史研究》(南开大学博士学位论文，2014年)等。

② 张德安.身体教育的历史：1368—1919：关于近世中国教育的身体社会史研究[D].天津：南开大学，2014.

③ 冯合国.由“反身”到“正身”：现代教育的身体转向[J].湖南师范大学教育科学学报，2013，12(3)：53—59.

事训练的具体形态相联系，也会与柏拉图专为护卫者设置的体操课程相联系，由此形成了一种对古希腊身体观的不自觉认识，即古希腊的体育是对身体的控制。谢光前却从身体价值的角度，提出了崭新的观点，他认为古希腊体育与快乐、幸福和美有关，它唤醒了人的身体意识，彰显了身体魅力，使身体获得了存在价值①。将身体与体育结合起来的还有刘欣然和范婕，他们认为“对于身体的忠诚和生命的保护是体育运动唯一的历史任务”，“体育运动就是身体的历史哲学、生命哲学和行为哲学”②。郭海霞则通过身体资本理论论证身体教育的终极目的是通过关心身体实现尊重生命的价值③，为我们提供了另一种研究维度。

三、我国体育价值研究离不开体育概念研究

（一）逻辑起点不清

逻辑起点是研究的起始范畴，是研究的始点（而不是“出发点”）④，确立逻辑起点是体育价值研究的首要任务，即应从“体育”概念中确定。概念是反映事物本质属性的思维形式，通常用“是”来表述，“体育”的“是”一直是我国学界难以化解的难题。现在，“大体育”(S)与“真义体育”(PE)之争已经延续了三十余年。按郭道全的理解，就是二者均在“体育”概念界定中加入当事人的价值预设，只能获得“体育”的“殊相”而非“共相”⑤。常用工具书和通用教材中也常把体育界定为文化活动或社会活动，体育的内涵和外延越来越模糊，致使体育价值研究的逻辑起点模糊不定，造成主张体育是文化活动的学者一般从文化的维度研究体育价值，主张体育是社会活动的学者从社会的维度研究体育价值，主张体育是教育活动的学者又从教育的维度研究体育价值。客观地说，这些研究貌似丰富和推动了体育价值研究，实质上暴露出逻辑起点不清的危害在于使体育理论研究缺失了判断、推理和论证的基础。在大多数情况下，研究者为避免逻辑混乱，干脆回避体育的“是”，而只把重心放在了体育的“应当”上，从而陷入

---

① 谢光前.古希腊体育与身体意识的觉醒[J].体育学刊，2006，13(2)：79—81.

② 刘欣然，范婕.从身体哲学中寻找体育运动的哲学线索[J].武汉体育学院学报，2013，47(1)：23—26.

③ 郭海霞.论身体资本与身体教育[D].北京：北京体育大学，2011.

④ 瞿葆奎，郑金洲.教育学逻辑起点：昨天的观点与今天的认识(一)[J].上海教育科研，1998(3)：2—9.

⑤ 郭道全.体育概念研究中价值预设问题的探讨[J].体育学刊，2008，15(4)：5—7.

文化价值、社会价值的泛泛而谈中不能自拔，以至于关于体育的本体价值至今无法达成共识。

（二）研究路径不明

如同价值研究一般，从主体、客体或主客体关系着手是体育价值研究的一条适宜路径。人作为体育价值的主体已经在学界达成共识，但何者可以作为体育价值的客体呢？刘建和以为体育价值的客体是体育①；谭华说体育价值的客体是体育活动、体育现象②，相似的是，程文广把体育教育活动作为体育价值的客体③；王猛、刘一民则认为体育的客体是“体育实践活动所指向的人的身体”④，如此一来，体育价值的客体是变动不居的，从价值的“需要说”“效用说”“关系说”中已难以对体育价值作出更全面的阐释。价值的“实践说”是我国价值哲学的创新，我国学者在研究体育价值时已经表现出了一定的实践思维倾向，如程卫波、于军提出要摆脱认识论层面的限制，用马克思“实践思维方式”认识体育价值⑤；王猛、刘一民从马克思主义实践观的三种形式出发把体育价值分为自然维度、社会维度和精神维度等，都表现出了寻求实践观理论观照的意向⑥。但是把体育作为人的实践活动虽然有助于从人类一般实践活动的价值中理解体育价值，却还没有把体育与其他实践活动的本质区别和特殊价值挖掘出来。因此，研究路径不明可能会导致体育价值向一成不变的价值观或无所不包的价值观这两种极端的方向发展。如何理解体育与实践的关系，如何从人类实践的普遍价值中把握体育的特殊价值等问题还有待深入研究。

（三）核心概念内涵不定

虽然鲍明晓早在1999年就指出要把体育功能和体育价值这一关键问题搞清楚⑦，但在多数研究中，体育价值研究长期由体育功能研究占据主角。目前，我国关于体育的功能有“三论”“五论”“六论”“七论”等说法。“三论”是指体育有文化教育功能、政治功能和经济功能⑧；“五论”是指体育有健身功能、娱乐功

① 刘建和.体育价值与体育价值观[J].成都体院学报，1987(4)：17—20.

② 谭华.体育本质论[M].成都：四川科学技术出版社，2008：106.

③ 程文广.我国体育教育价值主客体关系解析及其相互作用的内在机制[J].沈阳体育学院学报，2014，33(2)：1—6+21.

④⑥ 王猛，刘一民.马克思主义实践观透视下的体育价值[J].体育科学研究，2015，19(2)：29—32.

⑤ 程卫波，于军.体育价值的历史性考辨与理性选择[J].体育学刊，2009，16(11)：19—22.

⑦ 鲍明晓.体育价值的哲学思考[J].体育文化导刊，1999(1)：9—10.

⑧ 赵立.体育概论[M].北京：人民体育出版社，2009：64.

能、益智功能、育德功能、社会功能①;“六论”是指体育有健身功能、娱乐功能、促进个体社会化功能、社会情感功能、教育功能和政治功能②,“七论”则在“六论”的基础上增加了“经济功能”③。还有一些学者根据体育功能的性质区分了主要功能和次要功能,如鲍冠文把教育功能、健身娱乐功能和培养竞争意识功能看作体育的主要功能,把促进政治、经济发展,传递人类文化等作为体育的次要功能④。体育功能研究的深入对体育价值研究的干扰是大多体育价值都指向体育对政治、经济、文化等可能或者已经产生的效用,体育价值研究变成了体育与政治、经济、文化等的关系研究,这可能产生以实际效果为主要内容的价值评价体系,从而对体育实践产生影响。

那么,体育价值与体育功能到底是什么关系呢?“……功能主要反映的是属性与属性间的作用,又主要由功能归属事项(主体或客体)的属性来决定;价值主要反映的是客体的主体性(不是主观性)、为我性。”“功能关系是一种自在的因果联系;价值关系……但更主要地表现为合目的性的关系”⑤。可以说,体育价值研究要解决“体育应如何”的问题,而体育功能研究解决的是“体育能如何”的问题,或者说,体育价值反映体育主客体之间的内部联系,体育功能则反映体育在主客体交互作用过程中同其环境的外部联系;体育价值可以通过体育功能得到彰显,体育功能也能反映一定的体育价值,但二者不可等同。

现在,已经有少数学者开始思考体育价值到底有没有“核心价值”的问题,实际上,这是一项区别体育价值与体育功能的研究。那么,什么才是体育的“核心价值”呢?祖苇认为体育价值体系的核心层面是科学价值、人文价值和社会价值⑥;鲁飞认为体育价值观由外围层和核心层构成,其中核心价值观的三个元素是角色、价值取向和使命⑦;熊文和刘剑则认为今后公正将会凸显为体育发展的主导和核心价值⑧;谭华曾主张从体育的本质属性出发去认识体育价值,并提出了体育的核心价值是促进人类自我超越和自觉进化,体验和创造体

---

① 周西宽.体育基本理论[M].北京:人民体育出版社,2007:103—110.

② 曹湘君.体育概论[M].北京:北京体育学院出版社,1985:122—123.

③ 全国体育学院教材委员会.体育概论[M].北京:人民体育出版社,1989:123.

④ 鲍冠文.体育概论[M].北京:高等教育出版社,1995:38—40.

⑤ 雷鸣强.教育的功能、价值、功效辨析[J].江西教育科研,1996(3):9—11+5.

⑥ 祖苇.再论体育价值[J].北京体育大学学报,2003,26(6):741—743.

⑦ 鲁飞.论体育的核心价值观[J].成都体育学院学报,2006,32(5):27—29.

⑧ 熊文,刘剑.基于公正的体育发展:兼论科学发展观语境下体育的发展[J].武汉体育学院学报,2010,44(2):12—16.

育之美[①]，这些观点将对今后的研究具有重要的启发意义。

(四) 体育价值体系构建意识不强

受前三个问题的影响，体育价值的主客体、价值内容、价值评价、价值实现等一系列要素的具体研究分歧较大，成为体育价值体系构建的障碍。当前，关于体育价值主体、客体、类型的研究虽然为体育价值体系的构建奠定了一定基础，但这方面的研究还屈指可数。陈琦等人较早地从价值结构的角度把价值方向、价值标准、价值竞争、价值实现等作为体育价值观的内容[②]，显露出了体育价值体系构建的倾向；张细谦进一步认为体育价值体系有两大要义，即体育价值体系"是各种体育价值构成的系统""是各种体育价值要素的综合"，其中，"系统"是各种体育价值的有机构成，"综合"是价值关系、价值意识、价值观念、价值评价和价值实现所构成的价值现实运动的各个环节[③]。这些认识把握了体育价值体系的基本特征，在体育价值体系建构的道路上迈出了关键的一步。

应该说，用系统的思维去研究体育价值，把体育价值的各个元素纳入体育价值体系中，有意识地构建体育价值体系是今后的基本任务。但首要的是要规范术语，即对"体育"这一基本概念进行澄清，为体育理论的系统性研究奠定基础，帮助人们形成关于体育的共识和自觉，促进体育实践朝向符合人们期望的目标发展。

① 谭华. 体育本质论[M]. 成都：四川科学技术出版社，2008：110—112.

② 陈琦，杨文轩，刘海元，等. 我国当代体育价值观的研究[J]. 体育科学，2006，26(8)：3—9+74.

③ 张细谦. 当代中国体育价值体系的构建[J]. 广州体育学院学报，2012，32(4)：1—6.

第二章
古希腊体育的历史表征

如果要人们选择某一时代的体育作为人类体育史上的代表，古希腊体育一定会毫无争议地当选。那么，体育为什么在古希腊教育体系中具有举足轻重的地位？为什么说德性是古希腊体育预设的价值目标？以德性为价值取向的古希腊体育的实现路径是怎样的，它又因何快速衰亡？古希腊的城邦政治社会生活很好地说明了上述问题，即体育是古希腊城邦政治生活的重要内容，是培养城邦公民的重要手段，其现实目标是维持城邦的统治；体育是实现德性的重要载体，参加体育活动是古希腊公民社会生活的基本内容；古希腊体育所呈现出来的鲜明的政治性、竞技性、育人性主导了体育的主要走向，奠定了体育是教育基本组成部分的重要地位。

第一节　城邦：古希腊体育的政治社会基础

古希腊是指公元前800年至公元前146年间，以爱琴海诸岛为中心，包括小亚细亚半岛西岸、巴尔干半岛南部的辽阔地带在内的城邦国家。城邦（Polis），通常指由一个中心城市及其周围的村落组成的政治实体。斯巴达（Sparta）和雅典（Athens）是城邦中的佼佼者，它们的繁荣与强大足以使后人将其作为古希腊的代表，并在它们的历史轨迹中寻找古希腊体育兴衰的线索。

一、城邦的政治社会样态

早在迈锡尼文明（Mycene）时期，城邦就已经存在。随着迈锡尼文明的逐渐衰微，伊奥利亚人（Aeolians）、阿卡亚人（Achaeans）、爱奥尼亚人（Ionians）和多利亚人（Dorians，又译为“多利安人”）成为四个最著名的部落。公元前11世纪，多利亚人部落迅速壮大并南下控制了伯罗奔尼撒（Peloponnese）半岛南部约 8 000 平方公里的地域。其后，他们不断向南、向西扩张，到公元前 7 世纪中期，他们占领了希腊半岛南部的拉哥尼亚（Laconia）和美塞尼亚（Messenia），形成了古希腊面积最大的城邦——斯巴达。斯巴达原意为“可以耕种的平原”，因三面环山、中部平原宜于农业生产而得名。不过，进行农业劳作的不是自北部侵入的多利亚人，而是原住民，他们人数最多[①]，但处于斯巴达社会最底层，被称为“希洛人”（Helot），就是“俘虏”或者“奴隶”的意思。斯巴达人是原多利亚人，他们构成了斯巴达的统治阶层，因此，斯巴达人并不是在斯巴达城邦内的所有人，而是一种专用称号。还有一种“庇里阿西人”（Perioeci），也被称为“边民”或者“外族人”，多由阿卡亚人组成，他们被允许从事一些工商业活动，为统治者提供服装、武器等，地位比希洛人略高一些（图 2-1）。

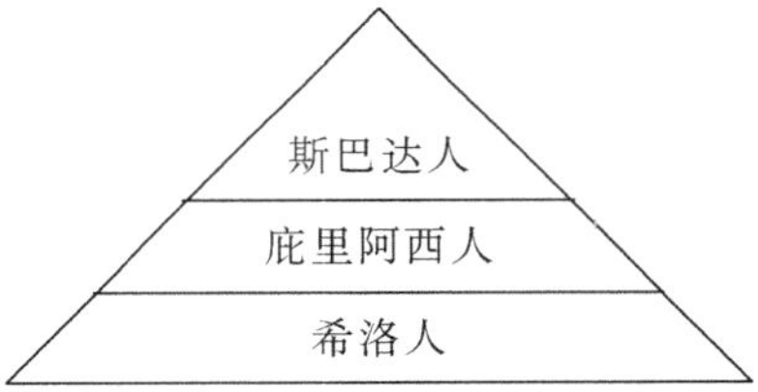

图 2-1　古希腊斯巴达城邦的社会阶层

与迈锡尼文明时期各个城邦实行王权统治不同，斯巴达实行“双王制”，即由阿基斯（Agis）和优律彭（Eurypon）两大家族各提供一个国王平分政权和军权，共同治理城邦。公元前 8 世纪起，斯巴达实施宪政改革，由吕库古（Lycurgus，又译为“莱克格斯”或“莱库古”）的王族统治者主导并实施[②]。改革后的斯巴达形成了由国王、元老院、公民大会和监察官互相制约的政治体系。其中，元老院（又称“长老会议”）由二十八位元老和两位国王共同组成，具有同国王相等的重要事务决定权；监察官由公民大会选举产生，主持元老院会议，对国王、元老院和公民大会行使监督权，甚至可以拘捕国王；公民大会由全体男性公民参加，可以赞成、反对，或修改元老院的提案。此后，斯巴达一直沿用这一政体直至覆灭，先后长达五百余年。

吕库古的改革涉及政治、经济、文化各个领域，“公共食堂”（phiditia）制度

① 斯巴达总人口约 44 万人，其中，希洛人（又称“黑劳士”）约 28 万人，庇里阿西人约 12 万人，斯巴达人约 4 万人，全权公民约 0.9 万～1 万人，外邦人数不详。参见：祝宏俊．古代斯巴达政制研究[M]．北京：中央编译出版社，2013：287．

② 普鲁塔克．希腊罗马名人传：上册[M]．陆永庭，吴彭鹏，等，译．北京：商务印书馆，1990：86—126．

便是其中之一。公共食堂是男性公民（国王也不例外）的活动场所，他们每人每月缴纳一定的大麦、酒、干乳酪、无花果及少量的钱以在公共食堂共同进餐。吕库古的货币改革和法律改革常常被认为是斯巴达人物质贫乏、精神单调的主要原因。为了稳定政治体制，杜绝贫富差距，吕库古按户头平均分配了土地，用廉价的铁币替代了金银币，金银币被铁币取代直接导致了斯巴达工商业的一蹶不振，金匠、银匠消失，奢侈货品消失，对外贸易几乎为零，人们的衣食住行仅够满足基本需要；更严重的是，吕库古认为书面的文字法律在他看来是毫无必要的，这致使修辞学教师出走他乡，文字消失，斯巴达的文学、诗歌、艺术等迅速衰败。

雅典城邦坐拥希腊半岛中部的阿提卡平原（Attica）及其周围约 2 550 平方公里的地区[①]，该地区宜于种植橄榄、葡萄等，海上资源丰富，造船业和海上贸易较为发达。在雅典建立之初，政权掌握在从氏族奴隶贵族中产生的执政官和贵族会议手里[②]，他们拥有大量土地、财富和奴隶，每年从农民和手工业者那里征收赋税。随着海上贸易的频繁和工商业的进一步发展，工商业主要求政治改革的愿望日益强烈，加剧了雅典内部矛盾。

公元前 594 年起，有着贵族和贸易利益背景的首席执政官梭伦（Solon）着手对雅典政治体制进行改革，内容主要包括：在经济上颁布“解负令”，主要是解除因债务而遭受的奴役；在政治上，格里翁特人（Geleontes）、阿尔伽德人（Argadeis）、艾吉考瑞斯人（Aigicoreis）和霍普利特人（Hopletes）这四个部落分别派出 100 人组成 400 人会议作为公民大会的常设机构，另外隶属于一定财产阶级的公民可以参加相应等级权力机构成员的选举，等等。此时，雅典还没能改变少数奴隶贵族统治的状况，如公元前 6 世纪下半叶，贵族庇希特拉图（Peisistratos，梭伦的亲戚）曾三次以僭主身份接管雅典，他没有更改梭伦的改革成果，最主要的原因是他始终牢牢控制着雅典的权力机构[③]。

公元前 508 年以后，克里斯提尼（Kleisthenes）对行政区域进行改革，为雅典确立民主共和制扫清障碍。重新划分后的行政区域分为十个部落，每个部落由三个“三一区”组成，每个“三一区”所辖的村落或城市称为“德谟”（demos，又

① 根据《剑桥世界古代史》的数据，在伯罗奔尼撒战争前夕，雅典总人口约为 30 万人，其中，奴隶 10 多万人，外邦人约 5 万人，雅典人 15 万人，成年雅典男子 4.5 万人，30 岁以上的全权公民 1.7 万人。参见：祝宏俊. 古代斯巴达政制研究[M]. 北京：中央编译出版社，2013：287.

② 早期雅典的主要权力机构是执政官和贵族会议。执政官先是实行终身制，后改为任期制。公元前 683 年后，执政官由 1 人增至 9 人，一年一任，卸任后自动进入贵族会议。贵族会议行使审判权、监督权、行政权，其成员实行终身制。

③ 约翰·索利. 雅典的民主[M]. 王琼淑，译. 上海：上海译文出版社，2001：14—16.

译“德莫”)，这一改革使雅典人以血缘家族为基础的旧部落被新型的地域关系所取代，“……彻底摧毁了贵族长期处于优势地位所依赖的组织基础”[①]。相应地，公民大会(法定人数不超过6 000人)的常设机构从400人会议扩充为500人会议，这500人从十个新部落里抽签选举产生(每个部落50人)，每名议员服务一年，一生只能服务两次；最高军事指挥权交给由十个部落各选一人组成的“十将军委员会”，十个人在一年的任期内轮流担任轮值将军。克里斯提尼改革保障了雅典男性公民能够进入政治权力机关，行使城邦最高政治、经济、法律、军事等权力，这种前所未有的民主政治制度被命名为“德谟科拉提亚”(demokratia)，即“人民的权力”，西方现代“民主”(democracy)就来源于该词[②]。公元前461年，公认的雅典盛世——伯里克利(Pericles)时代来临。伯里克利进一步巩固了公民大会、500人会议和民众法庭的权力，取消了大部分职务竞选者的财产资格限制，向为城邦服务的公民发放生活补贴。有意思的是，伯里克利本人连续十五年担任十将军之一，不可避免地成为民主共和制并不民主的把柄。

总的来说，斯巴达与雅典的政治体制不同程度地扩大了奴隶主内部的民主，孕育和实践了立法、司法、行政三权分立的思想。但二者的最大区别是斯巴达偏向于保护少数贵族特权，雅典却一步步把权力下放，尽可能扩大全权公民的范围。斯巴达和雅典同样源自克里特(Crete)文明和迈锡尼文明，却在两种不同的政治体制下，呈现出具有较大差异的政治社会样态。经济结构、政治体制、社会生活是相互制约、相互影响的，一个国家或一个民族在历史拐点处的自觉选择既存在于政治体制、经济方式，还存在于社会文化生活方方面面，这种自觉选择便是在一种价值体系指导下的价值选择。体育作为古希腊人生活的重要内容，深深地植根于城邦政治社会生活中，正是古希腊人自觉选择的结果。

二、城邦政治社会对古希腊体育的影响

城邦是古希腊人政治、经济、军事、社会、文化的共同体，亦是古希腊人全部生活的中心。少有家庭生活和个人空间的古希腊人把绝大多数时间和精力都用在城邦的公共生活中，城邦政治社会的兴衰对体育的演变影响巨大，体育是

---

① 冯金朋.公民社会的起源：希腊城邦制度[M].长春：长春出版社，2012：53.

② 伊恩·莫里斯，巴里·鲍威尔.希腊人：历史、文化和社会：第2版[M].陈恒，屈伯文，贾斐，等，译.上海：格致出版社；上海：上海人民出版社，2014：274—276.

城邦公共生活的一部分。因此，从城邦政治社会的公共生活出发考察古希腊体育是必要的入口。

城邦的政治、经济、军事、社会、文化决定了城邦公共生活的内容、形式和秩序。古希腊人的公共生活几乎都是在一个叫作阿戈拉(agora)的广场内开始和结束的，它可能是旷野中的一片空地，也可能是市中心的广场。从词源上看，阿戈拉来源于动词"集合"(ageirein)，它所指的公民聚集的公共广场是城邦最核心的公共场所，"即使在拥有其他更大的公共活动场所的城镇中，阿戈拉(agora)也是城市的最主要的生命器官"①。有意义的城邦生活只有在阿戈拉才能寻见，著名的雅典城阿戈拉广场的建筑有赫福斯特神庙、神殿等宗教祭祀和庆典建筑，议事厅、十将军委员会、公民大会等权力机构，敞廊等学术交流场所，剧场等表演场所，以及商业交易市集，祭祀、庭审、诗歌、演讲、舞蹈、买卖等填充着古希腊人的公共生活。阿戈拉还有一种建筑是必不可少的，即竞技场，它是举行体育活动的主要场所，赛马、摔跤是这里常见的竞技活动。古希腊人乐于用竞技场里的活动丰富他们的生活，体育是古希腊人的生活习惯。

除了簇拥的人群感召着古希腊人每天在阿戈拉聚集之外，扇形的巨大广场、高耸的柱廊等建筑具有一种令人无法抗拒的向心力，英国学者埃蒙·坎尼夫(Eamonn Canniffe)指出："从古希腊的'阿戈拉'开始，即便受到使其存在的政治体制的制约，但城市空间所具有的交错重叠的宗教、市民和纪念功能，催生了空间对公共意义的表达形式。"②阿戈拉是城邦政治体制主导下宗教、经济、社会、文化多功能的公共场所，更是古希腊人的社会教育场所，它到处弥漫着民主、高尚、优雅和闲适的气息，城邦的思想、理念、精神在古希腊人能真切感知的这一空间中不断升华。但很多资料显示阿戈拉只对公民开放，亚里士多德的一些观点也凸显了古希腊严格的社会等级不容僭越，他提出把阿戈拉分为两种，一种是用于商业交易的"商业市场"(the commercial agora)，另一种是自由人从事政治活动的"自由广场"(the free agora)，二者相互隔离，商人、工匠、农民等未经召集不得进入"自由广场"。

还有一种公共生活虽能在阿戈拉寻得其踪影，却不能见其全貌，那就是军事生活。古希腊城邦普遍实行全民兵制度，成年男性一生都在服役，未成年男

---

① 雅各布·布克哈特. 希腊人和希腊文明[M]. 王大庆，译. 2版. 上海：上海人民出版社，2012：102.

② 埃蒙·坎尼夫. 城市伦理：当代城市设计[M]. 秦红岭，赵文通，译. 北京：中国建筑工业出版社，2013：147.

性则须参加系统性的军事训练为服役作准备。在对古希腊的研究中,斯巴达和雅典往往占据了较多的笔墨,但别忘了,在古希腊六百多年历史中,城邦之间的吞并、反抗和新建从来就没有停止过。据记载,公元前8世纪到公元前6世纪古希腊有城邦二百余个,希波战争之后城邦竟达一千多个。因此,同一语系、宗教信仰、风俗习惯的城邦因政治上的独立性和排外性未能形成统一的国家,比如,在斯巴达建立并担任盟主的伯罗奔尼撒同盟中,每个城邦的自治权不受干涉,也无须缴纳什么基金,对斯巴达能否执行公民大会通过的同盟会议决议拥有平等的表决权①。反之,东方社会的大一统却把语系、宗教信仰、风俗习惯、生产方式各异的民族纳入其中,不得不令人感叹人类历史发展的奇特。城邦之间战事连连是全民兵制度建立的直接原因,残酷的生存竞争迫使各个城邦高度重视军事训练。城邦内部社会矛盾是全民兵制度延续的另一原因,奴隶社会总是充斥着暴力,尤其是当极少数人统治着数倍于自己的奴隶时,暴力绝不会被弃而不用。特殊的政治社会结构决定了城邦不仅要对外抵御和征伐,更要对内防范和镇压。因此,城邦政治刺激了战争的频发,战争需要促进了全民兵制度的建立,全民兵制度推动了古希腊体育的传播和发展。

斯巴达体育与军事的高结合度往往归因于斯巴达是一个高度军事化,或者军国主义的国家。对斯巴达政治制度有着深入研究的祝宏俊表示②,古典时期斯巴达阶级矛盾还未被激化,外交上明显呈保守、防御特征,极权政治具有较多的民主成分,经济没有出现萎缩,文化上明显胜于雅典,这些都充分说明斯巴达并没有如传闻中那样只是一个战争机器。军事化是在公元前465年的大地震和第三次赛美尼亚战争之后表现出的倾向,大地震导致斯巴达人口骤减(公民仅剩1 588人),统治阶级和被统治阶级之间力量发生重大变化,斯巴达内部局势骤变;同一时期,伯罗奔尼撒同盟受到雅典的军事威胁,斯巴达的周边局势日益复杂,战争已不可避免。因此,斯巴达成为军国主义国家是在公元前5世纪后期好战派执政、对内高压统治以及社会意识和教育体制军事化等共同作用下的结果。祝宏俊的研究表明,古典时期斯巴达体育与其他城邦并无二致,军事化是斯巴达一定历史阶段的策略,斯巴达体育内容和手段的军事化是斯巴达人

---

① 库济辛.古希腊史[M].甄修钰,张克勤,张淑娟,等,译.呼和浩特:内蒙古大学出版社,2013:198.

② 目前,关于斯巴达体育的历史演变少有人触及,这影响到了对古希腊体育整体面貌的认识,也未能很好地澄清斯巴达体育和雅典体育的异同。祝宏俊从政治制度出发进行了极有价值的研究,应引起人们的注意。参见:祝宏俊.斯巴达"军国主义化"反思[J].历史研究,2012(4):4—21+189;祝宏俊.军事教育与斯巴达的阿高盖制度[J].世界历史,2013(4):103—120+161.

在古典时期政治形势严峻态势下作出的历史选择。

雅典体育发展呈现出了另一种样貌，同样出于现实需要发展起来的雅典体育比斯巴达体育先经历了由盛到衰的转变。颜绍泸认为公元前594年梭伦改革至希波战争前是雅典体育的鼎盛期，主要体现了民主性、群众性和公民参与体育的自觉性，其中，奴隶制民主制造成的社会大分工使奴隶主摆脱了劳动生产是根本原因；随着时间的推移，奴隶主群体脱离劳动生产致使财富旁落，民主制危机爆发，动摇了雅典人参加体育运动的物质基础和精神支柱，体育就此走上了职业化的道路①。雅典体育有别于邻邦体育很可能到伯里克利时代才展现出来，而且持续的时间并不长。一面是希波战争获胜的喜悦，另一面是雅典城伟大的重建工程，雅典人的生活充满了激情和遐想。丰富和美的生活令雅典人有了更高的追求，他们把发展身体与培养智力和道德相结合，使人类体育向前跨出了关键的一步。但是，由社会底层组成的职业雇佣军降低了竞技运动的受欢迎程度②，旷日持久的伯罗奔尼撒战争使古希腊人无暇顾及体育活动的开展，"追求个人的成功与幸福，代替了以往身心和谐发展和效忠国家的理想"③，这些变化的结果是身体训练受到冷落。雅典体育从兴盛到衰落，恰与雅典民主政治从顶峰到没落的时间吻合。

城邦是古希腊人的全部生活依赖和精神信仰，除了城邦，古希腊人找不到更好的，哪怕是可以寄居的地方，在物质生活和精神依赖上，古希腊人只能接受城邦的控制。公共生活的内容和形式是反映一个社会文明程度高低的重要尺度，奴隶制不可能给古希腊人的个性化留下太多空间。城邦政治体制之下，公民无权祭拜非国家神祇，无权教育自己的子女，无权放弃参与政治的权利，甚至，他们结婚、饮酒、穿衣、剃须等个人事务都有具体规定④，公民生活尚且如此，地位更加低下的妇女、奴隶就更加不能享受什么自由了。事物的矛盾性在于，城邦公共精神钳制个性发挥却又孕育了西方的自由思想，古希腊成了自由的溯源地。体育作为古希腊人公共生活的重要内容，一方面受制于城邦政治社会制度，另一方面又潜藏着人对生命意义的追寻。恩格斯说："只有奴隶制才使农业和工业之间的更大规模的分工成为可能，从而为古代文化的繁荣，即为希

① 颜绍泸．奴隶主民主制与古代雅典体育[J]．成都体院学报，1984(4)：1—7．

② 拉斯洛・孔．体育运动全史[M]．颜绍泸，译．北京：中国体育史学会，1985：48—51．

③ 罗时铭，赵浅华．古希腊雅典体育及思想基础浅论[J]．浙江体育科学，1996，18(4)：59—63．

④ 阮炜．不自由的希腊民主[M]．2版．上海：上海三联书店，2014：265—273．

腊文化创造了条件。”①雅典体育朝向身体训练，斯巴达体育固守军事竞技皆由其政治社会状况决定，因此，古希腊城邦政治对体育的意义在于，奴隶制使一部分人从事体育成为可能，民主政治使一部分人选择体育成为可能。

第二节 公民:古希腊体育的培养目标

公民(polites)一词本身源于“城邦”(polis)，原意为“属于城邦的人”，城邦可以没有城墙，公民可以集体搬迁，但是城邦不能没有公民，公民是古希腊城邦存在的根本。亚里士多德说不是居住在什么地方就是公民，严格而不附加任何条件的公民定义是“凡是参加司法事务和行政管理的人”②，“……城邦就是足以维持自足生活的公民组合体”③。因此，古希腊的公民仅指少数掌握城邦司法权和行政权的人。体育是古希腊教育体系的主体，斯巴达以培养“军人式公民”为目的，实施严格的军事体育；雅典以培养“复合型公民”为目的，把体育作为全面教育的一部分。古希腊体育直指培养城邦公民这一目标，体育既是公民的权利，又是公民的义务，体育是公民身份的象征，是获得公民资格的必要途径，是对公民荣誉的一种自觉追求。从应对现实的竞争到对全面的人的追求，古希腊体育实现了历史性的跨越。

一、城邦公民的体育生活

体育是城邦公民重要的生活内容和生活方式，对古希腊人重视体育的程度无论作何遐想都不过分。古希腊人的体育生活主要由两部分组成：一是日常的体育训练，主要分为五个阶段，第一阶段是在 7 岁之前，主要接受家庭教育，接触一些体育性质的游戏；第二阶段为 7 岁至 12 岁，开始在专门的教育机构里接受身体、智力、道德的教育；第三阶段是 12 岁至 16 或 18 岁，主要接受速度、耐力等方面的身体训练；第四阶段为 16 或 18 岁至 20 岁，接受严格的军事竞技训练；第五阶段为 20 岁以后，完成集中的体育训练，具备参军资格，此后也要不间

① 马克思，恩格斯. 马克思恩格斯选集：第 3 卷[M]. 中共中央马克思恩格斯列宁斯大林著作编译局，编. 北京：人民出版社，1972：220.

② 亚里士多德. 政治学[M]. 高书文，译. 北京：中国社会科学出版社，2009：89.

③ 亚里士多德. 政治学[M]. 高书文，译. 北京：中国社会科学出版社，2009：91.

断地操练。

以雅典和斯巴达为主要代表的两种体育制度有着较为显著的差异(这里仅描述二者存在显著差异的历史阶段中的现象)。在雅典,7 岁前的男孩由父母教育;7 岁到 14 岁之间主要在文法学校(Grammatist School)和音乐学校(Music School)接受智力教育,其间的体育课多是在户外进行赛跑、跳跃、爬绳、投石、角力、球类,以及有助于体态优美的活动;随后进入体操学校(Palaestra,又称"角力学校")进行身体训练,主要学习赛跑、跳跃、掷铁饼、投标枪、摔跤、游泳、射箭、驾战车等①;16 岁以后(此时多数人已开始谋生,只有少数贵族后裔才能继续学习)进入成年人出入的体操馆(Gymnasion)学习构筑军用工事、使用武器等,同时,他们还要在学园里学习哲学、修辞学等课程;18~20 岁开始编入军队,承担一些卫戍任务,参加一些军事活动,如无战事,还可从事哲学、艺术、商业等活动。

斯巴达实行严格的军事体育制度,所有男孩在 7 岁后集中到一起接受以身体训练为主的教育,为了练就强健的体魄,他们要忍受寒冷、饥饿等折磨,表现较好的孩子担任小组组长;12 岁以后,男孩们重新分组,主要训练掷枪、投重物、跳跃、角力、赛跑、骑马、远足、游泳等项目,音乐和舞蹈的学习内容只是很少一部分;18 岁时接受考核以进入士官团接受正式的军事训练,考核的内容有鞭笞,还有到希洛人居住的地方实施屠杀任务;20 岁时成为正式的士兵,30 岁成为公民,60 岁退役。为了有助于男孩们成长为优秀的战士,为他们提供的生活条件非常有限,食物仅能果腹,一年四季都只有一件长袍,没有鞋穿,睡在自己打来的芦苇和蔺草做成的席子上。

女孩也要参加体育训练。斯巴达非常重视女孩的身体发育,因为她们将为城邦繁衍优秀后代,独自抚养幼童,照料家庭,甚至在男人出征期间保护家园,她们必须更加健壮才行。女孩们在专门修建的场馆里训练,她们按队编列进行格斗、赛跑、投铁环、掷标枪、赛马等训练,音乐教育也是必不可少的。弗里曼说结婚后的斯巴达女子必须足不出户②,但波默罗伊(Sarah B. Pomeroy)却指出已婚的、怀孕的、老年的斯巴达女性在参加体育活动方面并不例外③。雅典女

---

① 关于雅典男孩初等教育阶段先到文法学校和音乐学校学习,后到体操学校学习,还是同时在三类学校学习的问题,多数研究都没有详作分析。弗里曼曾指出三类教育很可能是同时进行的,并没有排先后顺序。参见:[英]肯尼思·约翰·弗里曼.希腊的学校[M].朱镜人,译.济南:山东教育出版社,2009:36—38.

② 肯尼思·约翰·弗里曼.希腊的学校[M].朱镜人,译.济南:山东教育出版社,2009:23.

③ 路光辉.斯巴达军事化体育的影响及启示[J].体育成人教育学刊,2016,32(3):11—13+20.

孩主要在家中跟随母亲学习纺织、缝纫、烹调等，长大后只能到音乐学校里学习舞蹈。因此，相比斯巴达女性的强壮，雅典女性的体态更加优美。

雅典的体育馆设施齐全，分有住宿、沐浴、餐饮、训练功能区。为了规范体育馆的管理，梭伦曾对体育馆的开放时间、进出人员作过详细规定①，不过这方面的资料很有限，难以对体育馆的具体管理作出准确的描述。职业体育教师"paidotribes"开始出现，意思是"为少年运动员按摩的人"或"打磨少年的人"，多指"擅长拳击、摔跤和搏击之类的重型对抗性项目"的专业教练；另一类体育教师是"gymnastes"，意思是"裸体练习训练者"，多指通晓一定的竞技、生理、营养知识，帮助运动员保持健康、体形和竞技状态的体育老师②。在斯巴达的训练营里，实施管教和训练少年的人叫"儿童督导"(paidonomus)，由国家任命，是"发布命令、组织训练和实施训诫的最高权威"，"儿童督导"身边常有"执鞭者"(whip-bearer)专门执行惩戒任务。除此之外，斯巴达的体育是全民教育，斯巴达人都有对青少年实施教育训诫的权利和义务，全民既是受教育者，也是教育者，人人担负教育青少年、为城邦培养保卫者和后继者的使命。

古希腊人体育生活的第二个组成部分是规模盛大的赛会(agon)活动。古希腊赛会众多，可能多达 270 个③，最早由相邻的几个城邦协商举办，"对一个贵族来说惟一合适的职业就是军事行动，参加赛会或者为国家做事，而不是关注谋生"④。在奥林匹亚赛会之前，古希腊已经出现了赛会，由于规模较小，且多伴有神话色彩，难以考证其举办时的具体情形。后来，奥林匹亚赛会(本章中简称"奥运会")无论是在参与人数、比赛项目，还是持续时间上都堪称古代社会之最⑤，堪称古希腊的盛典，它是古希腊人贡献给人类的礼物。

以竞技为主要内容的赛会只是古希腊赛会的一种，另一种以音乐为主要内容，这是因为在贵族的生活里，竞技和音乐是他们最热衷的活动，也是贵族教育

---

① 王以欣. 神话与竞技：古希腊体育运动与奥林匹克赛会起源[M]. 天津：天津人民出版社，2008：330.

② 王以欣. 神话与竞技：古希腊体育运动与奥林匹克赛会起源[M]. 天津：天津人民出版社，2008：333—335.

③ 瓦诺耶克. 奥林匹克运动会的起源及古希腊罗马的体育运动[M]. 徐家顺，译. 天津：百花文艺出版社，2006：77.

④ 雅各布·布克哈特. 希腊人和希腊文明[M]. 王大庆，译. 2 版. 上海：上海人民出版社，2012：225.

⑤ 奥运会对参赛运动员有严格的资格审查制度，只有具有希腊血统且没有受过刑罚的自由民可以报名，且比赛前须在自己所在城邦训练九个月，再到埃利斯最大的体育馆接受为期一个月的集中训练，训练结束通过考核的人才有参加奥运会的正式资格。

的重要形式。受此影响，苏格拉底、柏拉图和亚里士多德也都强调过体操和音乐在教育中的重要地位。因此，赛会是古希腊最成功的一种教育活动，它满足了古希腊人敬奉神灵和休养生息的愿望，祭祀、竞技、演讲、辩论、表演、游行、宴会纷纷在这里上演。这说明无论体育以军事训练、竞技运动还是健身、游戏等现代人所能想到的哪一种形式出现，希腊人都可在宗教祭祀、政治集会、街头娱乐等过程中轻易地寻觅到体育的踪迹。古希腊体育同政治活动、宗教活动、休闲活动等没有分离，而最原始、最直观的教育往往是最有效的教育，接受赛会洗礼的古希腊人很容易产生对城邦的依存感和荣誉感。

古希腊人崇尚身体的力与美，习惯骄傲地向人展示自己的身体。古希腊较温暖的气候满足了他们这种想法，一年四季只穿一件短褂或一件长袍就行，鞋子只有在参加宴会的时候才有用武之地，因此，斯巴达的少年无鞋可穿也并非有意虐待。古希腊人对裸体的欣赏是性文化的重要内容，它促成了奥运会的一种特殊风尚，在第15届奥运会上，一位运动员不受赛跑中"兜裆布"掉落的影响继续完成比赛受到人们的大加赞赏，从那以后，奥运会上的运动员被规定赤身参加比赛，形成了"裸体竞技"的风尚。

关于古希腊人的体育生活，还有一点需要补充说明，那就是关于古希腊人出生后不久可能遭受的命运劫难。大多数的研究把古希腊人对待婴儿的做法当作古希腊体育的基本内容，其情形大致被描述成这样：为了实现人种的优胜，在斯巴达新生的婴儿会被母亲用葡萄酒洗浴以检查他们是否患有癫痫，还会被带到部落长老那里接受检查，凡体弱或残疾的婴儿都要被遗弃；雅典人也会对婴儿的体格进行鉴别，不过这一任务由父亲完成。婴儿是否被遗弃有多重原因，一是父母要考虑有没有经济能力，二是大约有20%的女婴会被遗弃，比例高于男婴①。在文明程度尚低的奴隶社会，"优胜劣汰、适者生存"的自然法则适用范围极广，古希腊人把它演绎得淋漓尽致。古希腊的哲人们似乎没有谴责和反对这样的行为，可能还默许过或支持过。这种行为是古老社会里的一种恶俗，在古希腊，对"人"的一切理性或感性的认识都建立在这样一个基础上：婴儿和奴隶一样不是"人"，因此，杀婴或弃婴不过是古希腊人为城邦幸福着想而做的事，把这种事视为筛选体育对象似乎太过牵强了。

---

① 波默罗伊，等.古希腊政治、社会和文化史：第2版[M].傅洁莹，龚萍，周平，译.上海：上海三联书店：2010：257.

二、体育在城邦公民生活中的地位与意义

古希腊体育以城邦政治社会为基础，以竞技训练为内容，以学校、社会培养为途径，在古希腊社会历史发展中发挥了重要作用，在人类历史上留下了浓墨重彩的一笔。古希腊体育是古希腊人获得公民资格、享有公民权利、履行公民义务的必要内容。斯巴达体育和雅典体育迥异的面貌是两种教育目标（“军人式公民”和“复合型公民”）的表征，为人类体育发展提供了摹本。

斯巴达人、雅典人等以城邦为名的人是对完全享有公民权的人的称谓，具有鲜明、强烈的政治意味。公民资格由两个方面决定，一是血统，二是政治，血统是社会阶层的天然标志，政治是社会阶层的制度标志。在古希腊，由共同祖先繁衍的部族后人有自己的神坛、圣火和祭司，他们在参加神圣仪式的过程中逐渐形成了“共享”的价值观念，这样一来，由部落发展起来的城邦便成为部落成员的共同体，他们共同享有城邦的一切①。有学者指出，城邦的每一个人都被看作一个大家庭的成员，即使贵族信奉某一个特定神灵或者半神，他也必须承认自己同他人一样是宙斯、阿波罗、伊翁和雅典娜的后代，所有居民通过这样一个独特的血缘关系被相互联结在一起②。

政治是确认公民资格的另一个重要途径。如斯巴达的公民仅限于多利亚人。又如梭伦立法把雅典公民划分为四个等级，分别享有不同的政治权利：年收入 500 麦斗以上为“500 斗级”（pentakosiomedimnoi），年收入 300 至 500 麦斗者为“骑士级”（hippeis），这两个等级的人可担任高级官职（如执政官），为城邦提供骑兵队；年收入 200 至 300 麦斗者为“双牛级”（zeugitai），可担任中、下级官职，提供重装步兵；不满 200 麦斗者为“雇工级”（thetes），不能担任任何官职，只提供轻装步兵或在海军服役，但拥有公民大会中的选举权，至少半数的雅典公民都属于这个阶层③。克里特利也曾“规定享有公民权利之人仅以父母双

---

① 希腊公民血统辨认同中国社会血缘关系确认的方法大体一致，都是根据对共同祖先的确认实现的。不同的是，在中国古代社会，不仅没有抛弃血缘这一原始氏族建立的基本方法，反而加强了它维系人们社会关系的力量，同宗同族的子孙在为祖先建造祖庙、设立牌位加以敬奉的过程中形成并巩固了“孝”这一价值观念，并将之演化为人人都应该遵守的基本道德准则和价值规范，成为中国古代政权（君权）统治与家庭伦理的价值纽带，成为维系宗法制度的一个价值基础。

② 威廉·弗格森. 希腊帝国主义[M]. 晏绍祥，译. 上海：上海三联书店，2005：7.

③ 约翰·索利. 雅典的民主[M]. 王琼淑，译. 上海：上海译文出版社，2001：10.

方均为公民者为限”①。

在古希腊，获得公民资格意味着享有表决、建议、监督、选举和被选举等公民权利，意味着可以进入国家权力机构（公民大会），还意味着可以合法地接受教育。对古希腊历史颇有研究的瑞士历史学家布克哈特（Burckhardt）说：“最高的统治权建立在高贵的血统、广大的地产、军事技能以及丰富的祭祀和法律知识的基础之上。”②城邦通过制定体育训练科目、修建体育场所等手段控制参加体育的对象。在斯巴达，如果男孩在训练中退出，将会失去公民地位③，体育是城邦设置的合法获得公民权的条件，公民则把参加体育活动作为追求公民荣誉、特权的手段，军人、运动员不过是追求公民特权的结果。

毋庸置疑，古希腊体育不自觉地充当了为暴力机构输送人员的预备役角色，军营是体育的实践基地，战争是体育的特殊实践形式。在把体育作为培养保卫城邦战士的手段这一点上，城邦之间没有太大区别，长久的分治与对抗是城邦重视兵源的现实推手，正如王宏所说：“在依赖身体力量制胜的冷兵器时代，这种长期分割而对峙的生存状态迫使持续强化着竞争意识和战斗训练。”④赛跑、投掷、角力、混斗、驾战车等与军事密切相关的项目最早发展起来，并成为奥运会的项目⑤。竞技本身带给人们的欢娱，强化了古希腊人的城邦思想和情感。但是，突出的竞技性缺乏健全的规则保障，放任竞技手段的残暴充分暴露了古希腊体育的落后性。例如，在拳击比赛中，没有回合限制，没有重量级别的区分，规则随意，常有运动员被打残、打死⑥。因为失败在荣誉面前是微不足道的，所以真实的情况可能比记录下来的还要糟糕，竞技场上血腥的味道，给体育蒙上了阴影。

古希腊体育类型多样化发展的趋势，主要表现为竞技训练和身体训练从单一的、原始的体育中分离出来。前者以斯巴达为代表，后者以雅典为代表（表 2-1）。

---

① 亚里士多德．雅典政制[M]．日知，力野，译．北京：商务印书馆，1959：31.

② 雅各布·布克哈特．希腊人和希腊文明[M]．王大庆，译．2 版．上海：上海人民出版社，2012：225.

③ 肯尼思·约翰·弗里曼．希腊的学校[M]．朱镜人，译．济南：山东教育出版社，2009：13.

④ 王宏．中欧体育哲学思想比较[M]．武汉：湖北人民出版社，2014：150.

⑤ 公元前 776 年，第一届奥运会只进行了一项比赛——192.27 米跑（前 17 届都只设赛跑项目，有短跑、长跑、往返跑等）。公元前 708 年，第十八届奥运会增设五项竞技（赛跑、跳远、掷铁饼、投标枪、摔跤）和摔跤（单项）项目，再后来，拳击、四马拉车、混斗、赛马、少年摔跤等越来越多的项目进入奥运会，赛期也由一天增至五天、七天。

⑥ 王以欣．神话与竞技：古希腊体育运动与奥林匹克赛会起源[M]．天津：天津人民出版社，2008：178—183.

斯巴达体育以武力保卫城邦为目的，以培养能打仗、打胜仗的“军人式公民”为目标；雅典体育则以建设善邦为目的，以培养文武双全的“复合型公民”为目标。前者的要求是过硬的军事素质，主要有足够强壮的身体、绝对服从命令的纪律精神和不惧死亡的勇气，是全民兵制度与体育结合的产物；后者的要求是身体和灵魂的全面发展，追求健美的体态和勇敢、正义的灵魂，是智育、德育、美育与体育结合的结果。

表 2-1　斯巴达体育与雅典体育的主要区别

类型	目的	目标	内容	方法
斯巴达体育	保卫城邦	军人式公民	偏重竞技能力的提高	简单粗暴，不重视从生物学、营养学的角度为青少年和战士提供良好条件
雅典体育	建设善邦	复合型公民	偏重增进健美的身体训练	全面多样，重视体育与智育、德育、美育的协调发展

可悲的是，斯巴达的教育体系没有给智育、德育和美育留下较多空间。在斯巴达，体育即教育。弗里曼说斯巴达人的音乐是激发勇气的战斗歌曲，修辞学被严令禁止，他们知道荷马，也喜欢与战争有关的诗歌，却不学习文字[①]。只关心体育的斯巴达人在哲学、文学、艺术、辩论等方面的表现显得贫乏，他们中绝大多数人不会写字，是彻底的文盲，更不会演讲或辩论，人的个性在强制性的单一取向下很难发展。单一的军事化倾向没有得到思想、精神的荡涤，终使斯巴达体育日渐扭曲、极端化。把体育视为教育全体的斯巴达培养的是奴隶社会的单向度的人，他们体格强壮，却少有对人和世界的思考，终究在击败雅典之后没能承担起延续古希腊文明的历史任务。

可赞的是，斯巴达体育的历史性功劳是唤起古希腊世界对体育的热爱。“从公元前 720 年到公元前 576 年，奥林匹亚竞技会的 81 位优胜者中，斯巴达人占 46 位。在竞技场赛跑的 36 位优胜者中，斯巴达人占 21 位”[②]。一枝独秀的斯巴达成为其他城邦效仿的对象，公元前 580 年前后，其他大型的赛会声名鹊起，各个城邦纷纷修建专门的体育训练场所为奥运会培养运动员。“从那时起，没有一个城邦没有练身场，从而练身场成为我们区分希腊城镇的标记

---

① 肯尼思·约翰·弗里曼．希腊的学校[M]．朱镜人，译．济南：山东教育出版社，2009：15—17．

② 瓦诺耶克．奥林匹克运动会的起源及古希腊罗马的体育运动[M]．徐家顺，译．天津：百花文艺出版社，2006：18．

之一”①。

雅典教育是古代社会体育、智育、德育、美育结合的典范，体育因其在教育体系中的较好比重一直备受赞誉。受政治、经济、文化各方面的影响，雅典人意图把他们的继承人培养成为具备理政、经商、战斗才能的复合型公民。“这不仅要在身体和精神上、道德和实践上，还需要在行为和审美上体现。”②因此，与读书、写字、讲演、辩论、弹琴、诗歌、舞蹈等相关的七艺被纳入教育体系。体育与智育、德育、美育的结合适应了雅典政治、经济、文化的发展，尊重了人的自然特性，给予了个性释放的空间，举世闻名的哲学家、艺术家、建筑家、科学家、运动员层出不穷，造就了雅典文明的高地。但雅典体育的全面、和谐是有限的。在雅典，国立体育馆只负责 16 岁至 20 岁青少年的教育，文法学校和音乐学校都是私立的，需要交纳学费才能进入，这大大限制了接受全面教育的人数，阻碍了体育的推广。

总之，奴隶制的“民主”是在统治阶级内部的民主，奴隶制的“全民”是奴隶主的全民。古希腊体育只是少数人的特权，阶级的限制把多数人拒之门外，违背了人的全面发展宗旨，可喜的是，这一禁锢已经被历史打破。古希腊人没有发明体育，却自觉地发展了体育，体育充盈着公民的生活和生命，无论是培养“军人式公民”的斯巴达“军事体育”，还是培养“复合型公民”的“和谐体育”，不同的实践类型丰富了人们对体育的遐想。总之，古希腊体育从培养军人、运动员不断地朝向更伟大的培养全面的人这一方向前进，为人类体育的发展指明了前进的道路。

第三节　德性：古希腊体育的内在取向

翻开古希腊体育在人类体育史上书写的壮美篇章，人们不禁惊叹于古希腊人执着于体育的行动，更惊叹于古希腊人执着于体育的精神。然而，古希腊人在实然与应然之间建立起的德性在遭遇实然（世俗）时困顿不前，又在遭遇应然（基督教）时停止了历史的脚步，从辉煌到消逝，古希腊体育以德性为向度既当被推崇，也当被深思。

---

① 丹纳．艺术哲学[M]．曹园英，编译．西安：陕西人民出版社，2007：245．

② 刘欣然，李孟华，陈安顺．古希腊体育中的教育思想与实践[J]．成都体育学院学报，2015，41(2)：69—74．

一、古希腊体育价值取向形成中的观念因素

德性,希腊文为"arete",指事物(包括人在内)的特长、用处和功能①。那么,古希腊体育通向德性的价值之路是如何形成的呢?为何政治、经济、文化面貌各异的城邦均无一例外地把体育设为教育的主体?从文化的角度来考究,在古希腊人的精神世界里,有三种事物持续地发挥力量,它们分别是神、人(公民)和城邦,德性就是在对神的德性、人(公民)的德性和城邦的德性的体现中慢慢被确立为古希腊体育的价值取向的。

在较早的时候,古希腊人只是通过诸神的品质以体育实践着德性,这差不多应从克里特文明和迈锡尼文明遗留给古希腊人的传统述起。克里特文明是指在公元前3000年至公元前1450年在爱琴海的克里特岛出现的青铜文明,已出土的文物说明拳击、斗牛是克里特文明时期流行的体育形式,如祭祀用的神器"拳击手雷顿瓶"上刻有拳击和斗牛的图案,铁拉岛(Thera)的壁画"少年拳击图"描绘了两个少年带着拳击手套打斗的场面,克诺索斯(Knossos)王宫中也有较多斗牛场景的壁画②。克里特文明被火山湮灭后,希腊青铜时代晚期的迈锡尼文明出现,迈锡尼人较之克里特人更崇尚武力,在王族墓地和王宫遗址发现的浮雕、黄金印章、壁画上,迈锡尼人驾驭战马和战车、猎鹿、猎狮、斗牛的情形栩栩如生,从文物出土的地点和用材来看,当时的体育活动是王公贵胄的生活方式③。

古希腊人以早期人类普遍的口耳相传形式吟唱和传颂久远的记忆,这是神话传播的一种古老方式,古希腊的伟大诗人荷马(Homer)和赫西俄德(Hesiod)则以史诗讲述众神和英雄的形式用两个喻示说明了希腊人精神、信念的源泉是如何奔涌而出的。第一个喻示是神性和人性,《伊利亚特》(*Iliad*)中令敌人闻风丧胆的阿喀琉斯(Achilles),明知即将战死还要赴战的赫克托耳(Hector),《奥德赛》(*Odyssey*)中破除艰难险阻回家的奥德修斯(Odysseus),等等,英雄

---

① "arete"的英译为"virtue"。中文没有与之相同的词语,出现过很多不同的译法,有"德性""德行""德""优秀""卓越"等,但都不能准确表达希腊文"arete"的含义。此处采用廖申白翻译亚里士多德的《尼各马可伦理学》一书中的译法——"德性"。

② 王以欣. 神话与竞技:古希腊体育运动与奥林匹克赛会起源[M]. 天津:天津人民出版社,2008:2—13.

③ 王以欣. 神话与竞技:古希腊体育运动与奥林匹克赛会起源[M]. 天津:天津人民出版社,2008:14—20.

的品质突出地表现为以德性为内容展开的勇敢、荣誉、忠诚、责任等。英国学者基托(Kitto)说荷马式英雄的独特灵魂是英雄"对他自己的责任",英雄"……追求我们译作'美德'(Virtue),而在希腊文中叫做 arete(卓越)的东西。而阿伽门农和阿喀琉斯所争的……即为公众所承认的 arete"①。但是,导演特洛伊战争的主神宙斯(Zeus)、丢下金苹果的不和女神厄里斯(Eris)、参战的智慧女神雅典娜(Athena)、阻挠奥德修斯的海神波塞冬(Poseidon)等诸神并非完美,半神半人的英雄也有狂傲、任性、自私、虚荣、嫉妒、残忍的"坏脾气",荷马对神性和人性的反思表现为把那些不能称为德性的东西标识出来,为古希腊人提供明确的价值尺度,即适度的德性。因此,史诗用讲述众神和英雄的故事树立起了"神、英雄-人(公民)"的价值坐标体系,人在自我塑造时不断仰望众神和英雄的品质,众神和英雄就是古希腊人的价值榜样。

综观众神和英雄的德性,普遍具有优良的血统、智慧的思想和发育较好、匀称有力、矫健优美的体型,还有一点,就是他们都不用劳动。罗素说"荷马的神祇们乃是征服者的贵族阶级的神祇"②,但荷马史诗还是在一定程度上观照到了平民的心理感受③,在大量有关英雄的篇幅里也加入了平民的功劳,特洛伊战争中阿伽门农用"英雄"称呼参战的所有士兵,让即使最下层的士兵也分享了英雄的荣光④,满足了平民对英雄的心理渴望。不仅如此,史诗还为平民成为英雄指明了努力方向,阿喀琉斯从马人喀戎那里学会打猎、马术、投枪和弦琴,德摩道科斯从缪斯那里获得歌唱的天赋。这样的设计昭示古希腊人须通过教育获得超出他人的特长、技艺或能力,健硕、俊美的身体也只有通过教育才能获得,这种教育被现代人称为"体育"。英雄时代不仅提出了体育的价值目标,还指明了体育的价值实现手段,众神不仅传授赛跑、拳击、射箭、摔跤、跳远、格斗,还乐于参加竞技赛会,日常训练与节庆活动相得益彰,成为古希腊体育培养人(公民)的主要方式。

另一喻示是命运和抉择。在神人共居的世界里,神意无从揣测,也无从反抗。把天体运转、四季轮回、生老病死等不可把捉的事物视为超自然的现象,把不可言状的灾难与痛苦归咎于神的旨意,这是古老社会里人们的一种普遍态

---

① 基托.希腊人[M].徐卫翔,黄韬,译.上海:上海人民出版社,1998:68—69.

② 罗素.西方哲学史:及其与从古代到现代的政治、社会情况的联系:上卷[M].何兆武,李约瑟,译.北京:商务印书馆,2011:12.

③ 古希腊的公民包括贵族和平民,因此平民的地位仍在外邦人和奴隶之上;而在中国古代社会中,平民处于社会底层,受皇族、官僚和士绅的统治。

④ 陈中梅.神圣的荷马:荷马史诗研究[M].北京:北京大学出版社,2008:268—282.

度，古希腊人也不例外。但他们没有表现出对命运的绝对服从，而是在面临生与死、顺利与艰难时表现出无畏的、独立的、一往无前的精神和信念，王子伊达斯（Idas）为了迎娶国王伊万诺斯（Evenus）的女儿玛彭莎（Marpessa），不惧与伊万诺斯进行战车的较量，又敢于与太阳神阿波罗决斗，表现出了力量与勇气；而玛彭莎在面临长生不老、永久的荣耀和忠贞但忧虑的凡人生活的几种选择时，毫不犹豫地选择和伊达斯在一起。对古典教育颇有研究的美国学者汉密尔顿（Hamilton）在讲到古希腊人的自由精神时说，希腊文 Sophrosuné 一词“承认潜存于人类共性中的那种持中的美德，限制放纵，规避无节制的冲动，服从和谐与平衡的内在法则。这个希腊人最为尊崇的美德不是基于他们对中庸之道的偏爱，而是由于他们生命中的自主、丰赡以及灼热的体能使他们必须要把握一种修行精神，否则这些美质将自毁于无意义的暴力”①。原来，勇敢、荣誉、谦虚、自由等德性已然是古希腊人的价值共识。汉密尔顿还说：“希腊艺术中最优秀和几乎最全部的特征就在于从不超出现实范畴。”②看似天马行空的神话是灵魂与肉体关系的演绎，它们或对立，或和谐，全由人自己选择。

赫西俄德也突出了充满正义与邪恶、勇敢与怯弱、战争与和平等复杂矛盾的命运，他在《神谱》（*Theogony*）和《工作与时日》（*Works and Days*）中叙述了世界和众神的起源，原来，神与人同出一源，这真是非常奇妙的假设，神与人之间有血缘关系，神和人结合生下半神（英雄）。古希腊人对神和英雄的崇敬夹杂着对逝去祖先的一种天然情感，于是，显赫家族很聪明地“通过与传说和史诗中的英雄套上谱系关系来炫耀门庭，加强其社会地位；某些家族的虚拟先祖影响日大，其崇拜仪式往往走出家族藩篱而成为城邦的公共崇拜”③。陈中梅认为赫西俄德对宙斯取得辉煌业绩的描述符合“把世界由荒蛮引向秩序的神学进化论的‘铁’律”④，对众神谱系的编写则是为了“建立起一个在总体上趋于美好，能够更多地体现理性精神的新的世界秩序”⑤。喜欢把神和人、神话和历史拧在一起的古希腊人自愿在神主宰的世界里认识命运，法国哲学家让-皮埃尔·韦尔南（Jean-Pierre Vernant）说：“对于特尔斐神谕来说，‘认识你自己’就意味着‘知道你不是神，也不要犯声称要成为神的那种错误’。柏拉图转述的苏格拉底从自己的角度重提这个公式。它要说的是：认识那在你之中、就是你自己的

① 汉密尔顿. 希腊的回声[M]. 曹博，译. 北京：华夏出版社，2014：8.

② 汉密尔顿. 希腊的回声[M]. 曹博，译. 北京：华夏出版社，2014：5.

③ 王以欣. 神话与历史：古希腊英雄故事的历史和文化内涵[M]. 北京：商务印书馆，2006：34.

④ 陈中梅. 神圣的荷马：荷马史诗研究[M]. 北京：北京大学出版社，2008：158.

⑤ 陈中梅. 神圣的荷马：荷马史诗研究[M]. 北京：北京大学出版社，2008：165.

神。在可能的情况下，使自己尽量与神接近。”[①]那么，如何与神接近呢？

苏格拉底的想法是至善是人的目的，理性是人的本性，德性即知识，身体的各种活动（包括思维活动）都需要健康的身体作为保证，“由于身体不好，健忘、忧郁、易怒和疯狂就会经常猛烈袭击许多人的神智”，“……健康的身体通常是不会自发地产生的”[②]，因此人要勤加锻炼。柏拉图着手研究个人与城邦的关系，他用“灵魂马车喻”告诉城邦的缔造者，灵魂由三部分组成——欲望、激情和理智，分别对应节制、勇敢和智慧的德性，三者协调可发展为城邦的正义德性。为了建设正义的城邦，柏拉图又用“金银铜铁喻”正告执政者、护卫者和生产者应各司其职，教育也应分别培养他们三者智慧、勇敢、节制的德性。其中，柏拉图为护卫者设计的教育是“用体育来锻炼身体，用音乐来陶冶心灵”，体育是在德性价值取向下培养护卫者的手段，护卫者应“专心致志于建立城邦的自由大业”，“凡与自由人的标准不符合的事情，就不应该去参与或巧于模仿”[③]。柏拉图从个人灵魂引向公民德性，进而扩大到城邦正义，建立了这样一个逻辑：训练身体是为了保卫城邦，保卫城邦是公民的责任，这种责任是德性的要求，是价值秩序的要求。

在《尼各马可伦理学》里，亚里士多德把德性分为理智德性和道德德性（或称伦理德性），分别与灵魂中的理性部分和非理性部分相对应，前者主要是智慧，由教导发生和发展，后者由习惯养成。体育是教育的基础科目之一，用以培养勇毅德性。但勇毅不是唯一的德性，全面的教育要按照“……先培养其习惯，然后再启发其理性；先锻炼其体质，然后再开发其智力”的规律进行[④]。体育是养成良好习惯的教育，习惯是获得善德的手段，体育的终极目的是获得德性，即灵魂的完善。因此，过度耗费身体的训练是不合乎德性的行为，应根据青少年身体发育的情况分阶段安排不同强度的训练，这才是培养善民的恰当方式。

任何时代的德性标杆都能在那个时代的精英那里找到依据。哲学家超越现实境况思考人的最高理想和德性的最高境界，“但是那些缺乏哲学思维的大众并未能摒弃其思想和生活当中的神话信仰、神话态度和神话语言”[⑤]，古希腊体育以德性为价值取向，以勇敢为主要价值内容，以“神-人（公民）-城邦”价值

① 韦尔南．古希腊的神话与宗教[M]．杜小真，译．北京：生活·读书·新知三联书店，2001：86．

② 色诺芬．回忆苏格拉底[M]．吴永泉，译．北京：商务印书馆，2017：133．

③ 柏拉图．理想国[M]．郭斌和，张竹明，译．北京：商务印书馆，1986：98．

④ 亚里士多德．政治学[M]．高书文，译．北京：中国社会科学出版社，2009：336．

⑤ 马文·佩里．西方文明史：上卷[M]．胡万里，王世民，姜开君，等，译．北京：商务印书馆，1993：92．

共同体为价值基础，它没能达到哲学家预设的理想境界，但它在追求德性的过程中寻找自己的历史定位，本身就是弥足珍贵的德性实践。体育是古希腊人遵循灵魂的每一部分功能，以身体训练为其自身的价值手段来行使通向完善灵魂的价值手段，从遥远的克里特文明、迈锡尼文明，到耳熟能详的神话，再到充斥着体育的公共生活，体育充盈着古希腊人的生活和生命。

二、古希腊体育德性价值取向的进步与局限

神和英雄感召着公民朝向德性，城邦政治压迫着公民选择德性。在哲学家讨论德性的普遍性之前，古希腊人早已在史诗神话得知并接受了荣誉、快乐、尊重、高贵、富有、健康、善良、幸福、勇敢、智慧、健壮、俊美、自制、公平、正义等观念，并依据上述德性指导现实的生活。这些引导人正向发展的观念通常被称为"德目"，用以表示德性的含义或内容。古希腊体育价值确立的过程实际上是一个德目排列过程，即价值选择过程。

各个城邦普遍实行的民主政治制度把贵族的生活方式推向全体公民，脱离生产劳动的公民几乎把全部精力都用在城邦的公共生活里。于是，凡是有古希腊人聚集的地方，就会有竞技运动。对此，没有谁能比布克哈特形容得更贴切的了，他把古希腊公元前 8 世纪到公元前 6 世纪末的这段时期称为"赛会时代"，"当英雄时代的君主政体衰落之后，希腊人中所有的高级生活，不论是身体上的还是精神上的，都拥有了赛会的特征"①。但与英雄时代由极少数英雄的"表演"和贵族的特权相比，赛会不再是偶然的活动，而是古希腊人的全部生活都围绕它展开的特殊活动②。在赛会期间，宗教祭祀是最重要的，竞技其次，然后才是其他活动。古希腊人普遍信仰据说是住在希腊最高峰的奥林匹斯山(Olympus)上的以宙斯为首的诸神，以祭神为名举办的赛会地点都设在供奉神灵的圣地附近，符合各个城邦的宗教信仰。这与东方一些民族的祭祀活动有一些相似之处，中国的一些少数民族至今保留着在祭祀中举办体育活动的传统。不过，古希腊人的祭祀活动多到难以想象，"至少有 300 个以上是城邦组织的宗教节日，分布在 250 个不同地方，侍奉 400 个以上的神祇"③。以古代奥运会为

---

① 雅各布·布克哈特. 希腊人和希腊文明[M]. 王大庆，译. 2 版. 上海：上海人民出版社，2012：231.

② 雅各布·布克哈特. 希腊人和希腊文明[M]. 王大庆，译. 2 版. 上海：上海人民出版社，2012：225.

③ 张井梅. 希腊文明与古代奥林匹克运动会[J]. 世界历史，2008(3)：105—115.

例，第一天要祭祀宙斯和诸神，主要有点燃圣火、领颂祭词、宰杀牲畜、祭奠神位、选手宣誓、群众祭奠六个环节①，待这仪式结束后，才开始竞技活动。为了表示对神的敬意，“神圣休战协议”对各个城邦均有效力，斯巴达曾于公元前420年的奥运会期间举兵攻打伊利斯，结果被处罚金2 000米那（相当于20万只羊的价钱）。因此，古希腊人在赛会时代表现出的价值取向首先应是对神灵的虔诚。

赛会时代的另两个重要价值取向是忠诚和勇敢。据考证，参加奥林匹亚赛会的运动员在伊利斯接受集训期间不能退缩，否则将面临很重的罚金和众人的嘲笑，裁判员对运动员的训话是：“如果你们的训练无愧于奥林匹克竞技会，如果你们不因为懒惰和不光彩的行为而丢脸，那就勇敢地前进。如果你们不这样办，那就请便吧！”②斯巴达的教育或许是对勇敢的最好诠释，法国哲学家丹纳如此描绘训练中的斯巴达儿童：“孩子们光着脚，穿着冬夏不变的制服，垂着眼睛，静静地走在街上，俨然是走向兵站的新兵。”③英国学者汤姆·霍兰对斯巴达老师的看法则是：“教师的目的不仅仅是要粉碎男孩子的个性，而且要将他推向坚忍、有纪律、冷漠无情的极端地步，这样他就能够证明自己最终被造就成为一个拥有钢铁意志的人。”④斯巴达的男人从七岁到六十岁都过着集体生活，进行集中训练，他们按战斗单位被划分为不同的组团，白天训练，夜晚住在公共宿舍，打仗时肩并肩组成战斗方阵。日复一日、年复一年的共同生活毫不意外地形成了斯巴达人共同的价值心理，并在攻城略地和镇压奴隶的过程中表现为极其难得的团结、守纪、无畏的城邦精神。“他们的道德实践就是在城邦需要的时候，奉献出自己的全部，并且为城邦赢得声望、荣誉和尊严”⑤。这种对青少年实施的军事教育被称为“阿高盖”（agoge），波默罗伊认为该词的意思是“指引、约束、管教”⑥，汤姆·霍兰认为该词的习惯用法是“喂养家畜幼崽”，指导教师“Paidonomos”的字面意思是“放牧男孩的人”⑦。没把人当作人，没把教育对象当作人，斯巴达体育限于城邦军事，不可能在价值取向上有更高远的认识。

---

① 苏彦荣，祝心越，沈华．奥运征程[M]．广州：广东人民出版社，2008：26—28.

② 任海．奥林匹克百科全书[M]．北京：中国大百科全书出版社，2000：18.

③ 丹纳．艺术哲学[M]．曹园英，编译．西安：陕西人民出版社，2007：241.

④⑦ 汤姆·霍兰．波斯战火：第一世界帝国及其西征[M]．于润生，译．北京：新星出版社，2009：75.

⑤ 姚大为，张强．古希腊斯巴达体育的社会基础与历史兴衰[J]．武汉体育学院学报，2013，47(1)：9—14.

⑥ 波默罗伊，等．古希腊政治、社会和文化史：第2版[M]．傅洁莹，龚萍，周平，译．上海：上海三联书店，2010：162.

雅典体育的表现明显优于其他城邦，对德性的追求也不限于勇敢，而是投向了与智慧、节制、正义等和谐共存的更高远的目标。雅典人对德目的全新认识在赫拉克利特(Heraclitus)和苏格拉底那里已经显露出来，柏拉图和亚里士多德则更加系统地阐述了“四主德”的内在联系，构建了善邦与善民的理想图景。基于此，雅典的教育体系既注重内容上的协调，又注重阶段上的差异；既注重方法上的多样，又注重目的上的引导，“雅典教育的成功之处在于它使人的才能、倾向、个性得到充分的发展。这在古代来讲，是独一无二的”①，当然，对雅典教育作出评价时，“应当将现代的‘功利’观念置放在一边，不予考虑”②。相应地，因为“身体的美是道德美的符号”③，更有利于身体健美的体操颇受雅典人重视，所以，雅典的教育被称为“Paideia”，学者李立国认为该词多指“儿童的自发活动，其中既包括教师有计划、有目的的指导和培养，又包括儿童在活动中、在受教育中，身心得到自然而和谐的发展”④。另有一些学者把该词解释为“……灵性的培育，把公民培育成‘好人’‘好公民’”⑤。前一种释义主要说明了体育是和谐教育的一部分，后一种释义则突出了柏拉图和亚里士多德建构的以城邦为德性实体，以城邦正义、善为首的德目。德目排列是一个价值选择问题，德目选择贯穿了古希腊体育确立德性价值取向的全过程，见证了古希腊体育的兴衰历史。

第一个严峻的问题是，当体育不再是追求德性的唯一途径时，体育与智育、德育、美育之间便产生了一种张力，体育在教育体系中的地位会随着后三者地位的上升而下降。在希腊化时期，基础教育阶段的文法学校的重要性已经超过了体操和音乐，更高阶段的修辞学校则以培养演说家为目的，开设逻辑、文法、历史、政治、法律、数学、音乐等课程，智力教育进一步挤压了体育的空间。城邦社会生活的公开是这个问题的推手，韦尔南(Vernan)从一个侧面讲到了诡辩术何以能在雅典流行，贵族精神世界向平民开放致使“知识、价值和思想技巧在变为公共文化的组成部分的同时，也被带到公共广场上去接受公众的批评和争议，它们不再被当作权力的保障而秘藏在家族传统中；它们的公开化引来了各种各样的注解、阐释、反对意见和激烈争论。从此，讨论、辩论和论战就成了思

---

① 贺国庆，于洪波，朱文富．外国教育史[M]．北京：高等教育出版社，2009：28．

② 肯尼思·约翰·弗里曼．希腊的学校[M]．朱镜人，译．济南：山东教育出版社，2009：31．

③ 肯尼思·约翰·弗里曼．希腊的学校[M]．朱镜人，译．济南：山东教育出版社，2009：222—223．

④ 李立国．古希腊教育[M]．北京：教育科学出版社，2010：44．

⑤ 汪子嵩，陈村富，包利民，等．希腊哲学史：第4卷[M]．修订本．北京：人民出版社，2014：1304．

想和政治的游戏规则”①。诡辩术不知何时竟成了通向权力的敲门砖，古典时期修辞学校大受欢迎。尽管以雄辩著称的伊索克拉底(Isocrate)也非常重视体育，他甚至把体育和哲学(不是指思辨哲学，而是通过演讲“使自己变得更有价值的实践活动”②)看作“孪生的技艺”③，但体育早已风华不再。

第二个严峻的问题是，城邦对胜利者额外的奖励与虔诚、勇敢等背道而驰，世俗化开始吞噬德性。在帕特洛克罗斯(Patroclus)的葬礼上④，阿喀琉斯为胜利者准备的奖品有炊鼎、三角祭坛、牛、羊、妇女和一些金属礼品⑤。现实中的奖品似乎更加丰厚，公元前580年，雅典法律规定每个获胜者可得到500德拉克马(约合500只羊)；稍晚些时候，其他城市为每位优胜者提供5塔兰奖金(约合3万只羊)；获胜者还可以终身免除赋税，免费享受公餐，树立雕像等⑥，这就意味着一次胜利可以带来终身的衣食无忧和尊贵的地位。当荣誉、金钱、权力等向胜利者袭来的时候，很难说人们对体育的激情不会被欲望冲淡或扭曲。同时，民间的秘教、秘仪因对神的信仰不同⑦，让古希腊人从关注神转向关注现实、关注自身，青年人不再热衷于从事竞技运动，而是转向更加轻松活泼的体育形式，体育无益于幸福的思想苗头也就随之出现了。当德目发生变化，当手段变为目的，体育中的重要内容——竞技运动不可避免地走上了职业化道路，竞技赛会不再像以前那么吸引古希腊人了。

第三个问题是致命的。罗马帝国统治希腊后，罗马皇帝把具有希腊特质的赛会改变为政治、文化统治的工具，赛会的仪式环节、竞技项目、参加人员等都大不同于以前的赛会，职业竞技赛盛行，运动员更趋功利，古希腊建立起的德性价值取向濒临崩溃。因此，作为奴隶制产物的赛会与封建思想代表的基督教之

---

① 韦尔南.希腊思想的起源[M].秦海鹰，译.北京：北京大学出版社，1996：39.

② 冯克诚.古希腊罗马教育思想与论著选读：上[M].北京：人民武警出版社，2011：304.

③ 华东师范大学教育系，杭州大学教育系.西方古代教育论著选[M].北京：人民教育出版社，1985：87.

④ 帕特洛克罗斯是《伊利亚特》中的一位英雄，在特洛伊战争中被赫克托耳杀死，阿喀琉斯因此愤而参战，在把赫克托耳杀死后为帕特洛克罗斯举办了一场隆重的葬礼赛会。竞技会的项目有战车、拳击、摔跤、赛跑、掷铁饼等。

⑤ 施瓦布.希腊神话故事[M].赵燮生，艾英，译.广州：花城出版社，2014：390.

⑥ 瓦诺耶克.奥林匹克运动会的起源及古希腊罗马的体育运动[M].徐家顺，译.天津：百花文艺出版社，2006：66—69.

⑦ 秘教、秘仪的信仰与希腊传统信仰的奥林波斯诸神有本质区别，前者之神会死后重生，是“这个世界的神”；后者之神关心死后的幸福与得救，是“另一个世界的神”。奥林波斯诸神既不会死，也与人同形同性。秘教、秘仪的传播使人丧失了对永恒的追求，转而关注靠人自己直接有效地解决现实问题。参见：张井梅.希腊文明与古代奥林匹克运动会[J].世界历史，2008(3)：105—115.

间的冲突不断，公元 393 年罗马皇帝狄奥多西一世宣布基督教为国教，作为异教的赛会被明令禁止举办。为什么赛会时代对神的虔诚能促进体育的发展，现在对神的信仰却阻碍体育的发展？因为，基督教认为人无法通过道德自救改变先天的本性（原罪），只有抛弃肉体等一切物质的存在，谦卑地接受神恩和救赎才能解救原罪。奥古斯丁把"信、望、爱"确立为基督教的"三主德"，否定了肉体和感性的价值，把人引向只追求纯精神的道路。德目改变影响德性实践的改变，各种体育活动被终日的忏悔、冥思所取代。至此，古希腊体育走到了历史的尽头，取而代之的是取消绝大多数身体活动的黑暗中世纪，体育仅在骑士教育、绅士教育和民间的竞技活动中流传下来。

第三章
西方现代体育的现实表现

经历了中世纪体育的极速衰退之后，西方现代体育以现代民主政治的萌芽和发展为基础，依赖自然科学的兴起和进步，从古希腊体育，中世纪后期封建主的骑士教育、绅士教育，以及民间的户外运动中摄取资源。它首先在宫廷贵族学校中酝酿，后来随着教育的普及成为学校教育的重要组成部分，又因民主与科学在全世界的推进，成为世界各国教育现代化不可或缺的内容。从西方现代体育得以发展的现代民主政治社会基础和科学条件来看，其价值根源是文艺复兴、宗教改革和启蒙运动对"人"的发现和追求，理性是其鲜明的价值指向。但一事有两面，由于对理性的过分悬置和对科学的过度依赖，西方现代体育所显现出来的悖离人性的工具化倾向又给人们提出了新的亟待解决的历史课题。

第一节　民主:西方现代体育的政治社会土壤

现代民主是中世纪后期在欧洲诞生的政权形式，现已被世界多数国家所采用。不同于古希腊民主的是，现代民主是文艺复兴、宗教改革、启蒙运动思想解放和资本主义生产方式发展的综合产物，其鲜明的自由权利观念推动了教育的普及，位于教育之列的体育也随着民主进程的推进成为现代公民的基本权利和培养现代公民的基本内容。现代民主政治之于体育的意义是，体育从以培养封建贵族为现实目标转向以培养被称为现代公民的全体社会成员为现实目标，实现了历史性跨越。

一、现代民主的诞生

"现代"的英文是"modern"，按照西方学者的历史分期，人类文明分为古代(ancient)、中世纪(medieval)和现代(modern)三个历史时期。我国学者一般将西方中世纪之后分为近代和现代两个相继的历史时期，并且在政治、经济和文化上各有不同的分期观点，相同的是，近代是已告结束了的历史时期，现代则还在继续之中。根据我国历史学家罗荣渠的见解，从欧洲主要国家的语言原意来分析，“现代”(modern)至少有两层意思，一是从中世纪延续至今的时间概念；二是告别中世纪后确立的新的时代精神与特征①。此处，以及本节下文所使用的“现代”均以这两层意思为据，涵盖了通常所说的“近代”和“现代”的意义。

一般而言，民主的意识在古希腊时期就已产生，希罗多德(Herodotus)的《历史》、柏拉图的《理想国》和亚里士多德的《政治学》集中表达了建立在城邦政治基础上的古代民主思想，常常勾起人们对古希腊的各种遐想。但是，“经过罗马帝国5个世纪的统治，城邦时代的民主传统在西欧已经中断”②，取而代之的是混合了君主制、贵族制和民主制在内的一种政体形式，并随后湮没在了基督教的黑暗统治之中。直到13世纪英国《大宪章》将经济权与政治权挂钩并确立了限制国王权力等规定，《牛津条例》成立永久性的议事会议，现代民主的基本原则和基本构架才得以形成，并被多数国家承袭。

从现代民主与古代民主的相关比较中可以更好地识别现代民主的时代优势。马克垚主编的《世界文明史》用很大的篇幅比较了古代民主和现代民主之间的区别，主要有：古代民主是小国寡民的城邦政治，只在极少数成年男性中实施直接民主，否认个人利益的合法性；而现代民主是大国众民的民族国家政治，承认所有成年人的参政权，实行代议制度、政党政治和分权制衡，赋予并保护个人广泛的自由权③。因此，不能把现代民主制看作古代民主制的简单复制或继承，古代民主制归根结底是奴隶主内部的民主，列宁曾一针见血地指出：“在贵族共和国中参加选举的是少数享有特权的人，在民主共和国中参加选举的是全体，但仍然是奴隶主的全体，奴隶是除外的。”④

相当重要的一点是，现代民主是资产阶级新贵在同封建贵族的斗争中，在政治、经济、文化等各个领域中取得的统治权力的集中体现。例如，从英国议会制的产生过程来看，国王与封建贵族、资产阶级与封建阶级之间争夺政治权力的焦点是赋税背后的私有财产经济权，也就是说，《大宪章》所保证的赋税征收需征得缴纳者的同意，实质上是要保障有产者的私有财产权，即使是从财产所

---

① 罗荣渠.现代化新论：世界与中国的现代化进程[M].北京：北京大学出版社，1993：6.

② 徐大同.西方政治思想史[M].天津：天津教育出版社，2005：91.

③ 马克垚.世界文明史：中册[M].北京：北京大学出版社，2004：110.

④ 列宁.列宁选集：第4卷[M].中共中央马克思恩格斯列宁斯大林著作编译局，编译.3版修订版.北京：人民出版社，2012：32—33.

有者的手中拿出一部分用于公共事务，也要经过财产所有者的同意并告知用途；如果财产所有者委托代表行使这个权力，那么，该代表就应经财产所有者选举产生并接受监督，这样，财产权才能得到保护。如果从经济基础上看，古代民主是建立在奴隶制经济基础上的，大量的奴隶被束缚在土地里从事农业种植，雅典繁荣的手工业也是靠作坊里的奴隶支撑起来的，应该说，没有奴隶制，就没有古希腊的城邦政治；现代民主制则不同，无论是英国的君主立宪制，还是法国的民主共和制，抑或美国的联邦共和制，都是在资本主义萌芽后，不断扩大生产、交换、消费的工业及新兴产业亟须政治保障的情况下，资产阶级新贵同封建贵族统治者之间权力斗争的结果。

现代民主的核心是代议制度、政党政治和分权制衡。代议制度是在直接民主无法实施的情况下所采取的一种间接民主形式，简单来说，就是一个国家的全体成员通过由他们选出的代表行使对国家的权力。18 世纪，第一个表达代议制思想的政治思想家潘恩(Paine)指出："把代议制同民主制结合起来，就可以获得一种能够容纳和联合一切不同利益和不同大小的领土与不同数量的人口的政府体制；而这种体制在效力方面也胜过世袭政府。"①19 世纪，对代议制颇有研究的政治理论家密尔(Mill)也指出当面积和人口超过一定限度时，所有人参政就是不可能的，因而，"一个完善政府的理想类型一定是代议制政府了"②。从现在世界各国的政治实践来看，尽管有多种民主形态，但基本都是在代议制为主的间接民主基础上发展起来的。

政党政治是现代民主政治的产物，是合法化政治竞争的现代民主政治制度的重要内容。自 17 世纪英国资产阶级革命产生托利党(Tory)和辉格党(Whig)以来，政党作为特定阶级政治利益的集中代表和领导力量，以通过参与政治，进而求取执政来保障其所代表的阶级利益最大化。在现代民主社会中，政党是社会成员利益表达的主要渠道，是连接政府与公民的主要桥梁，是培养政治精英的主要组织，不仅如此，政党还是除了国家和政府之外的最重要的政治活动主体。现在，世界上绝大多数国家都实施政党政治，并不断地完善其政党制度以推进民主政治的进步，如很多国家都在宪法中规定了政党的法律地位，还有些国家通过专门法律规范政党制度(如德国于 1967 年制定了《政党法》)，或者通过选举、竞选等法律中的条款对政党加以规范。

现代民主政治的另一产物是分权制衡。在亚里士多德和洛克的政治学说，

---

① 潘恩. 潘恩选集[M]. 马清槐，等，译. 北京：商务印书馆，2009：247.

② J. S. 密尔. 代议制政府[M]. 汪瑄，译. 北京：商务印书馆，2009：52.

以及英国政治实践的基础上，孟德斯鸠(Montesquieu)从保障人的政治自由出发，认为政治自由是不受其他公民侵犯的自由，为了使人们获得政治自由，就必须防止权力集中，分权、限权是防止权力集中的有效办法，于是，立法权、行政权和司法权分立的理由得以成立。按照孟德斯鸠的分权学说，三种权力应由不同的国家机关行使，只要同一个机关掌握两种权力，自由就不可能实现。孟德斯鸠对分权学说的系统阐述是西方现代民主政治的重要理论渊源，自此之后，分权与制衡成了西方现代民主政治对抗专政的必要手段。例如，采用三权分立的典型之一的美国政体的基本组织状况是国会行使立法权，总统拥有行政决策权，最高法院和次级法院行使司法审判权，同时，三者又通过宪法规定的各种条件相互制衡。

综上所述，古代民主的真实话语是“人民的主权”，现代民主的真实话语则是“人的自由权利”，贯穿现代民主始终的是自由权利如何通过人民统治免于独裁暴政。为什么自由权利意识会诞生在欧洲？英国学者阿克顿(Lord Acton)一针见血地指出：“那些对神或对人格神或对哪怕是恶魔一样的神缺乏信仰的民族，那些有着严格的等级制度特征，财产权观念不发达的民族，都是自由生长的障碍。”①古希腊文明虽然有着对理念世界的认识，却更关心城邦建设这一现实世界，希伯来文明强烈的宗教意识则更关心彼岸世界，两大文明汇聚而成的基督教改变了古希腊罗马一味关心政治的倾向，现实世界和彼岸世界的并存使个人与政治之间产生分离，人们才有了萌生个人自由意识的条件。“古希腊罗马的历代贤哲东奔西突了几百年也没有找到出路，却让基督教下意识地开拓出来了”②。但这个条件是极其有限的，直到世俗生活足够丰富，且能对抗宗教生活和政治生活的时候，中世纪埋下的自由种子才得以破土开花，于是，人们更愿意把自由意识的觉醒归功于文艺复兴时期的人文主义者和启蒙运动家，如在洛克看来，基于自然的平等，人的天赋权利只能听从于自己的意志，他说：“人们既生来就享有完全自由的权利……不但可以保有他的所有物——即他的生命、自由和财产——不受其他人的损害和侵犯。”③卢梭寻求一种既能保障个人财产又不受制于人的社会契约论也是为了自由，他说：“创建一种能以全部共同的力量来维护和保障每个结合者的人身和财产的结合形式，使每一个在这种结合形

---

① 阿克顿.自由与权力[M].侯健，范亚峰，译.南京：译林出版社，2014：276—277.

② 马克垚.世界文明史：中册[M].北京：北京大学出版社，2004：123.

③ 洛克.政府论：下篇[M].叶启芳，瞿菊农，译.北京：商务印书馆，1964：52.

式下与全体相联合的人所服从的只不过是他本人，而且同以往一样的自由。”① 这些政治上的种种理论说明，自由是现代民主的真谛，现代民主从13世纪走到21世纪历经的多次变革和改良，都是受到了自由的驱使，可以说，现代民主政治社会的每一个角落都打上了自由的烙印。

二、现代民主政治社会对西方现代体育的影响

各国的民主实践形式虽有差异，但民主政治社会的功绩是自由权利意识深入人心，世俗生活的幸福成为人们前所未有的前进动力，“多数居民不必竭尽全力地为生存而苦苦挣扎，公民社会积极主动而富于活力，众多的成年人有志于争取并维护自己的权利和尊严”②。西方现代体育就是在这样生机勃勃的社会中发生并发展起来的，并随着现代民主政治进程的推进，逐渐跨越了阶级、种族、民族和性别界限，翻开了人类体育史辉煌的一页。

必须指出的是，中世纪的骑士教育和民间的娱乐活动为西方现代体育提供了直接的参考。骑士教育是11世纪后形成的“具有宗教性质的特定的贵族式世俗教育”③，为了练就保卫国王、宫廷贵族、封建领主及其庄园的能力，小封建主的男孩们分阶段练习各种竞技项目，概括起来称为“骑士七技”，即骑马、游泳、投枪、击剑、行猎、下棋和吟诗，双人比武和集体比武是重要的训练形式。中世纪后期，民间娱乐活动已有所发展，具有一定的宗教、战争、狩猎和游戏等色彩的各种球类、攀爬、投石、射箭、击剑、拳击等运动非常受人欢迎。

毋庸置疑，15世纪意大利的宫廷贵族们率先发展了世俗教育，体育最先在他们的孩子们身上显示出了积极作用。被誉为“第一个现代体育教师”的维多里诺（Vittrino）于1423年开办了一所学校，为孟都亚（Mantua）一位侯爵的孩子们实施教育，后来陆续又有数十名维多里诺认为有资质的贫困人家的男孩子来到这里，这就是著名的“快乐之家”。维多里诺同其他人文主义者一样崇尚古希腊文明，对身体、精神和道德的和谐发展有着美好的理想，他的办学目标是“实现一种和谐，即使教会的道德和宗教教育与昆体良所赞成的古典教育、与意大利卡斯特罗的骑士般的训练相一致”④。在和谐教育的指导下，体育和科学

① 卢梭．社会契约论[M]．李平沤，译．北京：商务印书馆，2011：18—19．
② 李剑鸣．世界历史上的民主与民主化[M]．上海：上海三联书店，2011：15．
③ 陈锋．外国教育史[M]．北京：北京大学出版社，2012：141．
④ 伍德沃德．文艺复兴时期教育研究[M]．赵卫平，赵花兰，译．济南：山东教育出版社，2013：31．

教育被放置在同等重要的地位，孩子们在维多里诺的亲自带领下学会了骑马、击剑、游泳、射箭、角力和一些球类运动，成长为新一代贵族骑士，在上流社会产生了重大影响。在16至17世纪西欧的上流社会教育中，剑术、骑马、打猎、网球、跳舞被列为日常科目①。

这一时期体育在欧洲各国的不同教育机构中渐渐兴起，体育在被禁止数百年后重新返回教育之列，体育课程初现雏形，对此，宗教改革运动功不可没。在宗教改革运动之前，基督教开办的学校以传达教义、培养高级僧侣为目标，不允许开展任何的体育活动。宗教改革人士不再把肉体视为罪恶之所，而是将其视为有益于灵魂的那一部分，新教领袖马丁·路德(Martin Luther)在其《少年的基督教教育简论》(*Brief Treatise On the Christian Education of Youth*)中倡导开设田径、跳高、射击和角力等健身活动，把身体健康看作基督徒的天职。反对宗教改革的势力也开始了内部改革，1534年成立的耶稣会在"会章"中详细规定了学院(college)的体制、设备、教学内容和教学方法；1599年，耶稣会制订了更加严谨的教育计划——"课业计划与组织"(Ratio Sludiorum et Institutiones Scholasticas)②，该计划经过两次修订成为世界各地耶稣会学校的最高宪章。计划规定对学生(多数是富人子弟)实行寄宿制，教学内容以七艺和神学为主；在教学方法上，重视户外活动、戏目演出和远足对教学的作用，这极大地促进了体育在耶稣会学校中的发展。

17世纪，捷克教育家夸美纽斯总结了欧洲主要国家教育实践的状况，全面论述了人生目的、教育目的、普及教育的重要性和学校的职能等。另外，夸美纽斯力主健全的人是身心和谐的人，健康的身体是灵魂的好的住所，为此，他在《大教学论》中讨论德育和智育之前专章论述了体育的重要性，对在学校体系中确立体育的地位具有重要的意义。到17世纪末，贵族们依旧流行聘请学识渊博的人担任家庭教师，此时，盛行于末端贵族中的骑士教育已经没落，上流社会的礼仪和风尚要求骑士具备一切可能的美德，在贵族生活方式与贵族理想的直接促动下，绅士教育取代了骑士教育。法国教育家蒙田(Montaigne)和英国教育家洛克的教育思想堪称绅士教育的精华。蒙田反对把心灵和躯体分离开来，他说："一切运动和锻炼，如长跑、击剑、音乐、舞蹈、打猎、骑马，都应该是学生学习的一部分。"因为"我们所训练的，不是心智，也不是身体，而是一个人，我们决

① 谭华.体育史[M].北京：高等教育出版社，2009：125.

② 教育大辞典编纂委员会.教育大辞典 第11卷 外国教育史[M].上海：上海教育出版社，1991：110.

不能把两者分开"①。洛克认为绅士应接受体育、德育和智育的全面教育，其中，体育应当放置在首位，但洛克反对对抗激烈的竞技运动，主张户外运动、衣着、饮食、睡眠、医药等共同促成的身体健康，身体健康与美德、智力紧密结合，构成了绅士教育的主体。

现代国家的建立和崛起使平等和自由渗透到教育领域，国民教育逐步开展，这是促进体育发展的重大举措。培养现代公民有赖于对所有社会成员提供平等的教育机会，这项举措在民主意识最为深厚的美国很难推进，美国独立后没能立即实现国民教育，"……宗教管理教育和分权管理教育的传统过于强大，以至于不允许联邦政府建立一个国立的学校教育体系"②。远在瑞士的裴斯泰洛齐却于1775年在"新庄"开始了国民教育的实验，50个最贫穷的孩子最先来到他的孤儿院接受这项打破阶级的教育实验，体育因与劳动教育共同培养人的行动能力而成为"新庄"的教育内容。同一时期，德国教育家巴塞多在德绍创办了第一所泛爱学校(Philanthropinum)，招收不同家庭出身和宗教信仰的孩子，并把体育与拉丁文、德文、法文、算术、几何、自然知识(地理、物理、博物)、音乐、舞蹈、绘画一起列为正式课程③。在德国教育家巴塞多的教育实践中，德绍五项竞技逐步形成，开拓了现代体育的国民教育道路。萨尔茨曼和古兹姆茨的教育实践同样卓著，他们在规模不大的泛爱学校里尽可能地发展了现代体育的各种项目和形式。特别是古兹姆茨，他"……首创大众化的体育组织及体育场，进一步解决了如何面向学龄青少年及多数民众开展体育的问题"④。

欧美民族国家的建立是民主政治发展的新阶段，强烈的国家、民族意识赋予了体育国家主权与个人权利现代民主精神，体育与培养民族解放者、独立者挂钩，18世纪建立的以器械体操为中心的德国体操和重视人体生命活力的瑞典体操从欧洲发展到全世界也与之大有关系。当其他国家还在教育中为体育寻找合法地位的时候，最早完成资产阶级革命的英国在18世纪就开始着手从公共设施建设方面为社会成员提供开展体育活动的场所和设备，竞技运动比赛、俱乐部、职业运动员纷纷出现⑤，它们直接促进了体育朝向竞技化和全民化方向发展。至19世纪初，欧美国家已普遍重视体育在公民素质培养过程中的

① 华东师范大学教育系，杭州大学教育系．西方古代教育论著选[M]．北京：人民教育出版社，1985：396.

② 伯茨．西方教育文化史[M]．王凤玉，译．济南：山东教育出版社，2013：332.

③ 贾馥茗．教育大辞书：四[M]．台北：文景书局，2000：634.

④ 谭华．现代体育形成的前提条件[J]．成都体育学院学报，1995，21(1)：1—8.

⑤ 杨桦．体育史[M]．北京：北京体育大学出版社，2014：131—133.

重要作用，丹麦、瑞典、普鲁士、美国、法国、英国等国家先后通过政令、法案等制度化手段把体育纳入课程体系。更重要的是，欧美国家在全球的扩张把西方现代体育推广至亚洲，乃至全世界，现在各国所指的现代体育就是西方现代体育。

总之，中世纪上层社会和中层社会的骑士教育、绅士教育和教会学校教育孕育出了西方现代体育的雏形，世俗教育的发展为西方现代体育的深入发展提供了基础。接下来，更大规模的发展是民主政治向纵深推进，“现代体育必须以绝大多数人口平等享有体育的权利为前提，但这一点又以现代民主国家形成、所有人都成为法律上完全平等的公民为条件”①，从培养骑士、绅士和教士，到培养现代公民，西方现代体育完成了蜕变。骑士、绅士和教士是封建贵族和教会完美形象的代表，现代公民则是现代民主政治下对全体社会成员的现实要求，反映了民主政治社会的结构。从古希腊公民与现代公民的区别来看，前者不允许有较多个人自由意识，城邦的自由价值凌驾在个人之上，个人价值的评判取决于他对城邦的贡献；后者则恰恰相反，弥漫在阶级平等、经济和生活自由主张里的个人自由意识是现代公民的突出特征，个人与社会的关系是现代公民的重要生活内容。概言之，古希腊民主作用于体育是以培养绝对忠诚于城邦的公民为现实目标，而西方现代体育则是以身心全面发展，且能为民主社会有贡献能力的现代公民为培养目标。因此，以平等、自由为旗帜的民主政治社会为赋予人身体活动的权利提供了从可能性向现实性转变的土壤，使体育从贵族降至平民、从精英走向大众成为必然；体育权已经是现代公民的基本权利之一，体育的民主化是教育民主化的重要内容；同时，健身性、竞技性和娱乐性在西方现代体育的发展中得以彰显，也得益于民主政治社会这张温床。

第二节　科学：西方现代体育发展的重要驱动力

人类进入现代以来，科学与技术深刻地改变了人的世界与自然世界的面貌。在西方现代体育的发展进程中，科学通过以下几种方式发挥了驱动作用：一是科学分支领域与体育结合，诞生了一批体育学科的分支，共同构成了体育科学体系；二是科学知识及其应用技术广泛渗透到体育的方方面面，革新了体育教学、教法及硬件设施、设备等；三是确立了科学体育价值观，体育科学化倾

---

① 谭华．现代体育形成的前提条件[J]．成都体育学院学报，1995，21(1)：1—8．

向明显。

一、西方科学的崛起

如果要为现代的生活寻找一个标签,“科学”或可担此重任。经过愈演愈烈的科学革命,人类世界已经被科学及其应用技术席卷而过,生活在科学时代里的人们,早已习惯于学习日新月异的科学知识或掌握更新换代的技术设备。科学,准确地说是自然科学(sciences),以其改变人们思维和生活的无可比拟的广度和深度,已经并且还将继续改变人类世界和自然世界的面貌。

在中世纪,古希腊在天文、地理、物理、生物等方面的成就一度蒙尘,中世纪教会树立的“托勒密的地心说”“亚里士多德的物理学”“盖伦的三灵气说”“物种神创论”等权威已成为神秘和信仰的学说,在神学建立的思想大厦中,观察和认识自然界的精神和能力几乎被人们遗忘和放弃。物极必反,极端的信仰必然催生对信仰的反叛,文艺复兴呼唤西方古代文明的同时,也唤醒了沉睡多年的科学精神,中世纪大学的兴起、大航海时代的到来和东西方文化的交流触动了西方人怀疑、进取的神经,现代科学的思想条件几乎成熟。

天文学是较早发展起来的学科,生活在15世纪至16世纪的哥白尼(Copernicus)论述了地球、月球、群星与太阳的关系,提出了“太阳是宇宙的中心”的观点,并突破教会的重重障碍于弥留之际留给了世人伟大的著作《天体运行论》。伽利略(Galileo)、布鲁诺(Bruno)、开普勒(Kepler)等人无不受哥白尼“日心说”的影响。布鲁诺用更多人通晓的意大利文宣扬哥白尼的“日心说”,这比哥白尼用很少人才懂的拉丁文撰写的著作更具传播力,因此,布鲁诺比哥白尼遭受了更多的折磨。开普勒在天文学上也颇有建树,他发现了行星运动的三大定律,奠定了经典天文学的基石;开普勒还是现代光学的奠基者,针孔成像、光的折射、光线、光束都在他的研究范围内,经他改造的望远镜称为“开普勒望远镜”。被誉为“现代科学之父”的伽利略在天文学和物理学上都有着杰出的成就,他用科学方法改进了望远镜,先后发现木星的四颗卫星、土星光环、太阳黑子、太阳自转、金星和水星的盈亏现象、月球的表面、银河系的恒星等,为“日心说”增加了翔实的论据;他还用实验和数学的方法研究力学,详细论述了力学的基本概念(重心、速度、加速度等)并给出了相关定律的数学公式。伽利略的贡献是有目共睹的,《小天平》《运动论》《力学》等十多部著述是现代科学开端的有力证明。

几乎是在同一时期，数学、医学、生物学也取得了不菲的成绩。数学家塔尔塔利亚(Tartaglia)、韦达(Viete)和纳皮尔(Napier)分别在方程、代数和对数上的成就，解析几何与微积分为标志的现代数学在文艺复兴时期建立。医学家维萨留斯(Vesalius)冲破教会的阻挠解剖了人体，著成七卷本的《论人体构造》；生理学家哈维(Harvey)提出了血液循环理论，写有《心血运动论》。如日中天的英国比水深火热的欧洲大陆更有利于科学的发展，伟大的科学家牛顿(Newton)在众多科学家开创的科学道路上迈出了更坚实的步伐，他在《自然哲学的数学原理》中用力学解释宇宙中所有的运动和现象，实现了物理学的大综合。从哥白尼"日心说"形成了现代科学与中世纪神学的分野，到以牛顿为代表的更多的科学家的实际作为，以数学、物理学、天文学、生物学、化学等为基本框架的现代自然科学体系终于建立。

不过，现代科学并未止住脚步，19 世纪，自然科学高歌猛进，已经不容置疑地朝着统治人们思想和生活的方向发展，自然科学的三大发现形成了整个物理学、生物学、心理学等实验科学体系，它们是德国物理学家迈尔(Mayer)和赫尔姆霍兹(Helmholtz)、英国的物理学家焦耳(Joule)等人发现的能量守恒与转化定律，德国植物学家施莱登(Schleiden)和动物学家施旺(Schwann)提出的细胞学说，以及达尔文(Darwin)在其科学巨著《物种起源》中阐明的进化论。19 世纪末到 20 世纪初，从对宏观宇宙的研究，到对微小世界的发现，现代科学进入了新的阶段，这个时代的科学巨人爱因斯坦(Einstein)以其相对论等使物理学理论和整个自然科学体系以及自然观、世界观都发生了重大变革，有机化学、分子生物学与基因工程、生物技术、微电子与通信技术等飞速发展。21 世纪，科学继续突飞猛进，系统科学问世，系统论、控制论、信息论被耗散结构论、协同论、突变论取代，对自然科学和社会科学领域产生了重要影响。

现代科学绝不满足于数学公式和实验建立起来的理论体系，它还要通过实际手段将科学理论与改造世界结合起来，毕竟，在宗教生活渐被抛弃，世俗生活受到重视的改革的时代，改变现世生活、追求现世幸福是文艺复兴给人们的最动心的启迪，技术革新便是人们不满足于解释"本质"世界的必然要求。无疑，培根(Bacon)强化了这种思想，这位被费尔巴哈(Feuerbach)称为"近代自然科学的精神的、间接的缔造者"①，被马克思赞为"英国唯物主义和整个现代实验科学的真正始祖"的伟大人物，第一次明确指出要在自然界自身中理解和说明

① 路德维希·费尔巴哈. 费尔巴哈哲学史著作选：第 1 卷[M]. 涂纪亮，译. 北京：商务印书馆，1978：21.

自然界，征服自然的基础是认识自然。正如认识世界和改造世界是不同的，科学与技术也是不同的。科学的英文“science”由拉丁文的“scio”，即“知识”演化而来，一般是指“科学共同体采取经验理性的方法而获得的有关自然界和社会的规律性和系统化的知识体系”①；技术也是一种知识体系，不过，它指“设计、制造、调整、运作和监控各种人工事物与人工过程的知识、方法与技能的体系”②。

大规模的技术革新出现在被史学家称为“机器时代”的18世纪，其中，最具影响力的是瓦特(Watt)根据热学理论和化学燃烧理论改良的蒸汽机，而主要因蒸汽机引发的第一次工业革命用机器生产代替了手工作业，蒸汽火车、蒸汽轮船很快地把商品送到全世界，进入“蒸汽时代”的资本主义经济、政治和社会也进入了新的历史时期。19世纪末20世纪初人类进入“电气时代”，大量的技术得到改善和应用，电的发明改变了动力工业，无线电的发明改变了通信工业，地质学家和化学家的努力改变了石油工业和煤炭工业……很快，“科技时代”又来临了，人工智能、微电子技术导致了信息产业革命，并很快带动基因工程、系统生物学与合成生物学的迅速发展，学科的交叉和技术的综合引发了科学领域和技术领域的全面变革，空间技术、海洋技术、纳米技术等，越来越多的新技术的开发和利用极大地改变了人类社会的面貌，人们生活的世界无处不被科学与技术包围着。

美国当代学者巴萨拉(Basalla)曾说：“在最初阶段，科学是地理探险的延伸。”③其实，更应说科学与技术在西方哲学、文化走向世界的过程中扮演了排头兵的角色，西方基督教、天主教在进入中国之际就是采用了科学先行的策略。明末清初，以利玛窦(Matteo Ricci)为首的传教士首先把天文学、数学、地理学的知识和一些实用技术介绍给向来不重视自然科学的中国儒生们，汤若望(Johann Adam Schall von Bell)和南怀仁(Ferdinand Verbiest)在中国传播这些具有时代优势的科学知识，都是试图借助先进的科学技术让西方哲学的理性思维模式在中国占有一席之地，进而敲开中国思想的大门。明末清初的西学东渐之所以能够得到一些开明儒生的接受，就在于科学知识以客观事物为研究对象，以实验、归纳为基本方法，从形式上最大限度地降低了文化间性，而哲学、宗教、

① 张华夏，张志林．技术解释研究[M]．北京：科学出版社，2005：1．

② 张华夏，张志林．技术解释研究[M]．北京：科学出版社，2005：2．

③ 乔治·巴萨拉．西方科学的传播：西方科学进入非欧洲国家的三阶段模型[J]．田静，译．苏州大学学报：哲学社会科学版，2013(1)：2—10．

政治、文化等的异质性才是不同国家、不同民族融合的最大障碍。因此，科学几乎成了西学的代名词，从西学东渐到现在，科学之所以令人瞩目、受人推崇，并非因为其重逻辑分析和实证实测的理性精神能打动人，而是因为科学与技术在改造物质世界中直接的、显著的作用更吸引人，科学与技术相得益彰，共同促进了人类历史的进步和发展。

二、科学在西方现代体育发展中的积极作用

科学的发展影响人类社会的方方面面，体育也毫不例外地成为科学的领地，体育科学化是现代西方体育的突出特征。自现代科学革命和技术革命以来，体育的现实面貌和体育的价值观都为之改变。直观地看，科学知识及其应用技术促进了体育课程组织、内容的革新，促进了体育手段的丰富，促进了体育设施、设备的改善，增强了体育训练和体育活动的效果，满足了体育从精英教育向大众教育转变的历史需要；抽象地看，体育科学化成为体育适应时代发展的潮流，科学知识及其应用技术促进了科学体育观的形成。

首先，从科学的各个领域对体育的直接作用看，医学、生物学、力学、化学等多个学科解释了人体结构与人体活动的基本原理，找到了体育训练的作用机制，提出了更有效的训练方法，促进了体育科学的形成和发展。

从最早发展起来的运动医学来看，虽然古希腊人已经注意到饮食、衣着等对人身体的影响，但从医学角度研究体育可能要从达·芬奇算起，他较早地用力学研究人体运动；美尔库里亚里斯(H. Mercurialis)的《体操术》先是阐明了古代体操与医学保健学的联系以及身体活动与劳动的区别，后又从医学角度分析了各种练习的作用、效果，然后把身体练习分为医疗的、军事的和竞技的三大类，还按练习特点分准备运动、主体运动和整理运动三部分；其后，塞尔维特(Servetus)发现了心、肺之间的人体小循环；哈维(Harvey)发现了血液循环的基础，进一步帮助人们认识人体器官的机能；阿·波雷利(A. Borelli)详细地讨论了行走、跑、跳、滑冰、举重时发生的机械运动；哈勒(Haller)在《生理学纲要》中尽可能详尽地论述了呼吸生理及神经、肌肉与运动的关系，是对人体运动规律更深入的研究。到19世纪末20世纪初，德国人的研究使体育和医学的结合更加紧密，菲特(Vieth)的《体育辞典》第二卷从解剖学、生理学和力学角度分析人体运动，韦伯兄弟(E. H. Weber)的《人走步器官的运动力学》系统分析了人体几种动作的力学结构，施莱贝尔(Schreber)从临床医学的角度研究体育，出

版了《运动医治法》和《室内医疗体操》。经过体育与医学长期的相互渗透与影响，1891 年哈佛大学建立第一个运动生理学实验室，1911 年运动医学诞生。

运动医学的诞生反映出体育科学受自然科学以经验科学为指导的影响，强调确定性、可重复性和可检验性等基本原则。仅以短跑的起跑动作为例，现在普遍采取的"蹲踞式"起跑姿势与力学基本原理有关，原因是这种姿势身体重心前移降低，水平支撑反作用力和水平后蹬力增大，臀肌、大腿股四头肌和小腿三头肌拉长，肌肉群趋于最佳的预拉状态，最有利于瞬时发力以获得更大的初速度，起跑也就更快。同样地，人的走、跳、爬、投掷等基本技术动作均在接受科学理论指导后得到改良。随着科学范畴的不断扩大，现在体育科学不断加强学科综合优势，在哲学、自然科学和人文社会科学等领域建立了多个分支学科，其研究和应用领域也越来越广。"体育科学体系是现代科学技术和现代体育结合和发展的必然结果，是体育科学逐渐走向成熟的标志。"①

其次，科学体育价值观的形成，是科学作用于体育的又一成果。西方现代体育的深厚思想基础是文艺复兴时期的人文主义思想，在 18 世纪以前，主导体育的价值观是自然主义观，其观点可以概括为：身体活动是天赋身体自由的基本权利，每个人都平等地享有体育权；体育当是自然教育的一部分，体育的教学内容和方法当遵从儿童天性；体育的主要任务是传授技术，其效果则任凭天性而成。卢梭的自然体育观尤为受人称颂，他把体育放在爱弥儿 5 岁以前的第一教育阶段，目的是使身体得到自然发展，自然既是体育的环境，也是体育的原则。

受自然体育观的影响，18 世纪末德国教育家巴塞多、沃克尔(Wolke)、巴尔德(Bahrdt)、特拉普(Trapp)、卡姆佩(Campe)、萨尔茨曼等都以开办、管理泛爱学校，或在泛爱学校里任教等实际行动支持自然体育观。同一时代施皮斯的"运动铸型教育"、奥地利人高尔霍费尔(K. Gaulhofer)的"自然运动教育"，以及 20 世纪美国的行为主义体育、苏联的本质主义体育和多个国家采用的传习式体育等都是自然体育观代表②。同持自然体育观的裴斯泰洛齐用要素(关节活动，如搬、推、拉、摇等)的观点分析人体运动，古兹姆茨主张按照生理学对体操进行分类，他们思想中萌生的科学体育观已不言而喻，日本学者岸野雄三曾评

---

① 卢元镇.体育与科学技术[J].体育科研，2001，22(3)：1—4.

② 杨文轩，林笑峰，郑俊武，等.体育学原理：论著选读[M].广州：广东高等教育出版社，1996：213—227.

价古兹姆茨《青少年体操》一书“填平了横在运动医学理论和新教育之间的鸿沟”[①]。此后，科学体育观逐渐凸显，成为一种普遍的体育价值观，自然体育观和科学体育观就此处于此消彼长的态势中，共同左右着西方现代体育的发展。

19世纪上半叶，第一次工业革命已经完成，骤然扩大的资本主义生产亟须更多掌握一定科学知识的人才。受时代的影响，深受进化论和物理学影响的著名哲学家斯宾塞(Spencer)为了弥补有关知识价值的问题，进行了各种知识的价值比较，指出科学是挑战自然、征服自然的最有价值的知识，该思想迎合了工业革命和科学发展的实际需要。斯宾塞所提及的体育是指建立在解剖学、生理学及卫生学等科学知识基础上的自我保全的活动，他认为尽管有关生命的科学还比较粗糙，但已经揭示了包括人在内的有机体的某些规律，人们应当努力探求科学揭示的规律与体育之间的关系，这一见解“真正从科学的角度上来认识体育，使体育真正走上了科学化的道路”[②]。斯宾塞的科学体育观包含了几乎所有科学家都拥有的解释现象、掌握规律的基本职业精神，更加明确了体育的科学化方向。

最后，科学体育观的目标导向是体育科学化[③]。体育科学化是通过科学知识、科学方法指导体育组织管理的内容与方法，通过技术手段优化体育场所、设施和设备，通过科学实验等研究体育现象、探求体育规律等的活动及其倾向。

一般认为，德国教育家古兹姆茨构建了较为完整的现代体育课程体系，他在1793年撰写的《青少年体操》(*Gymnistik fur die Jugend*)等著作中，详述了体操的生理作用和教育作用，还指出了体操与劳动的异同；更重要的是，古兹姆茨按照运动目的、运动性质、运动解剖学特征和运动类型建构体操体系，并把体操分为基本运动、手工劳动和青少年游戏等。由费里德里·希路德维格·杨(F. L. Jahn)、阿道夫·施皮斯(A. Spiess)创立的德国体操和佩尔·亨里克·林(Pehr Henrik Ling)创建的瑞典体操受到欧洲很多国家的欢迎，后又传播到亚洲的日本、菲律宾、印度、中国等国家，也与其可操作性密不可分。如杨氏统一体操术语，施皮斯增加女性体操，林氏以生理学和解剖学原理指导练习等，都从不同侧面推动了体育的科学化，扩大了体育的普适性，从而更加符合国民教育潮流。可以肯定的是，上述教育家的思想和实践是以现代科学为理论基础的，其构建的体育课程体系之所以能成为德国乃至欧洲体育的范本，就在于其

---

① 潘绍伟，于可红．学校体育学[M]．2版．北京：高等教育出版社，2008：9．

② 王宏．中欧体育哲学思想比较[M]．武汉：湖北人民出版社，2014：161．

③ 周西宽．体育基本理论教程[M]．北京：人民体育出版社，2004：76—77．

内容和方法标准化、规范化的特性可以从一所学校复制到另一所学校，从一个国家复制到另一个国家，这些对体育的科学化发展具有里程碑意义。

根据王琪的研究，体育科学的发展分为20世纪30年代之前的起步阶段、20世纪30年代至50年代的缓慢发展期、20世纪60年代的快速增长期、20世纪70年代至80年代的稳定发展期和20世纪90年代以后的高速发展期，体育科学走过了从综合到分化，又从分化到综合的发展道路，医学、生理学、心理学、教育学、生物学和社会学是体育科学最传统和最稳定的知识来源。[①]在体育科学的起步阶段，体操分类、技术要领、器械使用是体育著作的主要内容，教育对象的性别、年龄、身体发育、心理状况是制定教材教案的主要依据；现在，体育训练和活动的效果日益受到重视，体育科学不再只把重点放在受教育者的共性和个性研究上，而是把目光投向体育设施、设备、器械的功能研究和研发上，以及教育者的技能、战术和训练的理论水平的研究上，这对教学组织和教学方法多样化、教材教案实用化、体育规则规范化、体育教师和教练员职业化、体育管理信息化、体育产业化等具有巨大的作用。总之，科学无可争辩地成了西方现代体育发展的重要驱动力。

第三节　理性：西方现代体育的内在取向

西方现代文化的核心是理性，它源自文艺复兴后哲学家们对古希腊“逻各斯”(Logos)和“努斯”(Nous)两个重要概念的重新阐释，西方现代民主政治和现代科学分别是理性在人的世界和自然的世界中的具体呈现。西方现代体育扎根于西方现代民主政治，得益于现代科学的蓬勃发展，其平等参与、自我超越的取向正是理性的表征，深刻地反映了西方现代体育的理性价值取向。但由于理论理性与实践理性、价值理性与工具理性尚未和谐，西方现代体育原初解放身体、发展人性的美好愿望被科学主义、技术主义改变，重新审视理性价值取向将是从根本上发展西方现代体育的必由之路。

---

① 王琪.西方现代体育科学发展史论：基于知识图谱视角的实证研究[D].福州：福建师范大学，2011.

一、西方理性的彰显

理性是西方哲学的一个重要概念，从古希腊到中世纪再到现代，西方文明一直围绕着理性这根主轴在转动，人们一般把自启蒙运动确立的现代价值体系称为启蒙理性（此节均用“理性”代指）。美国著名的史学家弗兰克·梯利（Frank Thilly）曾指出，希腊人“……不仅为后来所有的西方思想体系奠定基础，而且几乎提出了两千年来欧洲文明研究的所有问题和答案”①，理解理性的两把钥匙“逻各斯”与“努斯”便产生于古希腊。

在那个西方文明的摇篮时期，哲学家以思考世界本原问题著称。这个传统恐怕来源于最早的哲学学派——米利都（Miletus）学派，该学派主要从感官所能感知的一切事物中寻找或者确定事物的本质以及事物之间的秩序。赫拉克利特最早把“逻各斯”引入哲学，他用它囊括了哲学家们之前对世界万物“本原”的全部阐释，如泰勒斯（Thales）的“水”、阿那克西曼德（Anaximander）的“无限”、阿那克西美尼（Anaximenes）的“气”。从此，“逻各斯”作为最早代表统一性、普遍性、确定性、规律性的一个哲学概念沿用至今。廖申白认为“逻各斯”是古希腊语中最难今译的词语之一，既指“说话、言语、演说、谈论、词等等”，也指“谚语、传说、寓言、箴言、警句、明言等等”，还指“包含在这些语言形式中的道理、思想、理性、推理、思虑、意见等等”②，但较为一致的是，学者们普遍把“真”的意义归属于对“逻各斯”的演绎。

物质和精神是哲学的一对基本范畴，“逻各斯”还不能彻底地说明它们之间的关系，“努斯的提出是古希腊哲学家力图将精神从自然物质中区分出来的第一个大胆尝试”③。其中，阿那克萨戈拉（Anaxagoras）说：“将来会存在的东西，过去存在过现已不复存在的东西，以及现存的东西，都是心所安排的。”④阿那克萨戈拉在为物质运动寻找动力机制的过程中，把“心”（又音译为“努斯”）认作驱动物质结合和分离的原始动能，把“心”看作世界的本原、安排者和推动者。黑格尔（Hegel）认为自阿那克萨戈拉推出“努斯”后，心灵（努斯）才被表达为绝

---

① 弗兰克·梯利.西方哲学史[M].贾辰阳，解本远，译.北京：光明日报出版社，2014：3.

② 亚里士多德.尼各马可伦理学[M].廖申白，译注.北京：商务印书馆，2003：8.

③ 邓晓芒.思辨的张力：黑格尔辩证法新探[M].长沙：湖南教育出版社，1992：45.

④ 北京大学哲学系外国哲学史教研室.西方哲学原著选读：上卷[M].北京：商务印书馆，1981：39.

对、本质、普遍性，“思想自身被当作原理”①。因此“努斯”的出现是对在它之前出现的思想、心灵、理智、信念、意志、精神等的概括和抽象，是“一个精神本原的哲学范畴”②，是少数人才拥有的那一部分理智的灵魂，其中蕴含的普遍规定性对应的是“善”的目的、灵魂或精神。

尽管受特尔斐阿波罗神庙中“认识你自己”铭文的启发，苏格拉底把对自然（自然世界）的研究转向了对人自身（人的世界）研究，但他几乎把有关善、恶、灵魂、德性、智慧的问题与如何实现好的生活结合起来，并作为价值的全部问题进行思考，这是在肯定了理性宇宙秩序后对人的社会秩序的一番拷问。经过柏拉图和亚里士多德的继续阐发，“逻各斯”和“努斯”的主观意义和客观意义更加紧密地连接在一起，在其基础之上的理性成了连接本原与存在、主体与客体、主观与客观之间的结点，是“真”与“善”之间的结点。

无疑，西方哲学界和思想界的理性是围绕“逻各斯”和“努斯”展开的，唯理论与经验论长时间的辩驳难分高下，康德的主体性哲学试图融合二者，他“……通过把主体能动性原则引入认识论的主客体关系，使努斯与逻各斯的关系真正体现为主观能动性与客观必然性之间的本质关系”③。伟大的哲学家黑格尔把西方古典哲学推至顶峰，黑格尔的哲学体系在追溯“逻各斯”和“努斯”这两大起源和两大原则之后④，“处于‘形而上学’‘宝塔’之顶尖的，仍是那‘理性’的‘概念’”⑤，感性依旧是理性的附庸。因此，理性包括本体论对理性尺度的确立，认识论对理性方法的确证，以及价值论对理性活动的确认，一切都要诉诸理性是西方崇尚理性的全部理由。西方现代科学与现代民主政治便是理性人对待、处理自然的世界与人的世界中最鲜明的、最突出的呈现。

西方现代科学从古希腊文明的源泉中摄取的最丰富的滋养即理性，恩格斯说：“如果理论自然科学想要追溯自己今天的一般原理发生和发展的历史，它也不得不回到希腊人那里去。”⑥郝苑和孟建伟曾把“逻各斯”与“努斯”看作西方科学文化的两个原点进行研究，他们认为：“逻各斯”和“努斯”分别从形而上和

---

① 黑格尔. 哲学史讲演录：第1卷[M]. 北京：商务印书馆，1959：343.

② 汪子嵩，范明生，陈村富，等. 希腊哲学史：第1卷[M]. 北京：人民出版社，2014：770.

③ 章忠民. 黑格尔的本性与命运[M]. 上海：上海财经大学出版社，2013：10.

④ 邓晓芒. 思辨的张力：黑格尔辩证法新探[M]. 长沙：湖南教育出版社，1992：11—60.

⑤ 叶秀山，王树人. 西方哲学史：学术版：第一卷：总论[M]. 南京：凤凰出版社；南京：江苏人民出版社，2004：207.

⑥ 马克思，恩格斯. 马克思恩格斯选集：第3卷[M]. 中共中央马克思恩格斯列宁斯大林著作编译局，编. 北京：人民出版社，1972：468.

形而下两个层面对西方科学文化产生影响，前者主要体现在本体论和认识论为人们提供的理性信念和可能，后者主要体现在价值论对人的知觉经验、责任感和共同体意识的肯定和确立上[①]。从科学革命后西方现代科学的大飞跃来看，理性确实是现代科学的不二领导。回到现实世界的哲学家、科学家一面把精力投向浩渺的星空和细微的分子，一面把精力投向技术革新和工具改造中，他们不仅继承了探索宇宙本质和规律的理性精神，还发扬人的主体理性来最大限度地改造世界，改变人的生存境遇。

现代科学理性的确立并非一片坦途，它是在同神权建立的世界观相斗争的过程中得到彰显的，因为文艺复兴是成功的"托古改制"，它借复兴之名完成了思想、意识和精神上彻底的颠覆、解放和创新，但科学精神的复苏绝不意味着要复苏古希腊和古罗马的文化遗产，也不意味着科学与宗教的完全决裂。从 17 世纪的科学革命来看，20 世纪英国著名科学史家丹皮尔（W. C. Dampier）说"十七世纪中叶所有的合格的科学家与差不多所有的哲学家，都从基督教的观点去观察世界"[②]，培根、笛卡儿、霍布斯（Thomas Hobbes）、牛顿等概莫能外，但就是在科学与宗教的分离与对立中，现代科学一步步地推翻了神权的统治，确立了理性的最高地位，实验方法的可重复性、科学结果的可检验性、科学结论的真理性等确立了自然科学独一无二的地位，在近几百年里，科学几乎与理性同名，高高地站立在人类全部知识的顶端。其影响是 17 世纪以后西方乃至全世界在政治、经济、文化等领域的深刻变革都与科学革命有着密切的联系，理解科学革命的内涵是理解现代社会的锁钥，而理解理性则是理解科学革命的锁钥。

西方现代民主政治从古希腊城邦民主政治中采集了公共的灵感，又从希伯来宗教的神权中汲取了个人自由的智慧。可以说，西方现代民主政治是文艺复兴人文主义者以理性为指挥棒提出的一种理想的社会建制，其价值设定是理性的自由，其价值实现是通过复杂组织技术设置的政权机构。洛克指出理性是人类的自然法则，服从法律的约束即是按照理性的教导来行动，"人的自由和依照他自己的意志来行动的自由，是以他具有理性为基础的，理性能教导他了解他用以支配自己行动的法律，并使他知道他对自己的自由意志听从到什么程度"[③]，自由和法律可以统一的基础是人具有理性。孟德斯鸠对理性的论述更

---

① 郝苑，孟建伟. 逻各斯与努斯：西方科学文化的两个原点[J]. 中国人民大学学报，2012(2)：124—131.

② W. C. 丹皮尔. 科学史及其与哲学和宗教的关系(上)[M]. 北京：商务印书馆，2009：241—242.

③ 洛克. 政府论：下篇[M]. 叶启芳，瞿菊农，译. 北京：商务印书馆，1964：39.

进一步，他把法的体系建立在理性这一坚实的根基上，他说："世界上存在一个根本的理性。法就是这个理性和各种事物的关系，同时也是各种事物之间的内在关系。"①法是理性的存在，因此，人受制于法便是受制于理性。

政治学家们普遍相信通过理性行为建立起来的政府和社会可以保障人们的平等自由，为了使政府和社会系统更高效地运转，他们不断提高政权组织中的各项机制和规则的可行性，以便在规模庞大的国家中尽快实现参与和决策，于是，代议制产生了。通过契约的方式将个人权利让渡给一部分人，并通过一定的规则控制决策过程，体现了现代民主政治中的技术理性，如选举时采取充分多数当选制、简单多数当选制，还是相对多数当选制视不同的情况而定。权利让渡是社会契约的重要内容，个人与国家之间关系的基础是对权利的适度分配，适度必须是理性的，否则便会滋生专制。因此，西方现代民主政治中广为流传的正当性、正义性、合法性等，实质上是指人的权利、义务与理性的契合。

纵观17世纪"前理性时代"、18世纪"理性时代"、19世纪"反理性时代"及20世纪"后理性时代"，无论如何，在西方哲学界确定了理性的基本范畴后，物质与精神、存在与意识、主体与客体、主观与客观、理论与实践、事实与价值等一系列相对的哲学概念均由其发出，受此影响，西方社会历史便是不断经受着理性的洗礼，并且自觉地以理性为目标、方向、原则、方法、路径实践着的历史。

二、西方现代体育理性价值取向的内在张力

理性是西方对待人的世界和自然世界的根本态度和根本指针，西方现代体育也自觉地以理性为价值取向。德国历史学家斯宾格勒（Spengler）在其名著《西方的没落》中指出："今天我们发现，我们自己处在一个无限地相信理性万能的时代。"②在民主政治中，人们信奉自由、平等、博爱等伟大理念，"醉心于其中的词句及其宣教者，到营寨、战场和绞架上去舍身；他们所注视的是一个政治的和社会的彼岸世界"③，在经济生活中，"机器做工作，并强迫人与它协作。整个文化达到了一种使大地在它下面颤抖的活动程度"④。斯宾格勒对民主政治和经济生活的这种描述道出了西方理性主义的两大支柱：一是人本主义的主体自由精神；二是科学主义的技术理性精神。的确，现代社会的建制处处体现着主

① 孟德斯鸠. 论法的精神[M]. 申林，编译. 北京：北京出版集团公司；北京：北京出版社，2012：2.
②③ 斯宾格勒. 西方的没落[M]. 张兰平，译. 沈阳：万卷出版公司，2015：387.
④ 斯宾格勒. 西方的没落[M]. 张兰平，译. 沈阳：万卷出版公司，2015：422.

体自由和技术理性两大精神，然而，主体自由解救了身体却使体育越来越政治化，技术理性发展了身体却使体育越来越科学化，理性的自我分裂构成了西方现代体育发展的内在张力。

现代主体自由精神萌生于文艺复兴时期“人”的发现，包含着对人的权利的主张和保护、对人的价值的承认和发展、对人的主体性的确认和鼓励。对西方现代体育而言，最重要的是人的身体被发现、被解放，这出于人的自然权利摆脱了宗教的禁锢。古希腊人健美的身体一度唤起了文艺复兴者对身心和谐的美好憧憬，但此时身体的意义已经不同于古希腊时期身体的意义，那时人的身体是城邦的，体育塑造的是城邦的身体；现在，身体是每个人自己的，身体的解放与世俗生活的快乐、幸福息息相关，洛克的《教育漫话》开篇即把“健全的心智寓于健康的身体”提到“人生幸福”的高度。总之，人性的张扬和现世的幸福生活为身体的解放提供了原动力，现代主体自由精神最先在中世纪的上流精英中间体现出来，他们身体力行地改革绅士教育，力图把他们的后代培养成为“优雅”和有“教养”的人。

也几乎是在同时，理性开始与完善的人性相提并论，此时，理性往往被人文主义者描述成为一种美好的、理想的人性，表达了在复兴古希腊文明与市民生活交织的时代结合而成的对优雅、名誉、高贵、和谐、均衡等的向往和追求。15世纪，首次提出“绅士”概念的意大利人文主义教育家弗吉里奥（Vergerio）同其他人文主义者一样，也深受昆体良的影响而推崇历史、伦理学和雄辩术，最看重道德的完美，他指出“博雅教育”（liberal education）的目的是“培养一种身心健全和充满世俗精神的人”[①]，身体应受理性的支配，“体育旨在促进身体健康和增强体质……体育应作为军事训练的准备”[②]。将“博雅教育”付诸实践的维多里诺重视身体的健康、强壮与个人举止是否得体，怪异的声音、语调和手势等没有礼貌的行为都会受到处置[③]。更多占有古希腊和古罗马文化遗产的意大利人最先用体育给予了身体以自由，体育也给文艺复兴时期的教育增添了生机。

更重要的是，体育从一开始就与培养社会需要的人联系在一起。据布克哈特分析，体育从意大利的上流社会向四周蔓延开来，系统讲解骑术、剑术等方面的书籍被其他国家引为范本[④]，绅士教育成为时尚，从这个层面上讲，体育的国

① 单中惠. 西方领导教育史[M]. 上海：华东师范大学出版社，2008：150.

② 单中惠. 西方领导教育史[M]. 上海：华东师范大学出版社，2008：151—152.

③ 伍德沃德. 文艺复兴时期教育研究[M]. 赵卫平，赵花兰，译. 济南：山东教育出版社，2013：43.

④ 雅各布・布克哈特. 意大利文艺复兴时期的文化[M]. 何新，译. 北京：商务印书馆，1979：382.

际化开端先于民主化开端。直到18世纪末，泛爱学校出现后，体育的政治化才出现了明显的转向，之前附着在体育上的浓厚的贵族气息逐渐消退，体育开始发散出浓郁的民主味道，培养民主社会的公民是体育政治化的显现。到20世纪，体育在民主政治的推进中得到了长足发展，但体育以符合民主政治社会需要替代人的主体自由，体育发展出现了失衡。

尤要指出的是，自1896年现代奥林匹克运动会举办以来，竞技运动迅速地受到世界各国的重视，顾拜旦设想“运动员们可以在他们自己国家的旗帜面前……庄严宣誓：保证他们将在运动中忠诚和光荣地竞争”①，他把古希腊运动员面对宙斯的宣誓成功地移植到现代社会中来，刚刚独立的国家和民族士气高昂的各国人民纷纷把奥运会当作民族情感的凝聚地和释放地。只是，象征着民族精神的奖牌把人对身体的美好追求具体化、功利化了，它现实地为体育设置了竞技比赛争金夺银的价值目标，体育批量生产了许多竞技运动员，违背人的生长规律提高运动技能和远离人的自由是体育付出的沉重代价。

技术理性精神是通过现代科学的兴起对体育产生作用的，上文已经指出医学、解剖学等的发展改变了人们对人体结构的认识，肌肉、血液、器官、神经等的运行与体育基本科目之间的关系被科学家揭露出来，笼罩在人体上的神秘面纱一旦被撕开，身体的解放便一发而不可收。但是，17世纪以后的理性是自然科学地位上升后科学理性的代称，从费尔巴哈对培根的评价中就可看出此时的理性已不同于“逻各斯”和“努斯”，他说：“培根的历史作用在于，他使建立在经验之上的自然科学成为一切科学的科学，成为我们全部知识的原则、源泉……”②此后，自然科学被认为是人类全部的或最重要的知识，只有自然科学的研究方法才是获得知识的合理途径，只有自然科学的知识才配得上“真理”二字。体育的科学化已不可避免，科学地解释体育现象、揭示体育规律被斯宾塞用另外一种方式提了出来，他认为教育的职责是为完满的生活作准备，科学“是所有活动的最好准备”，那么，教育就当遵循科学法则，体育也不例外。

现在，体育的体系化、信息化、标准化等一系列措施和手段等都是科学与技术在体育领域的投射。人造的场馆、塑胶跑道、纤维衣裤、各种高科技器械已是常见之物，其优点有目共睹，无须再述。其害处却不得不提，置身于各种人造物

① 顾拜旦. 奥林匹克理想：顾拜旦文选[M]. 詹汝琮，邢奇志，等，译. 北京：奥林匹克出版社，1993：29.

② 路德维希·费尔巴哈. 费尔巴哈哲学史著作选：第1卷[M]. 涂纪亮，译. 北京：商务印书馆，1978：31.

中的人们无论如何也不会理解卢梭带着爱弥儿在户外锻炼的益处；甚者，每一个动作都被科学地分解，一举手一投足都需按科学步骤和科学标准进行，程式化的教学和充满术语的教材大大降低了从体育中获得的快乐感和幸福感；被分班分组的青少年在有限的朋辈关系中接受体育，最大限度地限制了人与人在体育中的交往。通过这些手段，技术理性下的体育一点一点地吞噬了身体感官和心灵智慧之间的碰撞，被拒斥在理性本体论、认识论和价值论大门之外的感性即使在身体的基本活动中也快要无处藏身了，一句话，人的身体直接被对象化、工具化是理性带给体育的最大灾难。

伽达默尔(Gadamer)把技术起决定性作用的 20 世纪看作"文明危机的标志"，人们在和越来越人为化的世界交换的过程中"把自己委托给技术的作用"，把认同感交付给对技术的适应能力而不是创新能力上，人俨然是社会大机器中的零部件受到固有结构的压迫[①]。马克斯·韦伯(Max Weber)提出了价值理性与工具理性之辨，马尔库塞(Marcuse)提出批判理性和技术理性之分，都对理性作出了深刻的反思和批判，但都难挡理性自身的分裂，高度的组织化、制度化、标准化、程序化的体育模式与个性化主张格格不入，西方现代体育偏离了人文主义者的理性价值目标。

最后，再来看看现代体育在教育体系中的地位究竟是怎样的。恩格斯在《反杜林论》中批判道："宗教、自然观、社会、国家制度，一切都受到了最无情的批判；一切都必须在理性的法庭面前为自己的存在作辩护或者放弃存在的权利。思维着的知性成了衡量一切的惟一尺度。"[②]当理性逐渐取代上帝成为新的价值权威，知识和科学作为理性的化身成了新的价值目标、价值原则和价值尺度时，理性主义价值体系就此确立。理性主义价值体系把无知视为道德沦丧和缺乏理性的根源，个人和社会都需要通过知识的教育改变愚昧落后的状态。由此，重知、重智的理性主义教育获得了合理依据，最具代表性的当属赫尔巴特学派，该学派继承了培根、笛卡儿、洛克、康德的思想，把认识活动当作人的全部心理活动的基础和根源，把知识教育当作道德教育的手段，建立了一个系统化的以知识教育为核心的理性主义教育体系。尤其是 19 世纪以来，教育越来越突出地表现为以智力训练为主要目的，以科学知识结构为主要内容。德国著名教育家威廉·冯·洪堡(Wilhelm von Humboldt)指出理智的实现才是教育的

---

① 伽达默尔.科学时代的理性[M].薛华，等，译.北京：国际文化出版公司，1988：61—76.

② 恩格斯.反杜林论[M].中共中央马克思恩格斯列宁斯大林著作编译局，译.3 版.北京：人民出版社，1999：15.

任务,“一个有教养的人必须是个性和谐、全面发展的人,其人生的目的将不是追求不断‘变换着的爱好’,而应当是获得‘永恒的不变的理智’”①,他创办的柏林大学把知识学术放在首位,实践了他的理智教育路径。在以知识教育为核心的理性主义教育体系中,体育难以实现身体与智慧的平衡发展。

① 赵祥麟.外国教育家评传:第2卷[M].上海:上海教育出版社,1992:15.

第四章
我国古代体育的独特风貌

我国古代哲人建构仁礼价值原则和天人价值之源，主要围绕伦理道德为人们设定了详细的现实生活价值规范和理想的价值目标，形成了我国古人特有的文化心理模式，影响了我国古人的思维方式和行为方式。在长期的、较为单一的生产方式中，我国古代体育虽在儒学统治下的古代教育体系中压抑了竞技运动的普及与发展，却因古代哲人对人性的特殊认识而确立了心性价值取向，形成了内外兼修、动静相宜、刚柔并济的独特面貌，因而在价值路径、表现形式等方面与古希腊体育和西方现代体育大相径庭，却又独树一帜。

第一节　仁礼：我国古代体育的伦理社会基础

自秦朝起，我国古代社会一直保持着中央高度集权的政治形态和简单再生产的小农经济形态，这是古代价值体系构建和完善的重要成因和现实基础。基于此，根源于王权文化的儒家学说吸收了夏商周以来的宗法思想和礼乐制度中的有利因素，建构了以“仁礼”为价值原则的思想体系，并通过政治伦理主导下的一套教化机制培养社会精英。偏重于政治伦理的人事教化内容对我国古代体育的影响：一方面强化了体育的伦理性，另一方面又造成了体育的闭塞性和松散性，在较长的历史时期内抑制了我国古代体育的发展。

一、仁礼价值原则的确立

在我国早期的氏族社会中，“礼”主要是指祭祀祈福的仪式和器具，与原始巫术、宗教信仰、祖先崇拜等互为表里。经过夏、商、周朝代的发展，“礼”逐渐扩大到人们生产生活的各个方面，成为政治活动、军事活动、宗教祭祀、文化教育、社会生活等普遍的行为规范，并和“乐”共同构成了王权统治的制度之一。一般认为，礼乐制度与宗法制、分封制、井田制是周朝初期建立的根本制度，兼有内容与形式的“礼乐”形成了周朝等级森严的礼乐制度文化，发挥着价值原则和价值规范的作用。不过，随着“礼乐”制度的仪式规定越来越细，其本身承载的精神意义却在减损。余英时根据雅斯培关于“轴心时代”和“轴心突破”的观点，认为以儒、墨、道为主的三家学派都对夏商周以来的“礼乐”传统有较多不满，且以哲学的思维对之进行了改造，这是我国历史上的“轴心时代”的“轴心突破”①。其中，由孔子创始，并由孟子、荀子进一步发展的儒家学派从“仁”出发改造“礼”，建构了一个足以调整小至家庭、大至国家的多重多维关系的庞大的价值体系。

什么是“仁”呢？根据《论语》的记载，颜渊、仲弓、司马牛、樊迟等人都曾问过孔子这个问题，孔子却根据具体的情境和不同的人给出了无一重复的答案。这是因为孔子不仅知晓因人而异，还知晓人有各种各样的需求，处在多重多维的社会关系中，必然会遇到多种价值的相遇和冲突，价值选择和价值评价都是非常现实的问题。比如，在富与贵的问题上，孔子强调：“富与贵，是人之所欲也；不以其道得之，不处也。贫与贱，是人之所恶也；不以其道得之，不去也。”②在义、利之间，虽然孔子不排斥人们追求利，但他告诉人们要“义然后取”，也就是说该取的时候才能去取。那人在什么情况下才该取利呢？这就要符合“仁”的要求了。即使生命与“仁”发生了冲突，也要“杀身成仁”“舍生取义”。荀子延续了儒家重义轻利的思想，指出：“先义而后利者荣，先利而后义者辱。荣者常通，辱者常穷。”③因此，“仁”不是空洞无物的抽象的概念，而是可教人随时随地地作出价值选择、价值判断的价值原则。

孔子把“孝”作为“仁之本”，因为在人的所有情感中，最要紧的、最根本的是孝和悌，它们出自父母、子女、兄弟、姐妹之间的无法取代的至真情感。孔子强化“孝”这一自然情感是一种极为有效的心理暗示，使“仁”更能在人们心理上产生一种普遍的价值认同，使所有人的价值参与和价值实现具备现实的可能，李泽厚对此评论道：“孔子没有把人的情感心理引导向外在的崇拜对象或神秘境界，而是把它消融满足在以亲子关系为核心的人与人的世间关系之中，使构成宗教三要素的观念、情感和仪式统统围绕和沉浸在这一世俗伦理和日常心理的

---

① 余英时.论天人之际：中国古代思想起源试探[M].台北：联经出版事业股份有限公司，2014：22.

② 《论语·里仁》

③ 《荀子·荣辱》

综合统一体中，而不必去建立另外的神学信仰大厦。"[①]梁漱溟也曾说道："孝弟实在是孔教唯一重要的提倡。他这也没有别的意思，不过他要让人作他那种富情感的生活，自然要从情感发端的地方下手罢了。"[②]因此，儒家的"仁之本"实在是一个让人无法拒绝和否定的价值设定。

以"孝"为本的"仁"不仅是对个人道德修养的要求，还是实现"仁政"国家的基础。相较之下，墨家倡导的"兼爱"是"兼以易别"，即在抛弃"己身""己家""己国"观念的前提下，所有社会成员之间平等、无差别的"爱"；而儒家之"仁"是缘于血缘至亲的"仁"，是有亲疏远近的"仁"，是有阶级等差的"仁"，君臣、父子、嫡庶、亲疏之间的位序不能错半分，这是因为儒家的"己身""己家""己国"本来就是与"他身""他家""他国"相对的[③]。也许墨家倡导的所有社会成员之间平等、无差别的"兼爱"之所以没能撼动"仁礼"关系的地位，便在于"兼爱"与自古以来的宗法制度不相融，而儒家学说中个人价值和社会价值通过"仁"融通，能够有效地巩固以血缘为纽带形成的政治结构，反过来，这样一种政治结构又促成了儒家学说不断上升的统治学说地位。

那么，"仁"价值实现的路径或载体是什么呢？儒家认为通过"礼"来完成，"夫礼，辨贵贱，序亲疏，裁群物，制庶事"[④]。用"礼"来规约人是由孔子所处的时代决定的，孔子生活的春秋时期，是周王朝摇摇欲坠、诸侯国暴力扩张的历史时期，人们在心理上和思想上无所依归，对礼仪法度不再遵从，面对种种社会乱象，孔子非常不安和不满，他对季氏"八佾舞于庭"的行为表达出了"是可忍也，孰不可忍也"的愤怒，也体现出了他维护、继承周礼的思想。因此，孔子认为"不知礼，无以立也"[⑤]"民之于仁也，甚于水火"[⑥]。可是"礼"又是什么呢？难道仅仅是玉帛那样的礼物，或者是钟鼓等乐器吗？显然不是，在儒家那里，"礼"是人们的行为规范，是"经国家、定社稷、序民人、利后嗣者也"[⑦]的价值准则，也就是说，大到祭天祭祖的仪式，小到家庭生活中长幼的日常问候，人的一言一行都要受到"礼"的规制。"礼"根本的价值指向在于社会群体所认可和遵循的制度体系的构建和调适，但它又是根乎人心调节人心的。儒家认为之所以会出现"礼

---

① 李泽厚.中国古代思想史论[M].北京：生活·读书·新知三联书店，2008：16.

② 梁漱溟.东西文化及其哲学[M].上海：上海人民出版社，2014：143.

③ 梁启超.梁启超论诸子百家[M].北京：商务印书馆，2012：151.

④ 《资治通鉴·周纪一》

⑤ 《论语·尧曰》

⑥ 《论语·卫灵公》

⑦ 《左传·隐公十一年》

崩乐坏”的社会状况，就是因为没有“仁”，“人而不仁，如礼何？人而不仁，如乐何”，也就是说，只有外在的规范约束，而无内心的价值或信仰，也是没有用的。

“仁”和“礼”二者的关系是价值内核与行为规范的关系，共同在维系家国秩序中发挥作用，“仁礼”之下，“人们要根据规范性传统中的文明习惯来安排行动，这是‘仁’的基本要求；通过‘礼’使人们的‘仁’显现出来，这是在现实生活中实现‘礼’的唯一途径”①。孔子为“礼”增加了“仁”的内核，这是比周朝礼乐制度进步的地方，“正是这种不言自明的权威性律令由外在的礼乐转向内在的情感，古代思想世界中的神秘意味开始淡去，而道德色彩开始凸显，中国思想史就完成了它的一个最重要的转变过程，从孔子儒家的这些思想中萌生出来的，是一个依赖于情感和人性来实现社会秩序、建立国家的学说”②。

自孔子把“仁”与“礼”结合在一起之后，孟子主要从人性论发展了“仁”的内涵，认为人人都有的“四端”（恻隐之心、羞恶之心、恭敬之心、是非之心）和仁义礼智都是先天存在的；另外，孟子通过“亲亲”“仁民”“爱物”阐述了“仁”的“爱之情由浓至淡、由厚渐薄”和“爱之迫切由先到后、由急至缓”的双重意义③，此后人们由近及远、由亲至疏施以“仁”的思想大多源于此，“仁”的功利性和差别性显而易见。荀子则综合了儒家和法家的思想，把“礼”和“法”结合在一起，克服了孔子重德轻刑、法家重刑否德的缺陷，认为应当礼法并重。但荀子保留了“礼”的思想，他说“故人无礼则不生，事无礼则不成，国家无礼则不宁”④，凡是政治制度、道德规范、法律规范、风俗习惯等一切大小事务都在“礼”的范畴之内。不仅如此，荀子还把封建阶级的各个社会阶层、所有社会成员都纳入“礼”进行约束，加强了“礼”的外在强制性，又通过“礼者，贵贱有等，长幼有差，贫富轻重皆有称者也”⑤确定了人的差别，“礼”成为使人安分守己的合法工具。

儒家为我国传统社会制定了“仁礼”这样一个内省与外铄连通的普遍价值原则，确立了个人价值和社会价值规范的连接点，更加符合封建统治阶级的期望和要求，同时决定了政治学说和道德学说在我国古代价值体系中的主体地位，也决定了政治伦理与家庭伦理、个人价值与社会价值之间浑然一体的必然趋势，从而为传统社会家国同构奠定了坚实的理论基础，这可真算得上是“轴心突破”的一大创举。实际上，后世也没有停止过对儒家学说的改造，“由孔子到

---

① 本杰明·史华兹．古代中国的思想世界[M]．程钢，译．南京：江苏人民出版社，2014：102.

② 葛兆光．古代中国文化讲义[M]．上海：复旦大学出版社，2006：52—53.

③ 魏义霞．仁：在孔子与孟子之间[J]．社会科学战线，2005(2)：49—54.

④ 《荀子·修身》

⑤ 《荀子·富国》

孟子，又由孟子到荀子，儒家学说一直沿着有利于实现宗法一体化结构的方向推进，其伦理、行为结构不断向着有为和现实主义方向发展”①，尤其是以董仲舒和宋明理学为代表的改造，尽管现在看来这些改造已经有违孔子的本意，也给我国古代价值体系注入了一些较为极端的元素，但是历史又证明这些改造在当时的政局下是极其适用的。

二、仁礼价值原则对我国古代体育的影响

我国古代体育早在夏商时期就已是学校教育的主要内容，那时学习射箭的场所叫作“序”；在西周，男孩子 15 岁时开始学习武舞和射箭、驾车。受战争的直接促动，我国古代体育较早地发展了军事训练项目。到春秋战国时，跑、跳、投掷等训练和应用已较为常见，如魏国选拔武卒时要求候选者“衣三属之甲，操十二石之弩，负矢五十个，置戈其上，冠胄带剑，赢三日之粮，日中而趋百里”②；先秦法家的代表管仲用昼行、夜行、行水、行林、行陂、行泽、行陆、行山等项目训练士兵的奔跑能力，以“教其足以进退之度”③；为了适应战车的作战要求，士兵的跳跃能力也备受重视，已有逾高、曲踊、距跃、绝远、超距、超乘等多个跳跃名目④；投掷也是士兵力量性练习的项目，如投石、飞石索和抛石球等。

不过，增强身体能力用于战事只是我国古代体育的一种表现，体育位列教育之内，自夏商时初见雏形到周朝趋于完备，奠定了体育归于教化的根基。在奴隶社会，政治资源、经济资源、文化资源等都由奴隶主贵族掌控，西周的教育也由贵族阶级垄断，被称为“学在王官”，所教内容为《周礼·保氏》中所记载的“……养国子以道，乃教之六艺：一曰五礼，二曰六乐，三曰五射，四曰五御，五曰六书，六曰九数”，通常称为“六艺”。“国之大事，在祀与戎”⑤，作为体育内容的乐、射和御均与当时的战争需要有关。西周的教育对象除了贵族子弟外还有“国人”，“国人”是春秋时出现的一个特殊社会群体，“他们世代当兵，不事生产，唯一的任务就是从军作战”⑥，因负有保卫政权的责任，他们同贵族一样享有受

① 金观涛，刘青峰．兴盛与危机：论中国封建社会的超稳定结构[M]．长沙：湖南人民出版社，1984：256．

② 《荀子·议兵》

③ 《管子·兵法》

④ 杨向东．中国古代体育文化史[M]．天津：天津人民出版社，2000：20．

⑤ 《左传·成公十三年》

⑥ 《中国军事史》编写组．中国历代军事制度[M]．2 版．北京：解放军出版社，2006：57．

教育权利，庶人和奴隶则无权接受教育。

“射御足力则贤”①是乐、射和御成为西周教育体系主体内容的另一个重要原因，以武选士是奴隶社会选贤任能和参加国家重大活动的主要考核和选拔内容，是否掌握射和御的技能是阶级划分的重要标准。如周朝在重大的祭祀活动前先举行射礼，规定射中者才有资格参加祭祀；天子、诸侯和卿大夫均可以射选位于其下的贤能之人②。贵族、士等在招待贵宾、宴饮和乡学中也举行射礼，一般分为“戒宾”“示射”“竞射”和跳“弓矢舞”四个环节，参加者须严格遵守每个环节的礼制。《礼记》记载，“古者诸侯之射也，必先行燕礼；卿、大夫、士之射也，必先行乡饮酒之礼。故燕礼者，所以明君臣之义也；乡饮酒之礼者，所以明长幼之序也”③，周朝的射礼是“明君臣之义”和“明长幼之序”的活动。

从周朝的射礼中可以得知，夏商周不断完善的礼乐制度很早就赋予了体育较强的教化功能，而力求全面发展、以礼乐为中心的教育体系初现了我国古代礼、乐、刑、政合于教化的整体面貌，正如《礼记·乐记》中指出的“故礼以道其志，乐以和其声，政以一其行，刑以防其奸。礼、乐、刑、政，其极一也，所以同民心而出治道也”。因此，我国奴隶社会虽盛行尚武之风，却较早地发展了以礼乐为中心的教化思想。深受周朝教化的孔子虽以力大、善射和执御闻名，但他从不炫耀武力，而是多次讲“勇而无礼则乱”④。在孔子看来，勇固然重要，却不能偏离“志于道，据于德，依于仁，游于艺”的宗旨。

上述只反映了“仁礼”影响我国古代体育发展的开端，更为深远的影响是在秦汉一统后，经由隋唐开创的我国古代社会的教化系统与科举制度、官僚制度相互补益，通过塑造或培养符合政治伦理价值体系的社会精英阶层排挤了体育在教育中的地位。官学和私学中无不以儒家理论为核心内容。纵观汉唐之后历代官学传授的科目，无不围绕儒学经典大做文章，以唐朝国子学、太学、四门学所教授的经学为例，《周易》《尚书》《周礼》《仪礼》《礼记》《毛诗》《春秋左氏传》《公羊传》《穀梁传》各为一经，兼习《孝经》《论语》和《道德经》⑤。私学主要指以化民成俗为功能的“庠”“序”“塾”等，经过发展，私学的名称多有变化，但其功能仍是传授儒家道义，是谓“乡曰庠，里曰序。庠者庠礼仪，序者序长幼也。……古者教民者，里皆有师，里中之老有道德者为里右师，其次为左师，教里中之子

① 《国语·晋语》
② 崔乐泉，杨向东．中国体育思想史：古代卷[M]．北京：首都师范大学出版社，2008：18.
③ 《礼记·射义》
④ 《论语·泰伯》
⑤ 孙培青．中国教育史[M]．3版．上海：华东师范大学出版社，2009：164.

弟以道艺、孝悌、仁义"①。

官学与私学教授的内容总是与选官用官制度的科举制度相适应的。科举考试科目虽先后有所变化,但都以儒学经典为中心内容,明代的八股文就是"……以四书、五经为写作的旨归,以四书义,经义的科目考试来对应试的士子加以衡量"②,发展至明代后期,八股文已成高度程式化的考试文体。科举考试内容仍以四书、五经等儒家经典为核心,后来朱熹的《四书章句集注》、代表儒家的程朱理学都成为科举的标准教材和解经依据③。在科举制度的晚期,学校教育与科举呈一体化进程,清朝在遵循明制的基础上,建立了一套从蒙学教育到科举考试的制度体系,童生、生员、监生、贡生等各级考试逐级升高,每一级都按照科举序列进行教学安排,学生"……一开始就要学做八股程文,一开蒙便是直应未来的科举考试"④。

科举制度对我国文化生命体的特点、延续与发展的意义之一在于使社会价值高度一体化。"只有按照统治阶级钦定的儒家经典所主导的价值规范来应试的人,才能获得功名地位,这就使得士人为应试而浸淫于儒家经典的过程,自然成为中国知识分子学习以儒学为立身行事的标准的社会化(Socialization)过程"⑤。以宋朝为例,从宋太祖"杯酒释兵权"防止武人干政,宋太宗、宋真宗实施"文治",到宋仁宗时"皇帝与士大夫共治天下",文人地位空前提高。"文治天下"背景下的官僚政治中,官僚和士绅充当了重文举轻武举的推手。在我国古代社会中,官僚和士绅具有绝对的政治、经济、文化、教育等领域的垄断地位,他们深受儒学浸染,又身体力行地鼓吹儒学道义,充当了"……纲常伦纪的卫道士、推行者和代表人"⑥,使更多意欲进入官僚和士绅阶层的人甘于皓首穷经。因此,只要经济基础不发生根本性变革,以文举为直接目的的学习就会持续发挥统摄作用,人们不需要为自己的人生进行自我定向就自觉地朝着这个方向去实施自己的行为,形成了一种世代相传的价值思维。

反观历史上体育数度受统治者重视,均与朝代更迭或时局动荡直接相关,并严重受到统治阶层对文、武的政策影响。从武举制的创设和演变来看,唐初为改柔弱民风和巩固边防而实施府兵制,大力奖励军功,使贵族和民间都以习

---

① 《白虎通·论庠序之学》

② 王凯旋.中国科举制度史[M].沈阳:万卷出版公司,2012:202.

③ 王凯旋.中国科举制度史[M].沈阳:万卷出版公司,2012:198—199.

④ 王凯旋.中国科举制度史[M].沈阳:万卷出版公司,2012:298.

⑤ 萧功秦.从科举制度的废除看近代以来的文化断裂[J].战略与管理,1996(4):11—17.

⑥ 张仲礼.中国绅士研究[M].上海:上海人民出版社,2008:导言一1.

武从军为荣；武则天首设武举，经地方或军队举荐的应试者先参加州府举办的射箭、马枪、翘关、举重等科目考试，身高、相貌、谈吐等也在考察之列，通过者参加兵部主持的省试并合格的才能具备为官资格，这从制度上促进了我国古代体育的发展。宋朝武举制分有解试、省试和殿试三级，并设文、武两类考试内容，先考弓马（步射和骑射），通过者参加策论考试，即策问（为提高武举的军事理论水平），内容包括由《孙子兵法》《吴子兵法》《司马法》《尉缭子》《黄石公三略》《六韬》和《唐太宗李卫公问对》七本武学经典汇编的《武经七书》；为应武举之需，宋朝于1043年正式设置武学，并设“上、内、外三舍”学制与春秋各一试的补降办法和考选升贡制度，与武举一起形成了较为健全的培养、考试机制。到明朝时，武学设在“卫”内，先后有卫儒学、京卫武学和三镇武学，但均规定只教授武官子弟，以造就文韬武略之才，所学内容也是经学典籍多于军事理论和军事技能。清朝武举制分为童试、乡试、会试和殿试四级，因偏重外场的武技考试，其中的内场（理论测试）逐渐流于形式，至嘉庆年间，理论测试仅需默写《武经七书》百余字不出错即可合格。

从唐宋明清武举制的发展来看，自702年至1901年的近1 200年间，体育徘徊在时局动荡时兴、时局稳定时衰的周期之中，武举为官难以撼动“仁礼”统治之下的文举入仕功名观的统治地位，各个朝代轻视、反对武举的文人墨客大有人在，经他们编纂的史书也以武举“其选用之法不足道”的心态寥寥数笔记载了事[①]。由于普遍存在的“宁愿做最低等的哲学家（即儒生），也不愿做最高等的武官”心态作祟[②]，时兴时衰的我国古代体育没能从根本上改变文弱书生遍地的整体面貌。从武举科目上来看，唐朝侧重武考科目，宋朝加考武经，明朝趋重经学，清朝尤重武技，历代统治者从有利于中央集权统治出发，没有跳出政治伦理框架发展体育，是我国古代体育的一大弊端。

第二节　天人：我国古代体育的价值之源

我国古代体育虽在官学和私学中一度受到挤压，却没有就此停滞不前。得益于我国古代覆盖全社会的教化系统，得益于先秦诸子学说奠定的广博理论根基，在“天人”价值之源的影响下，我国古代体育以顺时而动的方法、和谐融通的

---

① 《新唐书·选举制》

② 金诤.科举制度与中国文化[M].上海：上海人民出版社，1990：212.

内容、技进乎道的目标展现出有别于西方体育的独特景象，成为我国特有的体育文化模式。

一、天人价值之源的确立

在早期氏族部落和奴隶社会时期，祭祀是国家政权的一个重要组成部分，“绝地通天”只是统治者的专权，王是“天”与“人”中间的唯一中介者，具有远超出常人的特殊权力——对“天命”的上传下达。在讨伐他人时，王也假说是替天行道，如启在讨伐有扈氏前的出征仪式上宣称“天用剿绝其命，今予惟恭行天之罚”①，以求师出有名。周王继承了夏商的神权思想，提出“以德配天，明德慎罚”，把“天”与“德”联系在一起。到了春秋时期，政治的动荡和社会的纷乱使人们开始质疑“天”的权威性，麻天祥说：“天神的神圣威严扫地以尽，西周的天命观发生了根本的动摇。”②辩证地看，正是这种渐趋普遍的疑天思想促使先秦时期的知识分子（士）承担起重塑“天”的威望的历史使命，毕竟在生产力落后和动荡不安的社会中，人们不可能完全丧失对“天”的想象、敬畏和依赖心理。基于这样一个文化背景，先秦时期的哲学家在重点解决“人事”之外，还有一个较为共同的思想倾向，就是为他们的政治学说和道德学说寻找一个终极根据和来源，自古以来被人们所崇敬和畏惧的“天”很好地承担了这一角色。经过诸子百家多方面的阐释，“天”不仅成为世界的最高主宰、万事万物的合法根据，更重要的是“天”具有了价值之源和价值秩序裁决者的文化内涵，“究天人之际”也成为我国古代哲学不变的主题。

在《论语》多数篇章中都可见到孔子对“天”的论述，如君子与小人的区别可以通过对“天命”“大人”“圣人”的态度上来辨别。“君子有三畏：畏天命，畏大人，畏圣人之言。小人不知天命而不畏也，狎大人，侮圣人之言”③。孔子没有直接说“天命”是什么，既然“天生德于予”，人们就应对“天”怀有敬畏之心，因为“唯天为大，唯尧则之”。可以推测，孔子从不怀疑“天”的至高无上性，但他主张人不要过于研究“天”，应该“知天”“则天”。如果说孔子的“天”与“人”还是相对独立的关系，孟子肯定了“天”作为价值源头特殊地位的思想则是非常明确的。他通过“天”和“性”的结合把“天”和“人”的价值属性联结在一起。首先，孟子把

① 《尚书·甘誓》
② 麻天祥．中国宗教哲学史[M]．北京：人民出版社，2006：120.
③ 《论语·季氏》

人的最基本的价值原则“仁义忠信”看作“天”授予或赐予的，他说：“仁义忠信，乐善不倦，此天爵也。”[①]“天”在价值层级上就比“人”高出一等。其次，孟子开创性地把人之“四端”的先天存在视为各种价值的存在基础，因此要遵循和发扬“人性”先天存在的价值，“尽心知性知天”和“存心养性事天”。《中庸》进一步指出“天命之谓性”，确定了“人性”和“天命”的直接隶属关系，以及“人性”与“天性”合一的理论可能，“天性”成为一种合理性存在。

儒家对“天”与“人”的认识有一个从隐晦到显明的脉络，墨家的“法天”思想从一开始就是坚定的，“天之志者，义之经也”[②]。因此，“天之所欲则为之，天所不欲则止”[③]。人应按照“天”的意愿行事，以“天”作为价值尺度和价值判断的裁决者。就墨家而言，“兼相爱”是对人们的道德要求，“交相利”是人们的行为内容和结果，二者共同构成了墨家价值体系的基础。“爱”和“利”从何而来？“天欲人相爱相利，而不欲人相恶相贼”[④]，“墨子从对人的理解中，推演出天的观念，意在把天说成兼爱原则的终极担保者”[⑤]。但是，墨子一方面主张各国平等、人无贵贱，他说“今天下无大小国，皆天之邑也。人无幼长贵贱，皆天之臣也”[⑥]，一方面又说“天”会庇佑那些“利”人的人，“利”是百姓的衣食，是国家的财富，是能够满足人们需要的一切物质和精神。其中，最基本的“利”应是百姓的衣食，即满足生存的物质条件，如果统治者连这个基本条件都无法提供，导致百姓饥寒交迫、社会动荡不安、国家战乱频频，那么，“天”就立那些“利”人的人为天子，“其利人多，故天福之，使立为天子，天下诸侯皆宾事之”[⑦]。这里，“天”又成了王权的护身符和授予者，以“天”之名可以行使对臣民的统治。

道家独到的“尊天”思想与其他学派大不一样。“道大，天大，地大，人亦大。域中有四大，而人居其一焉。人法地，地法天，天法道，道法自然”[⑧]。道家承认了“人”的存在价值，人们（特别是君王）的一切行为都要符合这个价值层级的要求。道家主张“常无为而无不为”，进入一种“为”和“不为”的辩证关系，排斥过度的违背自然法则的人为，“天之道，利而不害；圣人之道，为而不争”[⑨]，仍然是一种“法天”思想。“人非天地不生，天地非人不灵”[⑩]更加肯定了“人”的价值

---

① 《孟子·告子上》

② 《墨子·天志下》

③④⑥⑦ 《墨子·法仪》

⑤ 宋志明.墨子人天学新探[J].中国哲学史，2009(4)：72—78.

⑧ 《道德经》

⑨ 《道德经》

⑩ 《达性论》

性，同时又强调“天”的本源性：“天降朕以德，示朕以默。躬身求之，乃今也得”[①]，德是“天”降予到人身上的。庄子则更加强调自然天性的发挥，最好像水那样“纯粹而不杂，静一而不变，淡而无为，动而以天行”[②]，意图达到一种自由、宁静、淡泊的境界。

以儒、墨、道为代表的诸子百家不约而同地用“天”来解释关于人的伦理道德和治国理政的思想，或者说在对人的价值规范的研究中追溯“天”的意义，将“天”与“人”结合起来，赋予了“天”世界本原的本体意义和价值之源的价值意义，既代表了古代哲人对世界的根本认识和态度，也从根本上解决了调整人们社会关系的诸多价值规范的来源，或者说是在这些具体的价值内容、价值目标、价值规范之上设立了一个起着根本指导作用的价值源头，具有终极意义上的权威性和关怀性。尽管此后的哲学家曾经对“天”这一价值源头进行了多次改造，先后出现过以“道”“无”“气”“理”“心”等为世界本原的论说，但赵馥洁评论说：“中国传统哲学中标志本体的范畴无一不具有价值内涵，无一不是万物根源与价值渊源、宇宙本体与价值至境的融通合一。这种合一，是本体价值化和价值本体化的结果。”[③]

就我国古代的价值体系而言，诸子百家塑造了“天”这样一个极其成功的具有终极意义的价值源头，“天”之下的世界万物都有价值成为我国古代“泛价值观”的来源。用一则故事也可说明我国古代价值泛化的观念：据传有沈氏兄弟二人，兄为沈仲仁，弟为沈仲义，二人同朝为官，却为家产反目成仇，争讼于衙门，得判词后羞愧难当，重归于好。该判词如下：

> 鹁鸪呼雏，乌鸦反哺，仁也；鹿得草而鸣其群，蜂见花而集其众，义也；羊羔跪乳，马不欺母，礼也；蜘蛛结网以求食，蝼蚁塞穴而避水，智也；鸡非晓而不鸣，雁非社而不移，信也。禽兽而有五常，人为万物之灵，岂无一得？兄通万卷，全无教弟之才；弟掌六科，岂有伤兄之理？仲仁，仁而不仁！仲义，义而不义！过而能改，再思可也。兄弟同胞一母生，祖宗遗业何须争？一番相见一番老，人生何时为弟兄？[④]

在我国古代哲人那里，四季之变化，方位之迁移，生命之存续都在价值之内，朱熹的弟子陈淳说：“人性之有仁义礼智，只是天地元亨利贞之理。仁在天

① 《庄子·在宥》
② 《庄子·刻意》
③ 赵馥洁.中国传统哲学价值论[M].北京：人民出版社，2009：367.
④ 该故事具体出处无考，但在民间广为流传，常用来教育子女。该故事以动物的仁义礼智信喻人的道德，正说明了古代寓价值于万物的价值观。

为元，于时为春。……礼在天为亨，于时为夏。……义在天为利，于时为秋。……智在天为贞，于时为冬。"①不仅如此，五行之金、木、水、火、土，甚至肝、心、肺、肾、脾五脏也都分别与仁、义、礼、智、信相配。因为自然的世界和人的世界都是有价值的，或说一切存在都被价值化了，所以才会有张载的"民吾同胞，物吾与也"②之说。

董仲舒是"天人"关系的集大成者，他在《春秋繁露》中说"天，仁也""人之受命于天也，取仁于天而仁也"，又说："天有阴阳，人亦有阴阳，天地之阴气起，而人之阴气应之而起，人之阴气起，而天地之阴气亦宜应之而起，其道一也。"既然天、人同质同类同道，那么，人的所思所想所行应当循天之道。简而言之，从"天道远，人道迩"③到"天人道一"，提升人的主体性、为人事设定价值根源和价值秩序是古人研究"天人"关系的全部根由，而合礼乐政刑于一体的我国古代教化自当循天之道。

二、天人之内的我国古代体育意象

我国古代哲人由对"天人"关系的沉思衍生出"顺天""应天""制天"等不同的"天人"关系论，但"在古代中国的知识、思想与信仰世界中，'天'这种被确立的终极依据始终没有变化"④。其中，占主流的"天人合一"观既是古代伦理道德和政治学说的缘起和根据，又成为后世对人与自然关系的重要理论渊源，是我国古代关于人的一切认识的根源。人与天合的思想由来已久，多被认为是古时以农耕为主的生产生活方式决定了对天的顺应，如《尚书》中记载"历象日月星辰，敬授人时"⑤，劳作耕种均需顺时而动；《管子》也说"人与天调，然后天地之美生"⑥，意思是人要与天协调才会产生美好的事物。此处用《中庸》中的一句话来概括"天人合一"观，即"致中和，天地位焉，万物育焉"，我国古人关于体育的思想和实践也尽在"天人"这一根本秩序中，而我国古代体育便是在人与天合的深邃意义中逐步展开的。

首先，我国古代体育在方法上讲求顺时而动。据庄子记述，孔子带弟子到

① 《北溪字义》

② 《西铭》

③ 《左传·昭公十八年》

④ 葛兆光.中国思想史：导论　思想史的写法[M].上海：复旦大学出版社，2001：47.

⑤ 《尚书·虞书·尧典》

⑥ 《管子·五行》

吕梁游览，路遇一男子在瀑布湍流中游泳，便问有何方法，该男子回答说“与齐俱入，与汩偕出，从水之道而不为私焉。此吾所以蹈之也”[①]，意思是游泳的方法只是顺水流或上或下，不抗拒而已。该记载反映出我国古代体育的一个基本原则，即人要顺应天地运行等自然规律才能有所作为。对水势的认知只是古人对天认知的冰山一角，较为系统阐述自然规律的当属阴阳五行说。阴阳本来指阳光向背引起的自然现象，“向日为阳”“背日为阴”，经过哲学家的不断引申和演绎，阴阳概指一切事物在运动发展过程中的对立统一，即“一阴一阳之谓道”[②]。五行，即水、火、木、金、土，是自然界中的五种物质，是古人朴素的自然观。战国时期驺衍创立的“五德终始说”把五行纳入“天命”“天意”体系，汉代董仲舒讲求“五行相生”，并与阴阳说结合，进一步突出了五行的政治化和伦理化，[③]“天地之气，合而为一，分为阴阳，判为四时，列为五行”完成了阴阳五行说的架构[④]。

阴阳五行说是我国古人天人合一观的重要内容，《黄帝内经》中就有“和于阴阳，调于四时”“法则天地”“逆从阴阳”的说法[⑤]，我国古人重视天地、日月、季节、时辰之变换对体育的影响，就是对阴阳五行说的具体实践。如武当太乙门寒山内功七式意指阴阳气脉交注，专主修持锻炼人体十二正经及任督二脉，其中掌托日月（开手太阴肺经，足太阴脾经）、卷翅斜飞（开手少阴心经，足少阴肾经）和展翅冲霄（开手厥阴心包经，足厥阴肝经）为动式，应在早上练习；通天彻地（开手少阳三焦经，足少阳胆经）、手掐太极（开手太阳小肠经，足太阳膀胱经）和玉鉴杨明（开手阳明大肠经，足阳明胃经）为静式，应在午后练习；丹凤朝阳（开任脉）只能在早上面东向阳而练，鹤眠拜斗（开督脉）只能在夜晚面北而练。又如，古人不主张子午时分大动，原因是子午正是阴阳交接之时，极盛极衰之际，体内气血阴阳极不平衡，应以静卧方式待气血恢复、阴阳平衡后再进行活动。

其次，我国古代体育在内容上讲究和谐融通。太极拳是集中表达我国古代体育和谐融通的一种体育形式，其基本要领是静心用意，呼吸自然，中正安舒，柔和缓慢，动作如行云流水，连绵不断，弧形运动，圆活完整，连贯协调，虚实分

---

① 《庄子·达生》
② 《周易·系辞上》
③ 方潇.天学与法律：天学视域下中国古代法律“则天”之本源路径及其意义探究[M].北京：北京大学出版社，2014：130—134.
④ 《春秋繁露·五行相生》
⑤ 《黄帝内经·素问·上古天真论》

明，轻灵沉着，刚柔相济，“始终贯穿着自然、轻松、圆活、协调、匀称、平缓、和谐、连贯的主线”①，给人一种刚柔并济、大道至简之感，堪称我国古代体育中的一朵奇葩。可见，天地万物相互贯通，互为依凭，而顺应自然、效法自然和融于自然的思想，不仅对我国古代体育产生了至深影响，还成了现代生态体育研究中“人—社会—自然”和谐共生关系的主要理论渊源。

受天人合一的启示，我国武术崇尚“师万物，法天地，从自然的生化衍变现象中获得灵感和启迪”②。长期以来，我国古人在生产生活中从观察到的动物身上摸索四肢、躯干、声音等活动规律，用以创作各种武术动作，形成了许多以动物命名的拳术等，如猴拳、白鹤拳、螳螂拳、鹰爪拳等，少林五拳也取法于虎、豹、鹤、龙、蛇五种动物。除动物外，日月星辰、江河湖海、一草一木都能赋予武术灵感，闻名遐迩的长拳十二形“动如涛、静如岳、起如猿、落如鹊、站如松、立如鸡、转如轮、折如弓、快如风、缓如鹰、轻如叶、重如铁”，以及八卦连环掌的每一式，如“倚马问路”“叶底藏花”“鸿雁出群”等，都与世间万物相依相连。可以说，以自然本能之状态谋人活动之规律使我国古代体育极富个性和特色。根据戴国斌的研究，我国武术的仿生学生产有两个方面，一是武术效仿动物动作等产生新的活动形式的象形性生产，二是武术推进动物意象的身体化和人格化的会意性生产③。前者构筑了我国武术的内容，后者填充了武术的意境，因而，除了方法和内容上的别具一格之外，我国古代体育还在目标上有异于其他体育形态。

最后，我国古代体育在目标上追求技进于道。在刚劲雄健之上增加美的元素，突破竞技运动的形式朝向舞乐方向发展是我国古代体育对“道”的一种理解。周文王时，武士常操练“击刺之法”以用于军事；周武王时，“武王作乐，象而为舞，号其乐曰象舞”，“击刺之法”与象形结合为“象舞”；至周成王时，象舞可以“奏之于庙”，并要求男孩子到十五岁时就要学习象舞，谓之“成童，舞象，学射御”④。象舞从竞技变为舞蹈，又进而成为周朝的教育内容，“……是礼乐文化语境中的政治伦理教育的艺术符号，是对人自身能力和权威的礼赞和颂扬，是对此岸的生动的、感性直观的、现实生活的象征、模拟和抽象”⑤。郭沫若曾指

① 杨建英.武术传统中的自然生态剖析[J].武汉体育学院学报，2012，46(12)：63—67.

② 郑旭旭.中国武术导论[M].北京：高等教育出版社，2010：63.

③ 戴国斌.武术的仿生性生产[J].上海体育学院学报，2009，33(6)：6—10+29.

④ 《礼记·内则》

⑤ 林海.先秦乐舞的美学探视：以《万舞》与《象舞》为个案的研究[J].北京舞蹈学院学报，2014(2)：86—88.

出“象舞”是“武舞”的一种，武舞是从我国古代战场攻伐中演变而来的，在祭祀、庆典等中举行的舞蹈，舞者常执兵器，伴有乐和诗，周朝用于宗庙之乐的“六乐”（《云门》《大章》《大韶》《大夏》《大护》和《大武》）中的《大护》和《大武》即属于武舞。“武舞”不以竞技取胜为目标，而以礼乐教化为目的，正代表了我国古代体育从形到意、从体到美的升华过程和从武治到文治的转变过程，体现了古人对意象化世界的追寻。

盛行已久的舞龙舞狮是上述观点的另一个有力佐证。舞龙舞狮不仅要求舞者具有较好的体能和技术，还要求舞者必须具备较高的艺术表现力、创造力和审美力，在与乐器演奏的配合中，较好地表现龙、狮的喜、怒、醉、睡、醒、动、静、惊、怕、疑、寻、探、望、戏以及翻、滚、卧、闪、腾、扑、跃、跳等不同神态或动作。可以说，我国古代体育在不断的演化进程中融入了较多的宗教、图腾、伦理和审美意象，“技”与“艺”的结合大大消解了我国古人对竞技的执着情感，而转向对美的追求，这种对龙、狮形美和神美的认识和追求也正是建立在“天人”关系基础之上的。

我国古代体育对道的追求还突出地表现在武术对技击的超越上。在各门各派的武术基本功中，手法、掌法、步法、腿法等都有严格的套路，但当熟练掌握这些基本技术后，便可不受套路限制，如八卦掌以手掌变换和步行走转为主，当习练至一定程度后，能以意领掌法和步法，达到出神入化的境界；又如形意拳，最高境界是“拳无拳，意无意，无意之中有真意”的超越状态①。超越技击技术追求道的武术是不计较胜负得失这些现实的、具体的利益的，超越现实的意义不是对人的否定，“尽管生命意义和意味不等于生命，但生命意义和意味却只能在这生命中。生命意味在于超越此有限的个体生命，而不在否定这生命”②。我国古代体育在模仿动物的过程中追求人与自然的和谐共生，在天地之间的呼吸吐纳中追求与天合一的境界，这已然超出了人的生物需求，也超出了自然之天的范畴，更多的是对主宰之天、义理之天的合一③，是对“天地与我并生，万物

---

① 崔乐泉，杨向东．中国体育思想史：古代卷[M]．北京：首都师范大学出版社，2008：274.

② 李泽厚．美学四讲：修订插图本[M]．天津：天津社会科学院出版社，2001：304.

③ 中国哲学家分析古代“天”的含义，大致有几种不同的看法。一是以季羡林为代表的“一义说”，认为“天”即自然。二是以王明为代表的“二义说”，认为“天”有意志之天和自然之天二意。三是以张岱年、宋志明为代表的“三义说”，即主宰之天、自然之天和义理之天。四是以康中干为代表的“四义说”，指的是意志之天、无为之天、道德之天和自然之天。五是以冯友兰为代表的“五义说”，具体为物质之天、主宰之天、运命之天、自然之天和义理之天。六是以刘泽华为代表的“混沌说”，神、本体、本原、自然、必然、命运、心性等均在其中。在以上论说中，冯友兰的“五义说”广被引用。

与我为一”理想境界的向往。由形达意、技进于道正是我国古代体育可以异彩纷呈而不失联系之所在，表达了我国古人通过体育对人生、生命、人性的认识，构成了古人对“天人”本体意义上的探源性活动的重要组成部分。

第三节 心性：我国古代体育的目标取向

“心性”是我国古代哲学的重要概念，或明或暗地存在于“仁礼”价值原则和“天人”价值之源的阐述中。修心养性体现了我国古人从实然到超然的文化取向，早在夏商周就成为教育体系重要内容的古代体育沿着我国古代哲人设定的修心养性的路径发展，虽以崇文尚柔之貌常遭人诟病，但其内外兼修、动静相宜、刚柔并济的风采极大地丰富了人类体育的内涵和形式，而较早地发展养生健身娱乐之道也将继续为人类体育更好地完善人性提供了难能可贵的借鉴。

一、我国古代心性观的演化

《尚书》中道：“人心惟危，道心惟微，惟精惟一，允执厥中。”①指的是尧舜禹禅让时的谆谆教诲，大意是以“人心”观“天地之心”，“执中”才能“天人合一”。这“十六字心传”反映了我国古代文化的“心”之奥妙，因此，新儒家的徐复观曾言“心”的文化是“中国文化最基本的特性”，是“人生价值的根源”②。“性”是指事物的本质，根据董仲舒所言，“如其生之自然之资，谓之性。性者，质也”③，“人性”即人的本质。“性”字从“心”从“生”，生来之“本心”即“性”，我国古代哲人论“心”即论“性”，而论“性”也在言“心”，蔡元培总结为“心”是“吾人精神界全体之统名”，“性”是“心之本体”④，“心性”是我国古代哲学本体论的延伸，是“天人”关系的重要内容，如何“修心养性”，力求“天人合一”是儒、道、释三家的基本问题，此处仅略述儒家和道家的“心性”之说。

孔子不直接说“心”是什么，但强调“性相近也”⑤，即说人性无甚差异。孟

① 《尚书·大禹谟》
② 徐复观.中国思想史论集[M].北京：九州出版社，2014：293—294.
③ 《春秋繁露·深察名号》
④ 蔡元培.中国伦理学史[M].北京：北京联合出版公司，2014：81.
⑤ 《论语·阳货》

子认为“君子所性，仁义礼智根于心”①，“恻隐”“羞恶”“辞让”“是非”之“心”是“仁”“义”“礼”“智”的始端，“尽心”即发现内隐的、天然的“本心”，“养性”即培养“仁义礼智”等外显的“人性”，“心性”与“天”统一要通过“尽其心者，知其性也；知其性，则知天矣。存其心，养其性，所以事天也”才能实现。荀子学说的“心”和“性”是不同的，他说“心者，形之君也，而神明之主也，出令而无所受令。自禁也，自使也，自夺也，自取也，自行也，自止也”②，意思是“心”是身体和精神的君主，不受他物的驱使，他认为只有“心”才能使人知“道”，人“心”是与“天道”相连的；至于“性”，并非如孟子所言是善的，圣君与暴君、君子与小人的“性”都是一样的。值得一说的是，孔、孟、荀的“心性”都突出了与“仁”的关系，《论语》道：子贡问“有一言而可以终身行之者乎”，孔子答曰“其恕乎！己所不欲，勿施于人”，孔子所言“恕”可拆解为“如心”，即如同本心，出乎自然之意，“恕”即“仁”。孔子通过“恕”连接“心”与“仁”，孟子直言“仁”即“人心”，荀子则提出“以仁心说，以学心听，以公心辨”③。因此，“心性”就是“仁性”“修身”“正心”“尽心”“知性”“化性”，“心性”的最终目的是要与天地同“心”，内在修养和道德教化的目的也是存养善端之“心”。

道家的“心性”之说颇为广博，老子和庄子通过“道”和“德”的关系来论“性”，“道”是世界本原，赋予某物便成“德”，得“道”之物便是具有了“德”，也便具有了“性”，由此，“得于道而为物之根本者，即物之性也；得于道而为人之根本者，乃人之性也”④。庄子这样解释：“物得以生谓之德；未形者有分，且然无间谓之命；留动而生物，物成生理谓之形；形体保神，各有仪则谓之性；性修反德，德至同于初。”⑤意思是“生”而成“性”，无“生”则无“性”，“性”不过是“神”在“形”之内的各种表象。不光“性”与“道”合，“心”也与“道”合，甚至“心”就是本体意义上的“心”，道教内丹派的白玉蟾曾明确指出：“推此心而与道合，此心即道也；体此道而与心会，此道即心也。道融于心，心融于道也。心外无别道，道外无别物也。”⑥既然“性”都根源于“道”，“心”与“道”同一，道家又有“道法自然”的根本论断，那么，道家主张“心”“性”也应遵循自然本态，按老子的说法就

① 《孟子·尽心上》
② 《荀子·解弊》
③ 《荀子·正名》
④ 罗安宪．虚静与逍遥：道家心性论研究[M]．北京：人民出版社，2005：85．
⑤ 《庄子·天地》
⑥ 白玉蟾．白玉蟾文集新编[M]．盖建民，辑校．北京：社会科学文献出版社，2013：12．

是“致虚极，守静笃。……归根曰静，静曰复命”①。

道家的“心”在中医中有较多体现，《黄帝内经·素问·灵兰秘典论》曰“心者，君主之官，神明出焉”，明代张景岳注解为“心为一身之君主，……脏腑百骸，惟所是命，聪明智慧，莫不由之”，意即“心”如同人“身”的君主，在人身中居于首要地位，五脏六腑百骸皆听命于“心”，认为“心”是人的意识、精神、思维的主宰。由此可以看出，无论是儒家还是道家，“心”都不单单指人的内脏器官或思维器官，还指精神、意识，具有物质和精神的双重属性。道家的“修心养性”之道有各种说法，南宋白玉蟾认为“性命之在人，如日月之在天也。日与月和则长明，性与命和则长生”，因此要“性命双修”；明朝张景岳在《类静·针刺类》中道：“形者神之体，神者形之用；无神则形不可活，无形则神无以生。”形、神共同构成了人的生命，形神兼备犹如肉体与魂魄的不可分离；明朝张伯端在其《悟真篇·自序》中又论道：“欲体至道，莫若明乎本心，心者，道之枢也。”既然“心”与世界本原的“道”具有同一性，那么，保持“心”的清静灵虚才能“明乎本心”，“明乎本心”才能体认“至道”，达到“与道合一”的境界。因此，道家的“修心”是“虚心”。

宋明时期，儒家在吸收道、佛二家“心性”的相关论断后发展为理学和心学，成为体系化的学说。理学家张载认为世界本原是“气”，他说“形而后有气质之性，善反之，则天地之性存焉”②，“天地之性”是“气”的“本性”，也是人的“本性”，是善的；而“气质之性”是物质的“本性”，是欲望，是恶的。程颢和程颐认为“在天为命，在义为理，在人为性，主于身为心，其实一也”③，“人心”和“道心”都统于“天道”，但二者是不同的，“人心”是“人欲”，“道心”是“天理”。朱熹也指出“心”“性”虽能合但不同，“心”是“神明之舍”，“性”是“得之于天而具于心者”，“人心”“道心”都在一“心”之内，这就是“心统性情”④。在“道心”和“人心”分别与“性”的两种属性“天地之性”和“气质之性”相应的基础上，理学家提出的修养之道是“存心知性”，存的是天道、“道心”，知的是自天道而出的“仁义礼智”，那些恶的欲望因被理学家视为后天加诸的而要坚决摒弃，换句话来说就是去欲存善，“存天理，灭人欲”。

陆九渊、王阳明在“性”的认识上很接近，他们都觉得“性”有灵有知，或者说是有主观能动性，如陆九渊提出“人性之灵，岂得不知其非”，王阳明指出“聪明

① 《道德经》
② 《正蒙·诚明》
③ 《河南程氏遗书》
④ 《朱子语类》

睿智，性之质也”。除此之外，陆九渊还认为“宇宙便是吾心，吾心便是宇宙”，“心”即是“理”，世间万物均发乎“心”，是谓“万物森然于方寸之间，满心而发，充塞宇宙，无非此理”[①]。王阳明构建了更为完整的“心”学，通过“心”提高了“人”在世界中的地位，“人者，天地之心也；心者，天地万物之主也。心即天，言心则天地万物皆举之矣”[②]，同时，他又言明了“心”与“身”的关系，“耳目口鼻四肢，身也，非心安能视听言动，无耳目口鼻四肢亦不能，故无心则无身，无身则无心”。为求“本心”，陆九渊提出“欲去则心自存矣”的“存心”之法；王阳明则主张在静坐中“致良知”以“修心”。

总之，我国古代的“心”与“性”是相连相通、合一而又有别的，“道”“形”“神”“气”“理”等都与之相关。自先秦至宋明，从“仁”即“心”，到“心”即“理”，从“修身养性”“格物、致知、诚意、正心、修身、齐家、治国、平天下”到“立德、立功、立言”“内圣外王”等，儒家的“修心养性”朝着偏重内省自修的方向一步步地越走越远，堪称是成圣成贤的心性之学[③]；而道家虽重视“形神一体”“性命双修”，却更强调在“虚静”之中“炼心”，可谓是返朴归真的心性之说。儒、道（佛家亦然）从不同的路径实现着“……人自身的发现，人自身的把握，以及人自身的升进”[④]，却都不约而同地对“静”情有独钟，把“静”视为修炼精神、意识、思维，即修炼“心性”的要诀，应该说，我国古代社会的一片沉寂与思想界的“主静”之风不无关系。儒家和道家构建的“心性”论，与我国古代哲学的本体论、价值论和人性论等一起形成了有异于西方哲学的风貌，对我国古代社会产生了深远影响。

二、我国古代体育以心性为价值取向的滞后性与超越性

我国古代哲人通过对“心性”的探寻，贯通了“天”与“人”的联系，逐渐成为我国古人对“人”的最高追求。为求“心性”，我国古人为自己设定了修心养性的要求，儒学统治的我国古代教育体系设置了内以“仁”修之、外以“礼”化之的路

---

① 《陆九渊集·语录》

② 《答李明德》

③ 中国古代的儒、道、释均大谈“心”和“性”，但学界普遍认为“心性之学”专指儒家哲学而言；其中，先秦时期儒家的讨论不成系统，直到宋明理学的各个学派深入探索各个概念之间的联系，并自觉构建“心性”本体的体系，才算是“心性之学”。此处讲儒家是“心性之学”，道家是“心性之说”，以示区别。参见：王国轩.心性之学的界定与其主题[J].孔子研究，1993(3)：21—22.

④ 徐复观.论文化：二[M].北京：九州出版社，2014：673.

径。而修心养性的要求为以“心性”为价值取向的我国古代体育设定的路径也便是内修和外化两种，通常所说的我国古代体育内外兼修、动静相宜、刚柔并济，便是我国古人为自己设定的完善人性之道。

重视礼乐教化的先秦体育开启了我国古代体育内修外化的道路。荀子曾对西周“乐”的教化作用有过论述，他说：“故听其雅颂之声，而志意得广焉；执其干戚，习其俯仰屈伸，而容貌得庄焉；行其缀兆，要其节奏，而行列得正焉，进退得齐焉。故乐者，出所以征诛也，入所以揖让也。”①由此可知，作为武舞的“乐”既能养“揖让”之风气，对人的精神意志方面和礼仪容貌方面多有裨益，又是一项实用的军事技击术，出战则可“诛”，我国古代哲人早就认识到了体育具有强身益志的作用。还有较多的记载也说明了先秦时期体育已经注重动与静的结合，例如剑是士兵的主要兵器，在武舞中舞者也常以剑起舞，《吴越春秋》中曾对剑术精深而闻名的越女有过如下记述：“内实精神，外示安仪；见之似好妇，夺之似惧虎；布形候气，与神俱往；杳之若日，偏如滕兔。”②这段记载向来被奉为古代剑术之精要，其中的技法要领清晰地表现了剑舞动中有静、静中见动、动静有道的变幻特点。

动静相宜是我国古代体育的一个鲜明特点。其理论根源是形主动，神主静，动静结合方能形神一体，从而实现“心”“性”与“道”合一，与“理”合一。自魏晋南北朝后，儒、道、释、医各家思想不断融合，发展了以气功、导引等为主要形式的养生健身活动。东晋葛洪精通儒、道、医各家典籍，他一生践行着动养形、静养神的修心养性之道，不仅武艺精通，善使刀、棍、戟等多种兵器，同时对导引之术颇有造诣，认为可随时行导引之术，“或伸屈，或俯仰，或行卧，或倚立，或踯躅，或徐步，或吟，或息……但觉身有不理则行之”③，这样才能延年益寿。姚品荣在研究东汉时期魏伯阳所著《周易参同契》时指出，《周易参同契》体现了我国古代体育人体锻炼的完整性，即体、气、意的“三维锻炼”和养生、养智、养性的“三养锻炼”④。说到底，动静相宜就是“外练筋骨皮，内练精气神”。因此，仁礼价值原则、天人价值之源和心性价值取向是我国古代智慧精华在体育中的深刻体现。

不过，我国古代的文人雅士并非都能像葛洪那样文武双全，他们更多地崇

① 《荀子·乐论》
② 《吴越春秋·勾践阴谋外传·越女论剑》
③ 《抱朴子·别旨》
④ 姚品荣.《周易参同契》的体育价值及其研究史探略[J].体育文史，1985(1)：30—33.

尚清心寡欲的静养方式。如董仲舒说"外无贪而内心清净，心平和而不失中正，取天地之美以养其身"，还说"故君子闲欲止恶以平意，平意以静神，静神以养气"①；李翱甚至认为"人生而静，天之性也"，他把静视为人的天性，所谓"诚者定也，不动也"，就是循天性而为的合乎天道的行为。静坐是外在的方式，更重要的是要戒除杂念和各种欲望，如南朝道人陶弘景提出的"养性之道"要戒除思、念、欲、事、语、笑、愁、乐、喜、怒、好、恶；三国时期著名的养生家嵇康也强调"爱憎不栖于情，忧喜不留于意""清虚静泰，少私寡欲"②。不仅如此，文人雅士还常反对剧烈的身体活动以突出静养的重要性，如唐代宫廷盛行马球运动，韩愈却反对打马球，他说"马之与人，情性殊异"，打马球即使不坠马致人伤残，也会"荡摇其心腑，振挠其骨筋，气不及出入，走不及回旋"③，五脏六腑均不得安宁，与静养心性背道而驰；朱熹还在其著名的乡规民约《增损吕氏乡约》中把驰马击鞠视为"戏"，属"不修之过"④。可见，上述修心养性的观点更重视通过对精神的涵养来求得心性的提升，这对我国古代体育的影响是，通过塑造一大批世代静养的士大夫们营造了我国古代上层社会的文弱风尚。事实上也确实如此，秦废私学、汉尊儒术之后，官僚士绅通过察举、军功、门荫、捐纳等方式选拔，大大减少了平民入仕的机会，难以再现先秦时以武技选贤任能的景象，官学中也几乎难觅体育的踪迹，到两晋时期，在儒、道、玄学的影响下，豪门子弟均不好习武，中国社会崇尚柔弱之风由此开端⑤，这些在古代社会举足轻重的群体如此推崇以静养心，自然带动了全社会对身体活动的轻视，甚至鄙视，静养神、动养形的养生思想始终占据着我国古代体育价值体系的要位。

从我国古代体育组织和社团发展情况来看，隋唐时期，自西北民族沿袭而来的习武之风不减，宫廷贵族因喜爱击鞠、相扑等活动，还专门设立了训练击鞠人员的"打球供奉"和训练相扑手的"相扑朋"，这应是官办的较早的培养竞技运动人员的机构。宋、元、明、清时期在承继唐代武举制的基础上，设置了武学，专门教授射御等武技，与此同时，官办组织和民间社团空前发展，如元朝和清朝分别设有专门管理摔跤手的勇校署和善扑营，宋朝有以刀枪棍棒等武技表演为营生的瓦肆，还有专门训练某一项目的射弓踏弩社、川弩射弓社、蹴鞠打球社、相

---

① 《春秋繁露·循天之道》

② 《养生论》

③ 《韩昌黎文集·上张仆射第二书》

④ 牛铭实.中国历代乡规民约[M].北京：中国社会出版社，2014：115.

⑤ 谭华.体育史[M].北京：高等教育出版社，2009：60.

扑社[①]。因此，我国古代社会虽不乏各种体育组织和体育社团，却同古希腊私人所办的体育馆的性质是不同的。这样说是基于以下理由：第一，宫廷设立的体育组织虽发展了体育，却是供皇室和士大夫们消遣娱乐所用，其促使人身心发展的作用大打折扣；第二，民间多由平民组成专以表演谋生和多由世家子弟组成以提高技艺取乐的技艺性社团，它们一为娱人，二为自娱，都以娱乐身心为主要目的，兼有养生健身、竞技之义。而古希腊设立体育馆以培养运动员和公民为直接目的，并不以娱乐为直接目的。必须肯定的是，我国古代体育的教育实体从官学到私学，从宫廷组织到民间社团，完成了我国古代体育对象从统治阶级到被统治阶级的转变，上自王公贵族，下至黎民百姓，都沉浸在以养生、娱乐为直接目标的体育中。还必须看到的是，以心性为价值取向的我国古代体育对我国古代社会民俗活动的影响很大，民间有意模仿宫廷体育活动，宫廷也有意以体育活动来化民成俗，宫廷与民间的互动在固化内外兼修、动静相宜、刚柔并济的体育形态的同时，也强化了我国古代体育的心性价值取向。

以心性为价值取向的我国古代体育还表现为尤其重视在血缘关系中的人格修养。李泽厚说："中国古代思想传统最值得注意的重要社会根基，我以为，是氏族宗法血亲传统的强固力量和长期延续。"[②]封闭的生产方式、牢固的熟人关系和以血缘为价值纽带的"宗法一体化结构"把一切社会关系都从孟子的"五伦"思想推延开来[③]，家长治家、国君治国的法宝就是"以忠孝治天下"。长此以往，家长难以抑制专制者的冲动，子孙难有个性的发挥，伦理教化压抑竞争精神恰符合"心性"追求的整体、和谐、稳定的价值结果。因此，在家国同构的社会基础上，古人虽在武德上略胜一筹，发扬了"揖让而升，下而饮，其争也君子"[④]的精神，却无法摆脱通过血缘纽带强化的人身依附关系，无论是官办武学中的门生，还是私办的社、坛里面的徒弟，无不谨遵师命不敢有丝毫违抗。事尊、事长、事亲的门派等级制度早早地把可能形成类似于古希腊赛会那样的公开的、统一的全民体育形式扼杀在萌芽状态，我国古代体育的育人价值也在这种闭塞性的教育实体中被狭隘化了。

---

① 谭华.体育史[M].北京：高等教育出版社，2009：74—75.

② 李泽厚.中国古代思想史论[M].北京：生活·读书·新知三联书店，2008：316.

③ 金观涛，刘青峰.兴盛与危机：论中国封建社会的超稳定结构[M].长沙：湖南人民出版社，1984：193.

④ 《论语·八佾》

第五章
我国体育的实践冲突

体育价值在实现过程中并不必然地表现为一贯的稳定形态，它还常常表现为某种非稳定形态，如体育价值的选择疑难、判断无据、目标不明等，这些价值冲突是体育价值演进过程中的不和谐、不稳定状态的集中表现。从实践层次考察目前我国体育价值冲突的现象与成因，会发现学校中的体育集中反映了体育价值冲突的主要特征。自清末以来，我国体育该教什么、学什么就一直徘徊在我国传统体育和西方现代体育这两种不同的体育形态之间，体育的内容与方式也呈现出单一或并列的状态。从教育这一中观层次上看，随着人类社会的发展，体育早已不是教育的唯一内容，教育中的主智主义导致了体育价值的生存危机，体育在教育中不断地被边缘化和走向形式化。从宏观的社会历史背景看，体育价值总是反映一定社会历史的特征，与社会历史中的主要因素如政治、经济、文化等关系最为密切，由此造成体育价值被泛化为政治价值、经济价值、文化价值等，从而抽离了体育的育人价值。寻找解决体育价值冲突的出路，要求我们排除政治、经济、文化等干扰因素，在一种广泛联系的视野中找寻体育价值的定位。

第一节　古与今的冲突

我国传统体育与西方现代体育都是体育价值生成的某种稳定形态，二者根据各自社会历史状况和实践分别发展出了具有不同内涵、特点、形式的体育活动，并分别在各自的社会历史阶段发挥了积极作用。然而当二者不期而遇时，必然会引发体育价值观上的冲突或融合，这突出地反映在学校体育的内容和形式以我国传统体育和西方现代体育何者为主上。现在学校中的体育在“千校同面，万课同相”中朝着两个方向发展课程，一个方向是从西方现代体育中提取一项或多项本校优势项目，集中人力、物力、财力打造这些项目；另一个方向是对本地区传承较好的，或者濒临失传的传统体育项目进行创新性的发展或抢救性的建设。但是，自清末以来，受各种因素的制约，我国传统体育和西方现代体育分别出现过价值断裂问题，并在很大程度上影响了体育朝这两个方向发展的步伐。

一、我国传统体育与西方现代体育的争持

我国传统体育与西方现代体育本来是分属两个不同空间的体育形态，各自沿着自己的轨迹前进着。不过，这种宁静和谐的氛围在 19 世纪中期被不断扩张的现代化所打破，教育的一切要素都在跨国界地流动，西方现代体育犹如西方现代民主一样，在对外扩张的过程中，以理性的名义碾压其他国家、民族和地区的体育形态，表现出体育上的霸权主义。也就是从那时起，清末兴办的新式学堂开始开设体育课，也就是说，我国现代意义上的体育是以废弃封建社会武学操练方法、引进西方现代体育为开端的，并从此走上了国际化道路。纵向来看，在 19 世纪末至 20 世纪末的一百年里，我国传统体育一直居于被西方现代体育压制的劣势地位，但二者在不同时期中的交锋却毫无疑问地交织在我国体育发展历程中。

第一个时期，19 世纪末至 1911 年，洋务运动和戊戌变法期间兴办的各种新式学堂以“西文”与“西艺”为主要教学内容，其中，军事学堂的兵式体操课即以当时在欧美流行的德国体操和瑞典体操为摹本。如北洋水师学堂体操课程有击剑、拳击、竞走、单杠、双杠、跳高、跳远、足球、爬桅、游泳、滑冰、木马等，废弃了在宗人府、内务府和理藩院中官办武学的骑射、弓、刀、石、技、勇等练兵方法。1904 年，癸卯学制正式实施后，基础教育阶段的初等小学堂与高等小学堂、中等教育阶段的中学堂均设有体操科，体育在教育中的地位得到确认。当时的教授内容无外乎是在德国体操、瑞典体操和美国体操的基础上进行适当的改变，单杠、双杠等都属于必修课程内容。教科书以“体操”为名，是体操课正式进入我国教育体系的有力佐证，如以出版教科书闻名的文明书局曾在 1903 至 1905 年间出版过中国人自编的第一套系统的基础教育新式教科书《蒙学科学全书》，其中就有《蒙学体操教科书》；1906 至 1908 年间，中国图书公司也曾出版过初等学校教科书《体操教科·兵士教练》《女子小学体操范本》等①。

---

① 石鸥，吴小鸥．中国近现代教科书史：上[M]．长沙：湖南教育出版社，2012：95—124．

第二个时期，1912 年至 1949 年中华人民共和国成立前夕，体育是在中央政府统一指导下的学校的必修课程，不仅设有兵式体操、普通体操，还把在教会学校中开展的球类运动，如足球、篮球、排球，以及田径类项目，如跑步、跳远等吸纳进来。

1912 年《中学校令施行规则》中显示体操课的教学要求和教学内容是：

体操要旨在使身体各部平均发育，强健体质，活泼精神，兼养成守规律尚协同之习惯。体操分普通体操、兵式体操二种，兵式体操尤宜注意。女子中学校免课兵式体操。①

1923 年，全国教育联合会制定《新学制课程标准纲要》，其中规定，在基础教育、初中和高中阶段，体育属于必修科，以初中为例，每周上课一小时为 1 学分，在必修科 164 学分内，体育课计 12 学分，与音乐、手工、图画课的学分相等；在后期师范与高中师范科课程中，体育属于师范专业课②。值得注意的是，该纲要显示，我国古代体育的一些传统项目(主要是传统武术)此时已进入中学体育课堂。吴图南的《国术概论》讲义也于 1936 年出版。

第三个时期，1949 年新中国成立至 1965 年。这一时期基本上又可以分为两个阶段，第一个阶段是中华人民共和国成立后体育成为新民主主义革命建设的一部分，是国民教育的重要组成部分。在这个时期，受意识形态的左右，以及苏联在竞技运动方面的国际影响，我国体育也在“以俄为师”的总方针下大力改造“旧体育”发展“新体育”，在“言必称凯洛夫”的形势下③，还学习了苏联将体育与劳动、卫生相结合的制度，体育向全民普及。第二个阶段是在社会主义改造基本完成后，我国为快速提高竞技水平，在国际竞技赛会上取得一定的成绩，明确了体育培养竞技运动员的目标，运动员等级测评成为高等院校的硬性指标。1956 年中华人民共和国第一套《中学体育教学大纲》(草案)颁布，教材以体操和游戏为主，“以发展学生人体基本活动能力和锻炼身体为目标，将体育教材内容按一般发展和准备练习、悬垂支撑、攀登爬越、平衡、技巧(即垫上运动)、搬运(包括大量实用性的搬移器械、物品和抬人等)、走和跑、跳跃、投掷等进行分类”④；同时《中学体育教学大纲》(草案)规定，中学体育的三大项是体操、田径和游戏，注重力量、技巧、耐力、速度及精神信念的培养。“将教学视为一个早

① 安树芬，彭诗琅. 中华教育通史：第 9 卷[M]. 北京：京华出版社，2010：1885.

② 毛礼锐，沈灌群. 中国教育通史：第 5 卷[M]. 2 版. 济南：山东教育出版社，2005：78—79.

③ 周谷平. 马克思主义教育思想的中国化历程：选择・融合・发展[M]. 杭州：浙江大学出版社，2008：11.

④ 李志刚. 中小学体育(与健康)课程教材建设 70 年[J]. 中国学校体育，2019(10)：18—23.

期训练过程而突出一般身体素质练习”①，为今后培养专业竞技运动员打基础是第一套教学大纲的主要特点，也奠定了此后十年学校体育教学的基本框架。至于我国传统体育的诸多项目，没有在学校体育中得到表现的机会，因为，我国传统体育是否属于体育还未有定论。直到1961年，在批判苏联教育和增强体质、弱化竞技的指导思想下，武术才与体操、田径、游戏(球类)、体育的基本知识等一起被列为中学体育教材的基本内容，而“土洋结合”也成了贯彻“两条腿走路”方针的具体措施。

第四个时期，1966年至1976年，国家政治社会进入一个特殊的历史时期，教育系统几近瘫痪，学校中的所有课程都受到了波及，发生了停滞甚至是倒退，体育被更名为“军体课”，教授“解放军的常规、队列、投弹、刺杀等简单动作”，形同军训课。虽然在二十世纪七十年代初，体育在《国家体育锻炼标准》的试行和推广中缓慢恢复，但这期间，体育整体畸形发展，中国传统体育因被冠有封建主义的帽子而出现中断，造成了在中国古代体育理论研究和实践领域的巨大损失。

第五个时期，1977年至2000年，随着政治局势的好转，竞技运动在中华人民共和国体育运动委员会的主持下迅速恢复。1978年和1979年的全国体育工作会相继肯定了从普及体育到提高体育的战略。与奥运会、世锦赛、亚运会等接轨并赢得成绩成为体育面向现代化的重要举措。我国竞技运动逐步形成了优秀运动队、业余体校和学校运动队三级衔接的训练培养体系②，西方现代体育项目是其核心内容。然而，我国传统体育却少有人问津，曾对运动与体育的关系进行过深刻辨析的徐英超虽在北京进行过“中学体育实验设计”，把跳绳、跳橡皮筋、中国式摔跤等选入实验课程③，却无法融入竞技运动勃兴的潮流，也未在短时间内唤醒人们对我国传统体育的全面认识。随着“体质论”得到广泛认同，体育对人的身心教育作用日益受到人们的重视，我国传统体育得以强化。特别是1986年国家教委在《关于编写体育课本在中小学试用问题给郑州市教育局复函》中肯定了学校自编体育教材的做法之后，为各地区不同条件的学校因地制宜地选编、选用教材给予了政策支持。其中较有特色的是席绍所编的初中体育课本，把偏远地区的连环拳等写入武术教材，丰富了体育课程的

① 金光辉.从体育教科书和专著的立论基础看体育思想的演化[D].上海：华东师范大学，2012.

② 崔乐泉，杨向东.中国体育思想史：现代卷[M].北京：首都师范大学出版社，2008：167.

③ 崔乐泉，杨向东.中国体育思想史：现代卷[M].北京：首都师范大学出版社，2008：172.

内容①。1988年的《九年制义务教育全日制初级中学体育教学大纲》(初审稿)首次出现"继承和发扬民族传统体育原则"的提法②,也充分肯定和鼓励了我国传统体育项目在学校中的发展。

第六个时期,2001年至今,在"健康第一"的指导思想主导下,以"体育与健康"为名的教材比比皆是,它们呈现出来的共同特点是废弃了一些技术要求高、实际操作难、危险系数大的运动项目,如推铅球、跳马等,打破了以竞赛为中心的编排体系,增加了卫生健康知识。这反倒给了向来偏重修身养性、延年益寿的我国传统体育以更多的发展空间;加之人们对传统文化不再抱有极端否定的态度,弘扬民族优秀传统文化成为不可阻挡的时代潮流,我国传统体育便在此文化环境中焕发出勃勃生机。自民族传统体育被正式列为国家二级学科以来,相关理论研究工作得到极大推动;在具体的教学中,以"民族传统体育"为名的教材大量出版,武术、珍珠球、摔跤、舞狮、舞龙、毽球、高脚竞速等项目已广为人知,也被一些学校打造成为特色优势项目。

二、古还是今:历史中的体育价值冲突

我国传统体育与西方现代体育的碰撞是我国在被动地进入现代化期间中西方文化冲突的组成部分,是我国教育早期现代化的重要内容,在一定程度上反映了我国体育从厚今薄古到古今并重的演进轨迹,也反映了一百多年来我国体育价值选择与评价已然形成的价值取向。

我国现代意义上的教育制度是后发外源性的,在其设计与建立过程中一直存在着大量认识、筛选、学习和模仿国外教育制度的因素。清末维新改良派从德国和日本的快速发展中得到的重要启示就是强国强民须兴教育,这是1904年的癸卯学制仿日本学制的思想原因。如康有为认为要对国民实施如西方般的国民教育,他在1898年《请停弓刀石武试改设兵校折》中写道:"停止弓刀步石之武试,及旗兵习弓矢者,并广设武备学校……科程功课,仿德国、日本例。"梁启超在《新民说》中也指出"尚武"才能维持文明,要养心力、胆力和体力,才不致被他国鱼肉。这一时期,许多有识之士对体育课的认识也与提倡富国强兵有关,他们主张军事训练代替一般性教学,以求强国强种的目标,均具有鲜明的"尚武"精神。但需注意,清末洋务运动、戊戌变法及新政都属于改良性质的运

① 李晋裕,滕子敬,李永亮.学校体育史[M].海口:海南出版社,2000:242.

② 滕子敬.中学百科全书:体育·卫生保健卷[M].北京:北京师范大学出版社,1994:32.

动，旨在以“中体西用”维护清朝封建统治，实现“求强”“求富”，这是我国现代体育从无到有的历史背景，也是体育课一开始就以增强士兵战斗力的科目为主要内容的直接原因。张之洞曾在1901年《设文武学堂折》中提出8岁到15岁的蒙学童子应“习柔软体操”，15岁以上的高等小学学生应“习器具体操”，18岁以上入中学校者应“习兵式体操”，“无论何学，皆有兵队操场”，其宗旨是“……不悖经书，学业则兼通文武”①。因此，洋务派设立的军事学堂无疑成了西方现代体育在我国“落地”的试金石，而封建武学显然与这些新思想、新措施格格不入，我国传统体育在现代教育体系建成之初便遭受否定、排挤，出现了第一次价值断裂。

民国时期的教育“……是在‘一个政党、一个主义、一个领袖’的政治框架中逐步形成、日趋强化的过程中，在中央政府的主导下以完善立法和制度建设、强调集权和统一、致力于各级各类教育的规范化、标准化为特征进行探索和推进的”②。因此，在学制、学校、师资、教材、课程等建立之初，倡导标准化教育的理论更能满足人们的需求，赫尔巴特学派的课堂教育模式、杜威实用主义教育学“从做中学”从方法上使国民教育成为可能。新文化运动后，民主与科学是现代教育制度的基本精神，批判旧教育、发展新教育的理论武器来源于西方的教育理论、学说、思潮；意欲与旧教育划清界限的新教育还来不及，也不愿意客观地审视我国传统文化的精华与糟粕。根源于政治和思想的分歧，我国古代体育与西方现代体育在新文化运动期间开始正面交锋，史称“土洋体育之争”。

马廉祯认为“土洋体育之争”是指发生于20世纪20年代至20世纪30年代，围绕西方现代体育和以武术为代表的我国传统体育展开的，究竟谁应成为我国体育发展的主流而引发的一场争论③。“土洋体育之争”的焦点是以武术为代表的我国传统体育是否具有体育价值，其历史作用是促进了武术的体育化。该论争的具体起因是1917年安福系军阀马良为反对新文化运动以推崇武术为名编写了一本《中华新武术》并迅速得到教育部的审定推行，随之，鲁迅和陈独秀等人将之视为封建遗毒进行了公开批判，保守派和西化派各有立场，互不相让。实际上，在1914年第一次世界大战爆发之际，国内全民皆兵的呼声高涨，不少拳师、武师到学校任教，武术已经实际地进入学校的体育课程，著名教育家徐一冰也曾建议将武术列为学校体育课程内容。北京教育会也曾提出《拟

① 汤志钧，陈祖恩，汤仁泽. 戊戌时期教育[M]. 2版. 上海：上海教育出版社，2007：443—447.

② 田正平. 关于民国教育的若干思考[J]. 教育学报，2016，12(4)：102—111.

③ 马廉祯. 论现实视角下的近代“土洋体育之争”[J]. 体育科学，2011，31(2)：76—84.

请提倡中国旧有武术列为学校必修课》的议案，教育部予以采纳，并于 1916 年派人考察了马良的《中华新武术》教材，后经过多次会议商讨，“中华新武术”终于在 1919 年被合法化为学校的体育课程①，这在 1923 年的《新学制课程标准纲要》中得到了体现。

以武术为代表的我国传统体育进入课堂是两种不同体育价值观交锋的结果，其过程并非一帆风顺。在 20 世纪之初，许多人都曾讨论过西方现代体育与我国传统体育之间的异同，如王维泰说：“体操实非西法，乃我中古习舞之遗意，而教子弟以礼让之大本也。”②也有人指出，要慎重选择体育项目，西方球类等项目有“博大众之称誉或图一时之悦乐”之嫌，“体育之目的不在形式而在实质”，实质体育“尤以改善体质为主旨”，绝不同于“以技艺娴熟身手高强炫耀俗人耳目”的形式体育③。还有人直接指出我国武术远比日本柔术高明许多，却被国人“嗤其无用，而任其存沫”，犹如“家有至宝，而为行路之丐”，如要强国强兵，当大力推崇我国武术④。时任南京临时政府教育总长的蔡元培吸收和反思了改良派人士的军国民思想，认为军国民教育应是各种体育形式的泛称，我国古代的射御、古希腊的体操概属此列。蔡元培虽重视我国传统体育的积极作用，却更提倡在学校中广泛开展西方现代体育中的球类运动、水上运动、游戏等，认为西方现代体育更有助于各育协调发展。向来抨击旧教育的蔡元培代表了当时倡导学习西方教育制度的一大批人士的主张，这是民国初期学校体育课程标准未把我国传统体育列入教学内容的一个不可忽视的原因，毕竟南京临时政府教育部与北京教育部所聘官员多有留洋经历，是新教育运动中的精英群体⑤，主导了新教育运动的方向。但需指出的是，无论是蔡元培的“五项教育思想”⑥，还是他的“三育”“四育”并重思想都肯定了体育是教育不可或缺的内容⑦，肯定了体育的育人价值，这是与清末学制改革中的体育宗旨有着本质区

---

① 崔乐泉，杨向东. 中国体育思想史：近代卷[M]. 北京：首都师范大学出版社，2008：277—278.

② 国家体委体育文史工作委员会，全国体总文史资料编审委员会. 体育史料：第 17 辑：中国近代体育文选[M]. 北京：人民体育出版社，1992：3.

③ 太玄. 教育学与社会学[J]. 教育杂志，1917，9(12)：39—48.

④ 国家体委体育文史工作委员会，全国体总文史资料编审委员会. 体育史料：第 17 辑：中国近代体育文选[M]. 北京：人民体育出版社，1992：17—19.

⑤ 汪楚雄. 启新与拓域：中国新教育运动研究(1912—1930)[M]. 济南：山东教育出版社，2010：38.

⑥ 蔡元培在 1912 年《全国临时教育会议开会词》中提出“军国民教育、实利主义、公民道德、世界观、美育”五育并重的主张。

⑦ 1917 年，蔡元培在《在浙江旅津公学演说词》中指出“新教育”以“体育、智育、德育”三育并重；1920 年，他又在《美育实施的方法》中认为体育、智育、德育、美育是公认的“四育”。

别的。

1932年,刘长春一人参加洛杉矶奥运会失利引起舆论哗然,“土洋体育之争”演化为一场全民大讨论,以《大公报》为首的多家媒体争相参与,形成了以张之江为代表的“土体育”和吴蕴瑞为代表的“洋体育”两个派别①,但“土洋体育之争”因教育而起,也一直影响着学校体育课程的设置是不争的事实。到20世纪30年代,这场世界性与民族性、时代性与传统性、科学本位与经验本位的冲突终于以二者的融合告一段落②。人们愈发认识到,狭隘地排斥西方现代体育与片面地否定我国传统体育都不可取。我国传统体育与西方现代体育是不同历史文化的产物,我国传统体育之于健身、养生、培育民族精神的积极作用受到认可,西方现代体育方法科学有益身心发育的优点也被人们所接受,最好是结合我国实际求同存异。于是,人们开始挖掘我国传统体育的育人价值,并借西方科学理论和西方体育方法对我国传统体育加以改造。其间,杜威实用主义教育思想盛极一时,在一定程度上推动了体育的改革。1919年,全国教育联合会认为军国民教育已经不符合教育潮流,宣布废除“尚武”宗旨;1922年,北洋政府教育部公布的“壬戌学制”废止了兵式体操;1923年,《新学制课程标准纲要》将体操科改为体育课,田径、球类等西方竞技运动项目正式进入体育课程。总之,我国现代教育制度的设计和建立是历史甄别和筛选的结果,民国时期我国传统体育与西方现代体育的冲突与融合显现出了我国现代体育的基本特点,但由于受到政治社会状况的具体制约,在国家和民族的生死存亡之际,促进人的身心发展,培养健全人格之国民的教育目标太过理想,无论是我国传统体育还是西方现代体育都很快又成为战时教育的现实手段,阻碍了人们对体育育人价值的深入思考。

1949年后,由于对体育的认识不足,从政治、社会的角度考量体育的结果是体育为新民主主义革命服务、为社会主义建设服务。因此,《中国人民政治协商会议共同纲领》中提倡的国民体育,是到人民中去的体育,是为人民服务的体育,凡是有人民的地方就要开展体育;一时间,从城市到农村,从机关干部到工人、农民、学生,无不对体育怀有极大的热情,体育得到前所未有的普及。然而,为“生产和国防”运动式地大搞“新体育”③,却忽视了“旧体育”中的体育理论体系与科学方法;中小学多年靠教学大纲或教学计划上课,连较为完整的体育教

---

① 崔乐泉,杨向东.中国体育思想史:近代卷[M].北京:首都师范大学出版社,2008:244—249.

② 李义君,尹碧昌.“土洋体育之争”的回顾与启示[J].体育学刊,2015,22(5):17—21.

③ 崔乐泉,杨向东.中国体育思想史:现代卷[M].北京:首都师范大学出版社,2008:18.

材都没有，散乱、随意、盲目地通过增加运动负荷提高身体素质是中华人民共和国成立初期对体育价值的曲解。有意思的是，因为向苏联学习，体育项目几乎全部都是西方竞技运动项目，而无我国传统体育项目。1961 年出版的首套《小学体育教材》和《中学体育教材》中虽含有武术，却又因不久后出现的政治风暴而不得不中断。与之形成鲜明对比的是，在机关单位、厂矿企业中的运动游戏却大规模地发展起来，广播操、球类、田径、游泳等项目活动开展得如火如荼，“使体育最本质的特征得到了恢复显示，注入活动中政治性口号形式越来越少，倒是借用政治性标签行娱乐之实的内容在不断增加”①。因此，中华人民共和国成立初期以生产劳动取代体育，“文革”期间以军体课取代体育，使我国传统体育价值与西方现代体育价值双双断裂，给我国体育的发展蒙上了阴影。

20 世纪 70 年代末，人们的生产生活重新步入正轨，中西方文化冲突更趋激烈，我国传统体育与西方现代体育的冲突又接踵而至。奥运会等现代竞技运动赛会极其广泛的影响力奠定了西方现代体育在学校里的长期稳定地位，而我国传统体育则因优秀传统文化的复兴及“健康第一”指导思想的确立以新的面貌出现在学校里。1983 年，教育部、国家体委联合印发《体育传统项目学校试行办法》；1988 年 8 月，全国学校体育卫生工作会议提出，“处理好民族文化遗产和汲取外国先进经验的关系”是学校体育卫生工作必须处理好的四大关系之一；1992 年，国家教委颁布了《九年义务教育全日制小学体育教学大纲》(试用)和《九年义务教育初级中学体育教学大纲》(试用)，较之过去，新大纲改变了原来把武术作为我国传统体育唯一内容的局限性，大量增加了我国传统体育的教学内容，“八段锦”“五禽戏”等进入学校体育课堂②。

2004 年，中宣部和教育部联合下发的《中小学开展弘扬和培育民族精神教育实施纲要》明确规定“体育课应适当增加中国武术等内容”，2014 年教育部印发《完善中华优秀传统文化教育指导纲要》，要求在体育课程标准修订中“增加中华优秀传统文化内容比重”。近些年来，我国传统体育的养生健身作用得到新的阐释，特别是一些少数民族地区的中小学校，它们依托教学改革，在校本课程中大量增加本地区的传统体育项目，丰富了体育课程资源。但是，如何处理好西方现代体育的标准化与我国传统体育的地域性、民族性之间的关系，仍然是体育课程和教材体系构建中的重要内容，中西方体育价值的冲突还将延续很长的一段时间。

---

① 崔乐泉，杨向东. 中国体育思想史：现代卷[M]. 北京：首都师范大学出版社，2008：135.

② 李晋裕，滕子敬，李永亮. 学校体育史[M]. 海口：海南出版社，2000：152—237.

第二节 身与心的冲突

体育是人类最早的教育内容之一，在农业社会以前居于教育的绝对中心地位。然而，自农业社会以来的数千年内，智育、德育、美育的地位已经迅速被抬高，体育在实践着德性、理性与心性等价值取向的同时，也在被历史趋势协调着与智育、德育、美育之间的关系。自我国开启教育现代化进程以来，体育一直是学校中的必修课程，那么，仅从课程时数观测体育的受重视程度能如实反映体育的实际状况吗？通过分析现有学校中的体育，会发现体育在教育中主要呈现出“无力的体育”与“孤立的体育”两种状态，其深层次的原因是人们更崇尚德育、智育等对心智的培养，体育的育人价值一方面被德育、智育等价值排挤，另一方面被狭隘化为培养某种职业队伍的手段。总之，体育游离于教育边缘地带，是人们割裂身心关系，弱化体育育人价值的结果。

一、体育与智育、德育、美育的抵牾

在现代教育中，体育的存在方式堪称尴尬，其原因之一是，虽然人们已经熟知体育与智育、德育、美育并举是人的全面发展的需要，但是，在主智主义的教育体系中，体育被智育等排挤，处于边缘化状态，是谓“无力的体育”；其原因之二是，背负着特殊社会历史特征的体育承担着培养竞技运动员的职责，现有的教育体制把体育的这一部分功能以体校等形式独立出来，造成了体育在教育体系中被孤立的实际状态，是谓“孤立的体育”。

（一）无力的体育

2015 年，有一篇名为《危机四伏的“体育课”，会浴火重生吗?》的帖子在网上引起热议，该帖子总结现在体育课的主要症状是“三无”，即“无强度、无难度、无对抗”，和“七不”，即“不出汗、不喘气、不奔跑、不脏衣、不摔跤、不擦皮、不扭伤”[①]，形象地刻画出了现在体育课的一些病态。的确，学生穿着牛仔裤，散步、聊天、晒太阳，一副上“透气课”“放松课”的姿态，可不是“三无七不”吗?

---

① 动商研究中心.危机四伏的“体育课”，会浴火重生吗？[EB/OL]. http://mp. weixin. qq. com/s? _ _ biz = MjM5NTMzMDIxNQ% 3D% 3D&idx = 1&mid = 2649944101&scene = 21&sn = 31b7b1ccee39233 f699ddd3fb6740543.

或许有人会说，除了体育课之外，学校中的体育还包括早操、课间操、运动会、课外的体育活动等。那么，两操是怎么实施的呢？随便到一所中学看看，现在的两操都被称为"跑操"，顾名思义，只需跑即可，学生们口喊着"一二一"的口号，跨着整齐划一的步伐，难怪被网友戏称为"天下第一操"。讲究安静、有序、合拍的跑操，除了说明学校管理有序和学生具有高度的集体主义精神之外，更应引人深思的是，通过这样形如军事训练般的跑操，学生能学会什么运动技能？能掌握什么运动知识？能知晓哪些竞赛规则？能领悟哪些体育精神？答案可想而知。

再来看学校中的运动会，长期以来，运动会似乎成了少数体育特长生的表演舞台，观众席上除了学生干部、少数运动员亲友之外，还有多少观众？不仅如此，无人观看的运动会还面临着一种特殊的风险：2012 年，华中科技大学校运会取消女子 3000 米和男子 5000 米长跑项目①；无独有偶，北京科技大学、北京师范大学、首都经贸大学等在京高校，以及西安等地高校的校运会也取消了 3000 米以上的长跑项目，取而代之的是一些危险系数较小的趣味项目。其直接原因与一些坏消息有关，近年来，学生在体育课中意外猝死的报道屡屡出现，但凡发生此类意外，学校和老师承受的最大压力是如何面对家长的索赔和社会各界对校方是否实施积极救助的质疑，抛开其中的法律问题不谈，这种索赔和质疑的直接负面效应是老师在体育课上畏首畏尾，害怕发生意外的心理强于严格教学的责任心，于是一句"自由活动"就上完一节体育课的情况屡见不鲜。

课外体育活动的参与情况也不容乐观。据 2009 年的调查数据显示，日本、新加坡、美国、英国、澳大利亚五个国家初中生与高中生参加课外体育活动的平均比例分别是 57.39%和 56.05%，而我国初中生与高中生参加课外体育活动的平均比例仅为 9.34%和 14.89%②。根据国家体育总局抽样调查结果显示，2014 年，6 至 19 岁的儿童青少年每周达到 3 次及以上 1 小时大强度体育锻炼的仅有 8.9%，体育锻炼强度小的儿童青少年则占 38.5%。

以上各种近乎病态的体育现象是这么多年来体育并无多大改观的集中反映。难怪有人开玩笑说，一所学校缺了语文老师不行，缺了物理老师不行，缺了外语老师不行，唯独缺了体育老师不影响办学。但"无力的体育"只反映了大多

① 华中科大校运会取消长跑　校方称学生体质不达标[EB/OL]. http://news.sohu.com/20121112/n357316141.shtml.

② 海淀体育.堪忧！中国青少年身体素质开始全面落后日本[EB/OL]. http://sports.sohu.com/20161202/n474775496.shtml.

数学生与体育的关系,只是人们较为容易发现的一种智育优先教育体系中的体育被边缘化的形式。与“无力的体育”并行的另一种体育被边缘化的形式,也是较为被人们忽视的一种形式,即“孤立的体育”。

(二)孤立的体育

在我国的教育体系中,有一类特殊的学生群体,与其他大多数学生不同的是,他们既不醉心于书本中,也不深陷于题海中,而是从运动训练中开始和结束自己的日常生活。这一部分学生群体是指体校中的学生和普通学校中的体育特长生,他们身上表现出来的,是以教育场所被隔离、教育内容中的体育与教育中的其他育相隔离的一种非常态的体育优先形式。与人们认为智育优先于体育的惯常认识不同的是,他们身上表现出了体育对智育等的反向倾轧。

从现象上看,体校的学生和普通学校中的体育特长生对体育活动的热衷度明显高于其他学生,他们把各级各类体育活动看作展现自己个性与能力的舞台,并以在其中取得傲人的成绩为荣,从而获得一定的存在感和认同感。但他们普遍对文化课兴趣不大,这与他们从小偏重于培养运动技能和特长有关,更与他们在学校中的学习内容、学习方式有关。

孤立的体育是特定的社会历史下的产物,其贡献是为国家选拔、培养和输送了一大批高水平竞技运动员。据不完全统计,被誉为“世界冠军的摇篮”的杭州市陈经纶体育学校就为国家培养了上千名优秀运动员,其中“奥运冠军 7 人次,世界冠军 73 人次,亚洲冠军 72 人次”(2019 年数据)。然而,孤立的体育的劣势也是显而易见的,那就是我国高速发展的竞技运动不仅偏离了体育的本质,还通过一系列的手段对体育进行了特殊化处理,从而使所有人的体育演变成为少数人的体育。把培养高水平运动员和运动特长生的学校作为特殊的教育机构,把高水平运动员和运动特长生作为教育中的特殊群体对待,这样做的后果是既伤害了高水平运动员和运动特长生,又伤害了其他的青少年。高水平运动员和运动特长生是竞技运动的产物,他们头上的光环是用体、智、德、美严重不平衡的教育作为沉重代价换来的,况且这种光环只属于那些能进入省队、国家队的极少数人。一旦他们告别运动生涯,其由于所受教育的不平衡所潜藏的社会竞争力上的弱势便暴露出来。据抽样调查统计,我国退役的优秀运动员中,“因为伤病缠身或身体残废而无法就业的占 35.29%,因为文化程度较低(多为初中程度)而未能正式再就业的占 58.82%”①。因此,大多数时候“体育

① 李留东.我国优秀运动员家庭社会阶层背景及其社会流动路径[M].上海:上海社会科学院出版社,2014:228.

生”是一个带有贬义的称谓，特指“四肢发达，头脑简单”的一类人，其社会地位并不被人们广泛认可。同时，对绝大多数的学生来说，也在承受着体、智、德、美不平衡的教育，智育占据了主导地位，体育的生存空间狭小有限，对这绝大多数的学生来说，心智发展的代价是身体的无力，不是“灵魂跟不上身体”，而是“身体跟不上灵魂”。

二、身还是心：教育中的体育价值冲突

“无力的体育”与“孤立的体育”共同反映出来的问题是，由于教育的发展一直受到身与心关系认识的左右，体育价值一直未能得到更好的确认。要知道在清末民初之际，西方现代体育并不是传入我国的“单个物件”，而是背负着教育救国、体育强民历史使命的“一剂良药”。因此，在清末的体操课与民初的体育课施行之初都有过对西方现代体育的一番论证，西方哲学中的身心二元论便乘机进入人们的头脑。对此，袁敦礼等人都曾陈述身心二元论的弊端与我国古代哲学中身心一元论的可取之处。现在看来，这些思想虽对体育的发展有所裨益，却因仅局限在体育的范畴内讨论身心关系，而没有看到身心关系对整个教育体系的深刻影响，体育这一剂药既没能医好国民身体，也没能医好国民精神。因此，多年来，体育有益于改善人的平衡性、协调性等，有助于提高人的注意力、记忆力等，有利于培养人的协作精神、吃苦精神等这些家喻户晓的作用，并不能从根本上改变体育在教育中被边缘化的境遇。不从教育整体的高度来俯瞰体育是如何变成“无力的体育”与“孤立的体育”的，便不能揭示体育被边缘化的深层次原因是教育中的体育、智育、德育、美育之间的不平衡、不协调。

教育的历史，实际上是体育、智育、德育、美育之间不断协调发展的历史，在人类社会的初级阶段，体育是主要的内容；随着人类社会的发展，人的大脑愈趋发达，脑力运用多于体力运用，智育的地位便随之上升；人类社会关系的复杂还必须依靠调整人与人关系的社会规则，如法律、道德等的规范，德育便是教育中不可或缺的一部分；人还有对美的独到感觉、体验和追求，美育也必然在教育之列。当然，四者并不是简单地、接续地、孤立地出现的，谁也不能严格地为每一育的发生界定一个准确的历史节点。但可以确定的是，随着人类社会的发展，四育的主次轻重会不断改变，每一个历史阶段占主要地位的教育内容，必然是该历史阶段人们认为的最能培养人、增强人能力或力量的东西。与智育、德育、美育培养人的心灵或精神不同的是，体育以直接的身体活动形式并伴有肌肉、

骨骼、器官、神经等的直接改善效果出现，这种基于发展人的心灵或精神与发展身体来划分教育内容的传统从斯宾塞的《教育论》一直延续至今。因此，体育在教育中的地位如何，很难与人们对身心关系的认识脱离干系。

在我国古代，“心、身本来不二，其相通甚至同质的所以然，即在于心、身由气贯穿而上通性—天”①，那么为何民风渐弱呢？我国古代哲学中的“心”“既含摄知性思考，又充溢德性诉求，并为情意的体验所涵润”②，包含了英文“heart”和“mind”之意，身体是道德化了的、价值化了的身体，修身即是修心，修心才是古代哲人的核心功课。因此，古代教育重在通过德育来修心修身，而不提倡身体徒有力量，官学、私学、科举考试都以儒学经典为中心，在以文举入仕为直接目的的教育中，德育地位无可比拟，以心性为价值取向的古代体育只能依附于政治伦理教化，从属于道德理想主义。

西方教育向来具有深厚的身心二元论哲学根基，其“心”(mind)是理性思维，不包含欲望、感性、情感等非理性因素，从苏格拉底到笛卡儿，身与心的关系是在认识论范畴内的质料与形式、实体与思维的关系，无论是“身体坟墓说”还是“身体铁镣说”都为教育奠定了扬心抑身的传统。向来备受推崇的古希腊教育虽在一定程度上因斯巴达教育以体育为主而闻名，却更因雅典教育和谐的“七艺”课程而闻名。因对德性的认识和坚守不同，古希腊体育在教育中的地位或高或低，而斯巴达最终未能守住古希腊的文明，也与其过分重视体育，轻视智育等有重要关系。在西方现代社会，体育进入更加辉煌的时代，然而，科学技术理性把无知视为道德沦丧和缺乏理性的根源，重知、重智的教育获得了合理依据，知识教育居于核心地位，体育的发展深受人们对物理世界的认识和改造能力的限制，始终没有改变灵魂附庸的地位，像伊顿公学那样很好地协调体育与智育、德育、美育之间关系的学校毕竟只是少数。因此，一旦体育不再被认为是实现德性、理性的最佳途径时，体育的生存空间便会受到挤压。

西方现代体育传入我国不久，恰逢我国现代教育体系参照西方现代教育体系的始建之时，在19世纪末到20世纪中叶，以唯理论为哲学基础的赫尔巴特学派、以经验论为哲学基础的杜威实用主义、以马克思主义哲学为哲学基础的马克思主义教育学等竞相登场，“五段教授法”“设计教学法”和“道尔顿制”的推

---

① 周与沉.身体：思想与修行　以中国经典为中心的跨文化关照[M].北京：中国社会科学出版社，2005：92.

② 周与沉.身体：思想与修行：以中国经典为中心的跨文化关照[M].北京：中国社会科学出版社，2005：232.

广几乎成了那个时代的教育标签。其间，涌现出许多教育家、体育家，他们对体育的重视至今令人难忘，如朱元善指出：“……欲提倡体育，不可不先明体育之价值。”①像张伯苓那样提出或认可“体育优先”的教育家更不在少数。但实际上，民国时期学校体育并未达到教育家们所说的那种理想效果。据查，当时的体育与音乐、图画、手工并称“小四门”，或称“豆芽科学”，并不受重视；受经费限制，场地局促，器材设备简陋不堪，体育教师地位不高等的影响，泛滥的“放羊式”“选手制”“锦标主义”使体育徒有形式，因而，不可过高估计20世纪上半叶体育在我国教育体系中的地位与作用。

1949年后，中国的教育体系以凯洛夫教育学为框架，继续沿着赫尔巴特教育学的路子，“主智主义”日渐突出。1953年6月，毛泽东向全国青年提出了“身体好”“学习好”和“工作好”几点希望，不久后，全国各地学校开展“三好”学生评选活动。但是，从现有各地各类学校的评选实情来看，学习成绩在评选内容中占了最大比例，往往是学习好就能拿“三好”。评价机制偏重智育是重智教育体系的一个缩影。我国教育界著名学者魏贤超教授就曾指出：“从现存的教育理论和实践看，所谓全面教育是在以知能教育或智育为中心前提下的‘全面’教育”，这是“要素片面（畸形）、比例失调（失衡）的片面教育，或称作重智轻德缺体少美（多劳）的教育”。②2014年8月，时任国际奥委会主席巴赫（Thomas Bach）在我国演讲时提出：“在很多国家，体育在教育体系中应该扮演的角色没有受到重视，体育的作用被很多教师和家长所低估，其中就包括中国，甚至可以说，这种状况在中国更为严重。”

改革开放后，在经济建设和科技发展的实际需要中，诞生了一句妇孺皆知的口号——“学好数理化，走遍天下都不怕”，以理工科为代表的科学知识俨然成为教育的“代言人”。在这种形势下，我国的德智体美全面发展的教育方针很难落到实处，体校以体育卫道士的姿态出现非但不能挽救体育的颓败，反而凸显了体育的劣势。究其根本，在教育中，体育、智育、德育、美育的关系问题，不是谁更重要，而是谁都重要。现在的体育，被人们口头上重视，行动上忽视，是走偏了的体育。“把教育中智力的、体力的、美感的、道德的和社会的组成部分加以分隔，这是人类互相疏远、轻视和支离破碎的一种迹象。”③长期以来，人们

---

① 朱元善.体育之价值[J].教育杂志，1915，7(11)：201—208.

② 魏贤超.德育课程论[M].哈尔滨：黑龙江教育出版社，2001：41.

③ 联合国教科文组织国际教育发展委员会.学会生存：教育世界的今天和明天[M].华东师范大学比较教育研究所，译.北京：教育科学出版社，1996：98.

对具有运动特长的学生的“文化素养”和“道德情操”总是嗤之以鼻，却不想想，那些因在数学、物理、化学竞赛中取得优异成绩而被多加赞誉的学生大多都带着高度数的近视眼镜，体育成绩一塌糊涂。同样是偏科，待遇却如此不同，在一个几千年来以德育见长、百年来以智育为重的国度，人们已经习惯了“劳心者治人”“劳力者治于人”的观念，不自觉地充当起了西方身心二元论构筑的教育体系的鼓吹者和捍卫者。

陈桂生曾言“分解教育内涵的意义集中表现为着眼于教育的全方位”，而不是分裂教育目的或将之“作为实际工作职能分工的基础”①，在教育这一整体中，任何一育都与其他育交叉渗透，你中有我，我中有你，任何一育也都不可能独自完成人的全面发展这一任务。朗格朗也说：“教育领域中这种把体育运动作为一种插曲、一种次要活动的态度和作法，与它在社会各部门中具有的重要性形成了一种危险的对照，甚至也与它在体育管理人员、运动员自己和观众中滋长的不健康态度形成明显的对照。”②也许，在智育取胜的现代教育体系中，“无力的体育”与“孤立的体育”还会持续下去，但我们要借用余秋雨在《文化苦旅》中的话语来发问：“如果精神和体魄总是矛盾，深邃和青春总是无缘，学识和游戏总是对立，那么何时才能问津人类自古至今一直苦苦企盼的自身健全？”③

第三节 “我”与“他”的冲突

恩格斯说：“无论历史的结局如何，人们总是通过每一个人追求他自己的、自觉预期的目的来创造他们的历史，而这许多按不同方向活动的愿望及其对外部世界的各种各样作用的合力，就是历史。”④人类历史的发展是多因素合力的结果，体育作为社会的一个子领域，处于政治、经济、文化的包裹中，每一时空中的体育价值也便处于由该时空政治、经济、文化等环境因素交织而成的价值之网中。其中的价值冲突产生于作为“我”的体育与作为“他”的环境因素之间，原因是“他”的价值导致“我”的价值被泛化。概而论之，价值泛化是指体育在发展

---

① 陈桂生. 教育原理[M]. 3版. 上海：华东师范大学出版社，2012：198—199.

② 保尔·朗格朗. 终身教育引论[M]. 周南照，陈树清，译. 北京：中国对外翻译出版公司，1985：60.

③ 余秋雨. 文化苦旅[M]. 2版. 上海：东方出版中心，2001：自序2.

④ 恩格斯. 路德维希·费尔巴哈和德国古典哲学的终结[M]. 中共中央马克思恩格斯列宁斯大林著作编译局，编译. 北京：人民出版社，2014：44.

的过程中，不断地与各种环境因素相互渗透，受到政治价值、经济价值、文化价值等的影响，体育变身为实现环境因素价值的工具或手段而脱离了其育人的本体价值。

一、体育与政治、经济、文化之间的张力

现在萎靡不振的学校体育，与蓬勃发展的竞技运动、如日方升的体育产业以及方兴未艾的全民健身形成了巨大的反差。究其原因，是我国体育自一开始便不具备相宜的政治、经济和文化根基，自清末以来体育就一直肩扛“强国强民”的担子，后来扛着“为国争光”的大旗，现在又成为体育产业振兴的支点，积淀已久的一些社会文化心理也在体育工具价值的形成和发展过程中扮演了重要的角色。在全景式的视野中观察体育与政治、经济、文化的互动，反思欣欣向荣的竞技运动、体育产业和全民健身活动，更能深刻感受到体育所不能承受之重。

（一）少数还是全体：竞技运动发展了谁？

受大体育观的影响，竞技运动一直充当着体育的代言人，活跃于运动界的人也以体育人自居。然而，考察我国的体育体制，能较为容易地发现竞技运动不过是体育的一种特殊形式，以体育人自居的这些人也不过是体育的特殊化对象。具体而言，我国在体育体制上把青少年划分为两种类型，一类是专业竞技运动员梯队建设的人才库，以体工队、业余体校和高等体育院校为主要培养机构，1987 年后招收高水平运动员的普通高等学校也承担了一部分培养专业竞技运动员的职能；另一类则是未被纳入该培养目标的多数青少年。

这个体制自中华人民共和国成立之初就已见雏形，1952 年“中央人民政府体育运动委员会”成立（1954 年该委员会改称为“中华人民共和国体育运动委员会”，简称“国家体委”，1998 年后改组为“国家体育总局”），该委员会于 1956 年下发《青年业余体育学校章程（草案）》《少年业余体育学校章程（草案）》，要求各省、自治区、直辖市的体育运动委员会建立青少年业余体校，从此我国体育踏上了在体委系统领导下的青少年业余训练与普通学校体育教学分道扬镳的道路。到 1982 年，“各种形式的业余体校、重点业余体校、体育中学、体育运动学校”已达 2 600 余所，在校生达 23 万余人①，承担了向优秀运动队输送人才的主

① 中华全国体育总会文史资料编审委员会. 体育史料：第 11 辑[M]. 北京：人民体育出版社，1984：83.

要职责。为了丰富体育后备人才库，准确地说是为了充盈我国竞技运动人才队伍，国家教育委员会（简称“国家教委”，1998 年后更名为“教育部”）1986 年制定了《关于开展业余体育训练，提高学校体育运动技术水平的规划》，随后国家又陆续颁布了《学校体育工作条例》《中华人民共和国体育法》等重要法规，随后确定了 216 所中学为培养优秀体育后备人才试点学校，在一些重点高等院校中试办高水平运动队。这样，我国体育是在国家体委和国家教委两个部门的领导和组织下，由各级各类学校具体实施和开展的，形成了纵贯基础教育和高等教育层次的体育模式。

这一体制还有另外一个重要的背景。1952 年，国家领导人作出参加赫尔辛基奥运会的决定后，如何快速提高我国运动技术水平与提高我国的国际地位联系在一起，而苏联则为我国提供了举全国之力推动竞技运动发展的模式。20 世纪 50 年代，以美、苏为首的资本主义国家和社会主义国家两大阵营在政治、经济、文化等各个领域激烈角逐，为赢得较为宽松和有利的国际地位，苏联在集体主义教育的优势下，极力渲染竞技运动对国民精神的激发作用，集中力量培育竞技运动选手，在 1952 年至 1988 年间，苏联共参加了 18 届夏季和冬季奥运会，其中 14 次获得金牌榜第一名，确立了国际竞技运动的霸主地位。基于向苏联学习的新传统和苏联的成功崛起，我国把政治色彩极其浓厚的“举国体制”照搬过来，还通过乒乓外交等巩固了自己的优势项目，确立了“体育大国”的国际地位。在 20 世纪的最后十五年里，从全国体育发展战略会议正式提出了奥运战略的构想，确定我国竞技体育发展的最高目标是“奥运会”到国家体委正式颁布了第一部《奥运争光计划纲要》，充分说明以竞赛为目的的运动训练与学校中的体育相分离的模式是特定社会历史背景的产物。李力研在 20 世纪晚期指出：“我国目前的竞技运动及其对竞技运动的研究，更多考虑的便是如何提高运动成绩，仍然没有在理论上考虑如何将竞技体育表现出的各种质态向民族心理和民族行为方式方面加以推广和渗透，从而上升为民族的现代素质。”①这段论述仍具有极其深刻的现实批判意义。

（二）经济还是体育：体育产业振兴了谁？

在我国，体育产业是 20 世纪末兴起的产业部门。根据《国家体育产业统计分类》，我国体育产业的范围为“体育管理活动，体育竞赛表演活动，体育健身休闲活动，体育场馆服务，体育中介服务，体育培训与教育，体育传媒与信息服务，

---

①　李力研．竞技体育在中国超前发展的文化机制与社会价值[J]．体育与科学，1989(1)：14—16.

其他与体育相关服务，体育用品及相关产品制造，体育用品及相关产品销售、贸易代理与出租，体育场地设施建设等十一大类”[①]。在中华人民共和国成立最初的三十年里，体育作为一项重要的社会事业由政府兴办，在计划经济体制中，并无体育产业之称。改革开放后，国民经济的产业部门随着市场经济的发展不断健全和完善，为单一的体育事业转为体育事业与体育产业平行发展提供了可能；与此同时，国外不断走向成熟的俱乐部模式，也为我国振兴体育产业增添了信心、提供了借鉴。

20 世纪 90 年代，在国家加快发展第三产业的春风中，国家体委于 1993 年 5 月制定了《关于培育体育市场、加快体育产业化进程的意见》，肯定了从“……建立充满活力的自我发展机制，加速体育产业化进程，逐步走向市场”来推动体育事业发展的方向[②]。1995 年，国家体委发布《体育产业发展纲要(1995—2010 年)》，提出“争取用 15 年左右时间，逐步建成适合社会主义市场经济体制、符合现代体育运动规律、门类齐全、结构合理、规范发展的体育产业体系”的发展目标[③]，我国体育产业发展思路愈益清晰。1996 年的《中华人民共和国国民经济和社会发展“九五”计划和 2010 年远景目标纲要》明确要“形成国家与社会共同兴办体育事业的格局，走社会化、产业化道路”[④]，为体育产业化提供了更有利的政策环境。进入 21 世纪后，国家体育总局发布了《2001—2010 年体育改革与发展纲要》，提出体育“四化”(社会化、科学化、产业化、法制化)目标。这一阶段，我国体育产业在逐渐向好的政策环境中在彩票、竞赛表演、培训服务等多方面取得了突破，初步形成了多种业态共同发展的形势。

2008 年北京奥运会之后，全民健身的理念深入人心，全社会参与体育活动的热情空前高涨，体育产业借机发展，2008 年体育产业的从业人员达到 317 万人，实现增加值 1555 亿元，较 2007 年增长 16%[⑤]，初步构建了面向大众、以服

① 《国家体育产业统计分类》公布实施[EB/OL]. http://www.sport.gov.cn/n319/n4835/c573712/content.html.

② 国家体委关于培育体育市场、加快体育产业化进程的意见[EB/OL]. http://law.lawtime.cn/d643838648932.html.

③ 体育产业发展纲要(1995—2010 年)[EB/OL]. http://www.china.com.cn/zhuanti2005/txt/2005-06/10/content_5885922.htm.

④ 中华人民共和国国民经济和社会发展“九五”计划和 2010 年远景目标纲要[EB/OL]. http://www.law-lib.com/law/law_view.asp? id=96394.

⑤ 体育总局印发《体育产业“十二五”规划》的通知[EB/OL]. http://www.gov.cn/gzdt/2011-05/16/content_1864566.htm.

务消费为主的体育市场体系①。但是，中国体育产业的产值只占 GDP 的 0.1%～0.3%，与欧美等发达国家有近 10 倍的差距②，结构不合理、体制机制不健全、市场不成熟、基础薄弱等制约了我国体育产业的进一步发展。为解决体育产业的综合问题，2010 年国务院办公厅发布《关于加快发展体育产业的指导意见》(国办发〔2010〕22 号)，指出发展体育产业具有拓展体育发展空间，丰富群众体育生活，培养体育人才，提高全民族身体素质、生活质量和竞技体育水平，促进我国由体育大国向体育强国的转变，促进经济社会协调发展的重要意义③，紧接着，2011 年国家体育总局发布了《体育产业“十二五”规划》。2014 年，国务院《关于加快发展体育产业促进体育消费的若干意见》(国发〔2014〕46 号)出台，提出体育产业的发展目标：“到 2025 年，基本建立布局合理、功能完善、门类齐全的体育产业体系，体育产品和服务更加丰富，市场机制不断完善，消费需求愈加旺盛，对其他产业带动作用明显提升，体育产业总规模超过 5 万亿元，成为推动经济社会持续发展的重要力量。”④现在，体育已经成为我国重要的经济资源，体育产业已经成为国民经济的新增长点，呈现出一派欣欣向荣的发展态势。

（三）成年还是青少年：全民健身唤醒了谁？

全民健身是我国在新的历史背景下，在总结中华人民共和国成立后群众体育工作经验基础上形成的旨在增强人民体质与健康、发展群众体育而推行的一项体育事业内容。可以说，全民健身是以全民性、日常性、娱乐休闲性为主要特点的体育活动形式。

中华人民共和国成立后不久，为响应毛泽东“发展体育运动，增强人民体质”的号召，以厂矿、部队、机关、学校为阵地的体育活动开展得如火如荼，群众体育开展得有声有色。改革开放后，人们日益增长的精神文化需求趋向多样化，全民性的体育活动成为新时期人们的基本需求。1995 年，我国群众体育事业战略性文件《全民健身计划纲要》发布，提出要按照两期工程，到 2010 年“努力实现体育与国民经济和社会事业的协调发展，全面提高中华民族的体质与健

---

① 张林，黄海燕. 中国体育产业发展报告[M]. 北京：人民体育出版社，2013：4.

② 江和平，张海潮. 中国体育产业发展报告：2008—2010[M]. 北京：社会科学文献出版社，2010：2.

③ 国务院办公厅关于加快发展体育产业的指导意见[EB/OL]. http://www.gov.cn/gongbao/content/2010/content_1565482.htm.

④ 国务院关于加快发展体育产业促进体育消费的若干意见[EB/OL]. http://www.gov.cn/zhengce/content/2014-10/20/content_9152.htm.

康水平，基本建成具有中国特色的全民健身体系”的奋斗目标[①]。该纲要在制定过程中，曾在社会各界广泛征求意见，经抽样调查，96%的人表示拥护和赞成；该纲要颁布后，在城乡社区体育指导站和活动点参加活动人数迅速增加，据统计，2000 年在指导站和活动点参加活动的人数增至 1 180 多万，比 1995 年的人数增加了 118.4%[②]，不仅如此，场馆建设、经费投入等方面都有较大改善和提高。

2008 年北京奥运会后，在建设体育强国的新目标下，《全民健身条例》(国务院第 560 号令)应运而生，该条例规定“公民有依法参加全民健身活动的权利”[③]，并把每年的 8 月 8 日规定为“全民健身日”，从而为全民健身的长效开展提供了坚实的法制保障。2011 年国务院发布《全民健身计划(2011—2015 年)》(国发〔2011〕5 号)，提出到 2015 年“城乡居民体育健身意识进一步增强，参加体育锻炼的人数显著增加，身体素质明显提高，形成覆盖城乡比较健全的全民健身公共服务体系”的目标。在国家“十三五”规划首次明确提出“实施全民健身战略”后，《全民健身计划(2016—2020 年)》(国发〔2016〕37 号)把“弘扬体育文化，促进人的全面发展”作为首要任务来抓，体现了我国对全民健身内涵认识的新高度。

经过二十余年的发展，在各级政府的大力推动和全社会的共同参与下，全民健身的理念已经深入人心，“截至 2014 年底，全国经常参加体育锻炼的人数比例达到 33.9%，比 2007 年提高了 5.7 个百分点”[④]；全民健身公共服务设施大幅增多，仅 2011 至 2014 年，我国就“……建成全民健身活动中心 3 405 个，社区多功能运动场 9 447 个，体育公园 2 366 个、健身广场 24 879 个、室外健身器材 169 万多件”[⑤]；健身活动丰富多彩，健身跑、健步走、骑行、登山、广场舞等多种运动形式已经普及，太极拳、健身气功等民间传统项目也遍地开花，赛车、马术、极限运动等时尚休闲运动项目也在培育之中，人人爱锻炼、会锻炼、勤锻炼、重规则、讲诚信、争贡献、乐分享的良好社会风尚正在形成。

综观竞技运动、体育产业和全民健身的红火之势，反观学校中体育的停滞

---

① 《全民健身计划纲要》[EB/OL]. http://www.scio.gov.cn/xwfbh/xwbfbh/wqfbh/2015/33862/xgzc33869/Document/1458253/1458253.htm.

② 陈宁. 全民健身概论[M]. 成都：四川教育出版社，2003：71.

③ 全民健身条例[EB/OL]. http://www.gov.cn/zwgk/2009-09/06/content_1410533.htm.

④ 《全民健身计划(2011—2015 年)》实施效果评估报告新闻发布会开场白[EB/OL]. http://www.gov.cn/guowuyuan/vom/2015-12/24/content_5027197.htm.

⑤ 叶乐峰. 全民健身蔚然成风：各地全民健身活动开展情况综述[N]. 光明日报，2016-09-21(11).

不前，广大青少年的体质健康水平仍在持续下滑，我们不禁要问：竞技运动，如果你就是体育，那么，你发展了少数人还是培养了所有人？体育产业，你究竟是振兴了经济还是振兴了体育？全民健身，你到底唤醒了谁的体育意识？

二、"我"还是"他"：环境中的体育价值冲突

在我国，体育历来是社会事业的一项重要内容，随着经济社会的转轨升级，在政治、经济、文化的利好环境中，竞技运动、体育产业与全民健身纷纷找准了发展方向，正大踏步朝向新的发展目标前进。多年来，学校中的体育无甚起色，2016年国务院办公厅《关于强化学校体育促进学生身心健康全面发展的意见》（国办发〔2016〕27号）中直接指出"学校体育仍是整个教育事业相对薄弱的环节""学生体质健康水平仍是学生素质的明显短板"①。那么，从体育价值的层面分析，各种价值观是否影响了体育价值的彰显？

从政府职能的角度看，政府包办一般是对在计划组织体系内政府管理经济社会的一种特殊形态的描述，这样的政府被称为"全能型政府"。自中华人民共和国成立后，由于经济社会发展的底子薄、基础差，全能型政府一度发挥了宏观调控和集中管理的优越性，同样地，在我国体育事业发展的头几十年里，全能型政府投入了大量的人力和物力，发挥了决定性作用，这在竞技运动方面表现得尤为突出。众所周知，我国提高竞技运动水平的具体措施是把体育一分为二，把各级各类体育部门、各级各类体育院校和竞技体校当作体育的实施主体，把体校学生、高水平运动员当作体育的受众。在体制上，竞技体校同时受体育部门和教育部门领导，是有别于普通院校的教育机构；在办学目标和办学任务上，体育院校和竞技体校致力于运动员的培养和赛会名次；在教育对象上，体育院校和竞技体校限定了初选和后续选拔的详细标准和条件，只有具备一定竞技运动技能和潜能的青少年才能进入；在教育内容上，体育院校和竞技体校设置了以运动训练为主体的课程体系，文化课仅占很少的比例；在考核要求上，体育院校和竞技体校以各级各类竞技运动赛会成绩定高下。无疑，这是一种典型的竞技运动员培养模式。

不难看出，长期以来，我国的教育体制已经人为地把学生划分为适宜（具有运动天赋、潜能或特长的）参加体育（竞技运动）的群体和不适宜参加体育（竞技

---

① 国务院办公厅关于强化学校体育促进学生身心健康全面发展的意见[EB/OL]. http://www.moe.gov.cn/jyb_xxgk/moe_1777/moe_1778/201605/t20160507_242349.html.

运动)的群体，这违背了体育的对象应是全体学生而不是少数学生的基本原则。回顾人类体育发展史，竞技运动和体育始终是你中有我、我中有你的，但二者在主体、对象、目标上有着本质区别，即竞技运动是以发展少数人的竞技运动能力和水平，赢得竞技比赛胜利为目的的身体活动，而体育则是以发展所有人的身体能力和水平，实现人的身心发展为目的的身体活动。若要从人和社会的长远发展出发，体育当为本，竞技运动当为末，就好像体育是一座高塔的塔基部分，竞技运动是这座高塔的塔尖。反观现在竞技运动与学校体育之间的关系，究竟谁为本，谁为末？现在，过度重视对塔尖的设计、选材、施工、监测和保养，却轻视了整座高塔建筑原理、使用功能、施工方案、艺术造型等的整体构造，尤其缺乏对塔基的修筑。通过把体育的主体特殊化的方式来窄化体育，即把体育的教育者和受教育者限制在特定的人群内，集中体制、政策、经济、科技等资源为培养高水平运动员、体育特长生"保驾护航"，为夺取竞技运动赛会名次开辟"绿色通道"，这既说明了我国竞技运动蓬勃发展的成功之道，也反映了我国把体育当作职业教育内容与普通教育之间的隔阂。

从长远发展来看，我国对竞技运动的偏重已经造成了竞技运动价值对体育价值的压制，通过两个部门的交叉管理分化、弱化了体育的育人价值，唯金牌价值取向甚嚣尘上。当然，唯金牌价值取向的产生有着深刻的国际背景，就是20世纪20年代以后受现代奥林匹克运动会的影响，每一个运动项目都向"竞技本位""胜利第一主义""纪录主义"发展，全世界都向着"竞技主义"转变。在我国，唯金牌价值取向所引起的短期效应是把竞技运动价值提到了"制高点"，以在奥运会、世锦赛、全运会等争金夺银为运动员进行人生定向，以奖牌数量和分量作为运动员的人生价值判断标准。其长时效应是把竞技运动当作体育的本质，人为地制造了体育的门槛，集中力量办"精英体育"，人被异化为竞技运动赛会的工具，人自身的价值缺失，割裂了学生作为人发展体智德美的整体性，割裂了竞技运动、养生健身、休闲娱乐等价值的系统性。

全能型政府在集中力量办大事方面的优势突出，在一定时期内对树立统一的价值观、形成一定的价值共识具有积极作用。但是随着经济社会的发展，全能型政府的弊端也浮出水面。根据有关学者的研究，全能型政府的职能模式主要有五个特征，一是政府职能无边界，渗透到社会的全部领域；二是政府管理的方式是自上而下的，社会团体和个人缺乏自主性和自由度；三是政府管理的手段普遍具有强制性，极易在实施中被扭曲；四是政府管理的过程是封闭性的，缺乏全面有效的监督；五是管理绩效由政府自行制定，难以实现以改促建①。因此，体育事业从“政府包办”转向“社会自治”成为我国政府体制改革的内容之一，在这个改革过程中，体育产业作为一种新兴形式出现了。

不可否认，体育产业的勃兴将有助于形成全社会热爱体育活动的风气，但体育产业的落脚点是“服务”“消费”“市场”“效益”，而不是“体育”。体育产业必须自谋生路，作为体育事业的学校体育却不能自谋生路。以我国高尔夫产业为例，2013 年约 31％的高频（年度打球 25 轮次及以上）人口年消费总额为 5 万到 10 万元，42％的中频（年度打球 8～24 轮次）人口年消费总额集中在 1 万到 3 万元②，以服务会员为主的贵族式的消费理念和较为单一的消费人群使得高尔夫运动已经成为上流社会人群的一种身份标识③。体育消费中不可避免的“炫耀性消费”“奢侈性消费”现象④，都将对健康的体育文化产生冲击。因此，体育产业在一定程度上反映了体育在经济社会中的影响力，却不可夸大体育产业对体育价值的彰显作用，我们必须分清人们对体育的“真实的需求”是什么，“虚假的需求”是什么⑤，体育价值应始终对临时性的、感官性的、物质性的欲望保持拒斥的态度，不可被市场牵着鼻子走。

以体育产业的兴起来断言体育的发展是片面的，极易误导人们以经济价值来评判体育价值，或把体育价值归属于经济价值，它将会导致功利性、消费性和相对性等关系型价值评价原则在体育价值中的使用，满足人的临时性、感官性、物质性需要将被置于首位，从而消解体育价值的自足性、永恒性和终极性，使体育沦为经济的手段和附庸。用消费刺激人们对体育的兴致，只能导致一部分人把身体活动当作商品出售，而不是所有人把身体活动当作自由自觉的活动。一旦体育变成了可以任意消费的产物，体育活动就犹如商品生产活动那样被使用价值和交换价值决定，体育价值就会演变成体育这一物品满足人的需要的属性，变成了固定不变的东西。那样的话，体育于人身心发展的育人价值也就随时面临消失的危机。因此，必须明确，体育不是提高经济效益的手段，不需要也

① 吴爱明. 公共管理理论与实践[M]. 太原：山西人民出版社，2004：107—108.

② 新浪体育. 朝向白皮书解析：消费水平上升 1 号木购置率最高[EB/OL]. http://sports.sina.com.cn/golf/2014-03-15/15287067861.shtml.

③ 王明伟，张丹芳，吴香芝，等. 我国高尔夫产业发展现状与发展对策研究[J]. 体育与科学，2015，36(6)：41—47＋100.

④ 纪秋发. 中国社会消费主义现象简析[M]. 北京：北京理工大学出版社，2015：70—78.

⑤ 陈学明，吴松，远东. 痛苦中的安乐：马尔库塞、弗洛姆论消费主义[M]. 昆明：云南人民出版社，1998：59.

不应该在经济效益中寻找体育自身的价值。

借用我国学者赵汀阳对价值的分类分析可对此问题有更为明晰的认识。赵汀阳把价值分为关系型和自足型两种，关系型价值是指“某一事物是有价值的，当且仅当，它满足了某种主观需求或某种被约定的规范”，自足型价值是指“某一事物是有价值的，当且仅当，它能够实现其自身注定的目的”①。人们习惯于在主客体二分的框架内探讨价值的相关问题，关系型思维由来已久，在评判经济价值实现与否时，以是否满足人们需要或是否达到人们预设的某种指标为标准是通行的做法。但是这种思维和做法却不能用来评判体育价值的实现程度，因为体育价值以成人为向度，是一种以人的价值实现为终极目的的特殊价值。体育的价值在于体育本身，体育一经实施便具有意义和价值，体育具有自成目的性价值。

再来看全民健身，为实现“增强人民体质、提高健康水平”这一根本目标，《全民健身计划(2016—2020 年)》明确把“树立以参与体育健身、拥有强健体魄为荣的个人发展理念”作为主要任务内容来抓。全民健身计划实施二十余年来，人们已经普遍认识到体育锻炼对身心的各种益处，普遍肯定体育锻炼是一种健康的生活方式，已经打开了社会体育的良好局面。然而，作为全民健身重点对象的青少年的体质并无明显改善，这又是为什么呢？从社会文化角度来看，主要是两种心理滞缓了青少年参加全民健身的脚步。

第一种是“看客”心理。从本质上来说，这一种文化心理与我国长期以竞技运动统辖体育不无关系，把一部分青少年辖制在运动训练中，又把大多数青少年拒之门外。在连基本的运动知识和技能都不掌握的情况下，大多数青少年认为身体锻炼、运动训练只是体校生、体尖生的事情，形成了“我们只需要当看客就好”的远离体育的心理。而且，竞技运动尽管在提升国家软实力方面发挥了不可替代的作用，并担负起了走向“体育强国”的使命，却随着我国改革的深入，人们生产生活条件的改善和价值观念的变化，不得不走下神坛面向大众。可是据统计，2011 年我国足球、篮球、跳水等注册活动参与者均少于万人②，与我国人口总数形成强烈反差，这意味着竞技运动面临着如何融入人们日常生活的挑战。这固然受到协会、俱乐部制刚起步和体育硬件设施建设滞后等因素的影响，却难掩这种“体育”形式与人们文化心理之间的距离，一旦失去了国家力量

---

① 赵汀阳.论可能生活：一种关于幸福和公正的理论[M].第 2 版.北京：中国人民大学出版社，2004:20.

② 韩丹.纵论中国体育：特征、概念、历史和转型[J].体育与科学，2014，35(6):1—13+20.

的推动或者政府机关的保障，淡化了“为国争光”的光环，职业性地从事某项体育运动显然还不符合多数人的心理需求。

第二种是“实用”心理。尽管人们普遍认识到锻炼的重要性，但“尚文轻武”更符合我国的传统文化心理，学习新知识、掌握新技术更符合现代人们的文化心理。受教育评价体系的影响，对大多数青少年而言，体育仅被当作一门学校内的必修科目，相比占绝对统治地位的“文化课”来说，体育显得微不足道。多年来，唯分数、唯考试的取向得不到有效纠正，人们的实际取向已经把学生牢牢地拴在智育考试的“十字架”上，从基础教育到中等教育，再到高等教育，分数决定命运的导向已经把考试从手段化身为目的。且看每年 6 月初，全民奋战高考的景象就会映入眼帘，从学校、老师、家长，到警察、公交全都为高考学生保驾护航。且看暑期各个中学门口经常悬挂着的横幅或张贴的红榜上赫然写着“热烈祝贺我校今年高考上线率为……”“……中学高考光荣榜”“我校今年高考喜报”等。在中学生中流行着这样一句话：“考嘛学嘛，学嘛嘛好，嘛好学嘛。”可见，整个教育一片唯分数、唯考试景象，体育不受重视只是以应试为目的的错误理念引发的诸多怪象之一。

无论是“看客”心理，还是“实用”心理，都反映出“体育是社会文化的组成部分，受社会的政治和经济的制约，为社会的政治和经济服务”的思想根深蒂固[①]，多数人只把国家对体育的重视看作“是一种工具理性下的被动参与”[②]，突出地表现为对体育的拒斥。有学者曾言：“教育制度的相对自主性，即它同生产——社会经济因素——的相对独立性不是被忽视，就是被绝对化。”现在，无论是竞技运动、体育产业，还是全民健身，都在宣扬体育与政治、经济、文化的紧密关系，其潜在的危险是体育被视为经济社会发展的“全能手”而失去其独立性。教育家袁敦礼曾指出：“体育之教育价值，不足以充分发展，久之恐将呈衰落状况，而影响于整个教育，一如生理上之任何一器官不能充分利用其机能，久之恐将呈衰弱而影响全身之健康。”体育的育人价值一旦“无处归依”，就只能任由工具价值“扶摇直上”。

总而言之，通过对我国竞技运动、体育产业和全民健身与体育的对比研究，可以看出体育受到环境因素影响的深度，也可找出体育价值的独立性慢慢丧失的原因。作为“我”的体育如要寻找价值自主性，还必须对来自“他”的环境的价

---

① 全国体育学院教材委员会《体育理论》编写组．体育理论[M]．北京：人民体育出版社，1981：4.

② 熊晓正：学校体育之误，误把体质当目的[EB/OL]．http://mt.sohu.com/20151123/n427647847.shtml，2016-11-1.

值是如何侵蚀消解“我”的价值进行更深层次的剖析。其中，在政治、经济和文化中有几种因素对体育的影响至关重要，一是政府包办下的竞技运动金牌取向，二是市场催动下的体育产业经济取向，三是社会文化中的看客心理和实用心理。在它们的共同作用下，“我”的价值在被泛化中不断消解。

第六章 我国体育的理论冲突

人们对学校体育的性质、地位、内容、方法、手段等持什么态度，寄予何种希望等都是人们对体育价值认识的具体化，也就是说，有关学校体育存废进退的各项具体实践，都是一定社会历史时期体育价值取向的外在表现。但是，由于经济社会的发展水平有高有低，人们的文化心理各有不同，人们对体育的价值认识也往往存在较大差异，甚至对立，这又常见于各个历史时期的学术争鸣之中。因此，在遵照已有历史分期的情况下，以中华人民共和国成立为界，根据体育课程标准、大纲的修订，或具有转折性意义的重大文件的颁布时间，将我国现代意义上的学校体育发展分为体育的引进传播和深化推广两个历史时期①，前一个历史时期可分为三个历史阶段，后一个历史时期可分为四个历史阶段，统称为"两期七段"。在这两个历史时期里，分别出现过多种影响较大的体育价值观，下面分而述之。

---

① 关于清末以来我国体育发展史的历史分期，一般是以新中国成立为界，将新中国成立之前的称作近代体育，新中国成立以后的称作现代体育，然后再根据需要划分为不同的历史阶段，如郝勤主编的《体育史》中，1840 年至 1911 年是"西方近代体育在中国的传播"时期，1911 年至 1949 年是"中国近代体育的形成与演变"时期，1949 年至 1979 年是"中国现代体育的建立与曲折发展"时期。也有学者把西方体育传入我国后称为中国体育现代化时期，如谭华在《体育史》中把 1840 年至 1911 年称为"中国传统体育的危机与现代体育的初步确立"时期，把 1912 年至 1949 年称为"中国体育的初步现代化"时期，把 1949 年 10 月至 2008 年称为"当代中国体育的曲折发展"时期。还有些著述仅对新中国成立后学校体育发展的历程进行了阶段划分，如李晋裕、滕子敬、李永亮主编的《学校体育史》将之划分为四个历史时期：1949 年 10 月至 1956 年 8 月建国初期的学校体育，1956 年 9 月至 1966 年 4 月社会主义建设探索时期的学校教育，1966 年 5 月至 1976 年 9 月"文化大革命"时期的学校体育，1976 年 10 月至 1999 年具有中国特色社会主义建设时期的学校体育；又如李秀梅所著《中华人民共和国体育史简编》中把 1949 年至 1956 年称为"初创时期的新中国体育"，把 1956 年至 1966 年称为"曲折发展时期的体育"，把 1966 年至 1976 年称为"在挫折中发展的体育"，把 1976 年至 1987 年称为"大幕徐启的体育改革"，把 1987 年至 1993 年称为"全面启动的体育社会化改革"，把 1993 年至 2000 年称为"走向新里程的体育改革"。

第一节　不同历史时期的体育理论冲突表现

以引起我国学校体育重大转折的历史事件为节点，在把我国学校体育的发展历程分为“两期七段”的基础上考察体育价值认识的差异及其间的冲突，从体育思潮、思想的演变中窥探我国体育价值认识冲突的主要线索，这将有助于人们从整体上把握我国体育从无到有、从一到多的脉络，有助于通观“健康论”和“技能论”矛盾运行轨迹是我国学校体育价值认识演变轨迹的缩影。

一、体育引进传播时期的价值认识冲突

自清末西方现代体育传入我国至中华人民共和国成立前夕，这一时期的主要特征是西方现代体育被引入我国，经过政府和有识之士的大力传播，现代意义上的学校体育开始了从萌芽到初创，再到探索的历程，先后出现了军国民主义、国粹主义、实用主义、自然主义、新民主主义等体育价值取向。

第一阶段，自清末西方现代体育传入我国至1903年，这是我国学校体育萌芽阶段。这一阶段，在政治、经济、文化向日本和德国等学习的价值导向下，体育出现在教会学校、洋务学堂中。

据王华倬考证，在鸦片战争之后，西方传教士在我国举办的教会学校中设置了体育课程，有记载的最早的体育课（当时称为“体操”）出现在美国传教士狄考文（Calvin W. Mateer）在1864年创办的山东登州文会馆中，在华的教会学校普遍以课外活动的方式开展体育，对我国体育现代化起到了催化剂作用①。但这个阶段较有影响的体育思想主要存在于洋务派兴办的各式学堂中，体育作为“西艺”内容被引进我国，其体育价值诉求也围绕张之洞在《劝学篇》中所指出的“中学为体，西学为用”指导思想，以“忠君”“尚武”为宗旨。在洋务运动时期，少数维新人士开办或管理的书院等新式学校也尤为重视体育的教育价值。如张焕纶开办的正蒙书院、康有为开办的万木草堂、梁启超所在的时务学堂等都把体育作为一门必修课②，促进了德智体全面发展教育思想在我国的传播。

第二阶段，1904年至1922年，从癸卯学制颁布到新文化运动，可以称为我

---

① 王华倬. 中国近现代体育课程史论[M]. 北京：高等教育出版社，2004：34—36.

② 王华倬. 中国近现代体育课程史论[M]. 北京：高等教育出版社，2004：39—44.

国学校体育的初创期。这一阶段,体育课被称为"体操",内容以兵式体操为主,以"尚武"为宗旨,具有鲜明的军国民主义体育价值取向。

19世纪末,在全国各地兴办的新式学堂加速了我国封建教育的衰亡,但是由于各地新式学堂在办学目的、课程、教材、年限等方面各有不同,阻碍了现代教育的进一步传播,也与维新派兴办教育的预期有所差距。因此,通过统一学制来推行现代教育成为大势所趋。1902年,在官学大臣张百熙的主持下,《钦定学堂章程》(又称"壬寅学制")制定完毕,并经清政府颁布以整顿各地教育机构。根据"壬寅学制"规定,蒙学堂、小学堂、中学堂均设"体操"课,贯穿了义务教育阶段(蒙学堂、小学堂)到高等教育预备阶段(中学堂)的教育过程。虽然"壬寅学制"未能真正实施,但现代意义上的教育体制已经初现,这对推动体育的制度化建设具有积极的历史意义。

1904年,在我国教育史上具有划时代意义的《奏定学堂章程》(又称"癸卯学制")颁布实施,其中规定"体操"是初等小学、高等小学、中学的修学科目。"癸卯学制"规定儿童达7岁必须进入"强迫教育阶段"(初等小学)就学,"体操"课的目标和内容是"使儿童身体活动,发育均齐,矫正其恶习,流动其气血,鼓舞其精神,兼养成其群居不乱、行立有礼之习;并当导以有益之游戏及运动,以舒展其心思"①。高等小学的"体操"课程要旨是"使身体各部均齐发育,四肢动作敏捷,精神畅快,志气勇壮,兼养成其乐群和众动遵律之习,宜以兵式体操为主。"②可见,初等小学和高等小学的"体操"课都重在身体发育、习惯养成及精神教育。在内容上,初等小学以普通体操为主,高等小学以兵式体操为主,体现了教学内容的层级递进。根据"癸卯学制",中学堂的"体操"课内容更为具体,有徒手、哑铃、球竿、棍棒等普通体操,有器械体操、枪剑术、野外演习等兵式体操,又以兵式体操为主,其训练强度大于高等小学。上述内容是20世纪初军国民主义体育价值取向的直接表现。

1906年,清政府中央教育行政机构学部在《学部奏请宣示教育宗旨折》中提出了"忠君、尊孔、尚公、尚武、尚实"教育宗旨,在教育救国的基本旨意中,"尚武"意为"凡中小学堂各种教科书,必寓军国民主义……体操一科,幼稚者以游戏体操发育其身体,稍长者以兵式体操严整其纪律,而尤时时勖以守秩序,养威

① 成都体育学院体育史研究所.中国近代体育史资料[M].成都:四川教育出版社,1988:142—143.

② 田国祥,李斌,康彪.中国学校体育发展史[M].兰州:甘肃人民出版社,2011:30.

重，以造成完全之人格”[①]。应时局之需，民国初期蔡元培把军国民思想发展为军国民教育，试图借振兴体育强国御侮，1923 年他还在呼吁“中国教育应重尚武，不但为保卫国家计，亦为强身健体计”[②]。因此，清末新学制之中的体育与民国成立之初军国民教育，在内容和形式上的共同之处是都特别重视兵式体操，不同之处是清末新学制以兵式体操为体操课的主课，仍设武学讲授等，而民国之初军国民教育按军事编制管理各级各类学校，“……当时的学校体育课内容，几乎可以说完全被兵式体操和军事训练所代替”[③]。军国民主义价值取向主导的“体操”盛极一时。

第三阶段，北洋政府改“体操”为“体育”至中华人民共和国成立前夕，这一阶段是我国学校体育的探索期，实用主义、自然主义、新民主主义体育思想各自通过一定的体育实践宣扬了不同的体育价值诉求，出现了我国学校体育发展史上难得的多种体育价值取向并存的局面。

实用主义体育价值取向来源于杜威实用主义思想的传播，当时的国际背景是反赫尔巴特学派的新教育在欧洲、美洲掀起了教育改革的浪潮；国内情形是受我国教育学界从向日本学习到向美国学习的转向，留美归国学生（胡适、郭秉文、蒋梦麟、陶行知、姜琦等）的推动，以及杜威来华讲演的影响，国内知名出版社纷纷编辑出版杜威的相关著作，“可以毫不夸张地说，在这一时期，杜威重要的教育著作，几乎无一例外地、迅速地被译成中文”[④]。在教育理论上，胡适的“教育救国论”、陶行知的“生活教育论”都是对实用主义新的阐释；“设计教学法”和“道尔顿制”在全国中小学的广泛试行和改革是实用主义的具体应用。陆有铨等评论道：“20 世纪 20—40 年代，中国学者以杜威‘学校即社会’为思想资源，强调发挥教育的社会功能，培养民治精神；以‘教育即生活’为武器解决中国教育脱离实际的弊端；以实验方法为科学的方法，进行教育改革和探索，从而促进了中国教育的发展和社会进步。”[⑤]作为对实用主义体育思想的回应，体育教学中流行“设计模仿法”和“分组教学法”，鼓励和重视从学生的兴趣爱好出发组织教学活动。

与此同时，另一种外来体育思想也很快地获得了教育学界和体育学界的支持，那就是自然主义体育思想，它在 1922 年北洋政府公布《学校系统改革令》

① 舒新城. 中国近代教育史资料：上册[M]. 北京：人民教育出版社，1981：220.

② 中国蔡元培研究会. 蔡元培全集：第 5 卷[M]. 杭州：浙江教育出版社，1997：83.

③ 崔乐泉，杨向东. 中国体育思想史：近代卷[M]. 北京：首都师范大学出版社，2008：126.

④ 周谷平. 近代西方教育理论在中国的传播[M]. 广州：广东教育出版社，1996：145—146.

⑤ 陆有铨，迟艳杰. 中国教育哲学的世纪回顾与展望[J]. 教育研究，2003(7)：3—10.

（又称“壬戌学制”）宣布各级各类学校废止兵式体操时登上历史舞台。其思想起源一般认为是卢梭在《爱弥儿》中所表达的“遵循自然，跟着它给你画出的道路前进”①，好的教育者必须根据人的自然本性施加教育的理念，只有人的教育与事物的教育趋同于自然的教育，才能实现三者的结合，才是良好有效的教育。卢梭强调儿童要从实际活动中获取知识，重视身体发育、感官能力对人成长的积极作用，充满了不干预、不灌输、不压制的思想，颠覆了将儿童（学生）仅仅作为被动的教育对象的传统，引起了教育史上的革命，他也成为自然主义教育思想和自然主义体育思想的奠基者。自然主义体育思想主张在自然环境或自然情境中采用自然的方法和手段使受教育者获得锻炼，其关注儿童天性与兴趣，照顾儿童心理，与生活相结合的特殊价值诉求大大改变了原来枯燥、刻板的形式，严肃、专制的教学变得活泼有趣起来，在经美国教育家、体育家威廉姆斯发扬后，自然主义体育思想在20世纪上半叶得到欧美国家的普遍支持。我国体育家吴蕴瑞、袁敦礼等人因师从威廉姆斯，回国后极力传播自然主义体育思想，并在我国“体操”改为“体育”后确立了自然主义体育思想主导的体育价值观。但是，自然主义体育思想忽视对体育教学目标、教学内容、教学方法的系统建设，过于强调儿童的主体地位，忽视教师的主导作用，不利于调动教师的积极性，不利于学生掌握体育知识、技术和技能，实际上造成了“放羊式”教学的普遍存在，削弱了体育的价值。

中华人民共和国成立之前，解放区施行的体育体现的是新民主主义体育价值取向。新民主主义体育思想以马克思主义教育思想为理论基石，以中国共产党创建的革命根据地为实践区域，以1931年《中华苏维埃共和国第一次工农兵代表大会宣言》确立的工农群众（不分男女）都有受教育权为实施背景，以1934年毛泽东在中华苏维埃共和国第二次全国代表大会上提出的苏维埃文化教育的总方针和中心任务为指南，是在革命根据地开展新民主主义教育的实践中逐步建立起来的。因此，新民主主义体育具有鲜明的阶级性，主张广大劳动群众接受体育的权利，提倡与生产劳动相结合、为革命斗争而锻炼。在我国现代体育创建之初，农村体育几无开展，新民主主义体育思想推动了我国农村体育的发展，有助于增强广大劳动群众的体质，有利于生产劳动和革命斗争，在中华人民共和国成立前发挥了积极作用。

---

① 卢梭．爱弥儿：论教育[M]．李平沤，译．北京：人民教育出版社，2001：19．

二、体育深化推广时期的价值认识冲突

体育的深化推广时期是指自中华人民共和国成立至今的七十余年里，学校体育在全社会增强体质的大背景下与卫生事业交叉渗透，通过竞技运动、社会体育实现全面深化推广的历史时期。其中又可分为四个阶段。

第一阶段，是1949年至1956年的普及阶段。中华人民共和国成立之初，青少年营养不良、健康状况恶化是亟待解决的一个严重问题，现实需要迫使学校体育活动必须与卫生保健工作结合，由此形成了“健康第一”的教育方针，通过学校体育工作与卫生工作制度化结合，学校体育逐步规范化，改善和提高青少年的身体健康是中华人民共和国成立之初学校体育的目标。

具有临时宪法作用的《中国人民政治协商会议共同纲领》为中华人民共和国体育指出了体育与卫生共同发展的方向，其中的第五章第四十八条规定：“提倡国民体育。推广卫生医药事业，并注意保护母亲、婴儿和儿童的健康。”① 1949年10月26日，在中华全国体育总会筹备会议上，朱德再次申明：“体育是文化教育工作的一部分，也是卫生保健的一部分。”②1950年6月19日，毛泽东根据当时国民健康实际和早年对民国时期体育的深刻洞悉，在给教育部部长马叙伦的信中指出“要各校注意健康第一，学习第二。……学习和开会的时间宜大减。……全国一切学校都应如此”。这是中华人民共和国成立之后毛泽东首次针对学生的健康、课业负担、伙食和卫生等问题作出批示，这是“健康第一”成为全国教育工作方针的由来。1951年马叙伦在《关于1950年全国教育工作总结和1951年全国教育工作的方针和任务的报告》中提出各级学校要切实实行“健康第一”的方针③。由此可以看出，青少年的身体健康是中华人民共和国成立之初学校体育工作的价值诉求。

1954年，国家体委颁布“准备劳动与卫国”体育制度暂行条例、暂行项目标准、预备级暂行条例，把全国中等学校以上的学生纳入“劳卫制”范围④。在大

① 中国人民政治协商会议共同纲领[EB/OL]. http://baike.so.com/doc/5342030-5577473.html.

② 人民体育出版社.中华人民共和国体育运动文件汇编：第1辑[M].北京：人民体育出版社，1955:8.

③ 李晋裕，滕子敬，李永亮.学校体育史[M].海口：海南出版社，2000:10.

④ 中央人民政府体育运动委员会关于公布“准备劳动与卫国”体育制度暂行条例、暂行项目标准、预备级暂行条例的通告[J].山西政报，1954(9):45—55.

量翻译苏联体育教材，引进苏联“四段教学法”和实施《体育锻炼标准》的基础上，以苏联十年制体育教学大纲为蓝本，我国于1956年制定了第一套小学、中学、师范学校的体育教学大纲。其间，学校体育加强爱国主义精神、集体主义精神、共产主义精神教育，做到了学校体育与竞技运动、群众体育相结合，学校体育与卫生保健相结合，教学内容与课外活动相结合，项目内容与年龄阶段相结合，身体锻炼与考核要求相结合等，从实施效果上来看，五个方面的结合有力地推广和普及了体育锻炼，促进了青少年的身体健康，成为中华人民共和国学校体育的良好开端。

第二阶段，在1957年至1977年间，社会主义改造完成后，受政治社会环境的影响，学校体育时好时坏、时进时退，进入了我国学校体育历史上的徘徊阶段。

1957年2月27日，毛泽东在《关于正确处理人民内部矛盾问题》中指出：“我们的教育方针，应该使受教育者在德育、智育、体育几方面都得到发展，成为有社会主义觉悟的有文化的劳动者。”①体育在教育中的地位再次得到确认。但是，1958年按照《中共中央关于教育工作的指示》中“教育与劳动生产相结合、教育为无产阶级政治服务”的教育方针②，学校体育出现了生产劳动代替体育课的现象；1959年受自然灾害的直接影响，体育课暂停，打断了中华人民共和国成立近十年学校体育的良好势头，青少年的身体健康再次突出地成为国家面临的重要问题。为切实保证学校的教学秩序，中共中央、国务院在1960年作出指示③，要求保证学生和教师的身体健康。此时，学校体育卫生工作的主要任务仍是改善学生的身体健康状况，其途径是身体锻炼与生活卫生、生理卫生教育紧密结合。

1964年3月10日，毛泽东作了《对“北京一个中学校长提出减轻中学生负担问题的意见”的批示》（又称“春节批示”），批示指出：“现在课程太多，对学生压力太大，讲授又不甚得法。考试方法以学生为敌人，举行突然袭击。这三项都是不利于培养青年们在德智体诸方面生动活泼地主动地得到发展的。”④1965年7月3日，毛泽东作了《对“北京师范学院一个班学生生活过度紧张，健

① 毛泽东.新民主主义论 在延安文艺座谈会上的讲话 关于正确处理人民内部矛盾的问题 在中国共产党全国宣传工作会议上的讲话[M].北京：人民出版社，1966：111.

② 中央档案馆，中共中央文献研究室.中共中央文件选集：1949年10月—1966年5月：第33册[M].北京：人民出版社，2013：68.

③ 1960年5月，中共中央、国务院下发《关于保证学生、教师身体健康和劳逸结合问题的指示》。

④ 何东昌.中华人民共和国重要教育文献：1949—1975[M].海口：海南出版社，1998：1261.

康状况下降”材料的批示》(又称“七·三指示”),其中指出:“学生负担太重,影响健康,学了也无用。建议从一切活动总量中,砍掉三分之一。”①在毛泽东作出这两个批示之后,教育部分别进行了贯彻落实,提高了体育在学校中的受重视程度。之后不久,教育部对学校体育课程设置和教材建设分别进行改革,到1966年已经形成了稳定的每天早操或课间操,每周两节体育课和两次课外体育活动的“两操”“两课”“两活动”模式②,体育“增强学生体质”的目的进一步得到巩固。

好景不长,在1966年后,政治风波波及教育领域,学校的正常教学秩序被破坏,刚刚建立的学校体育制度被全盘否定,大多数学校的体育课被取消,体育活动无法开展。在阶级斗争、路线斗争为纲的指导思想下,军事体育取代学校体育,军体课教材取代小学体育教材和中学体育教材(包括教师用书),近半数的省(市、自治区)都自编、出版军体课教材,学校体育的所有活动都被贴上了各种政治标签。“政治挂帅”一度使学校体育违反学生身心发展规律,违背教学规律,走了一段偏离教育方向的弯路。

1971年,周恩来主持工作后,学校的教育工作出现转机,在国务院教科组召开教材工作座谈会之后,各地掀起了一股学校教材改革的小高潮,1973年少数省、市(辽宁、北京、湖北、山西等)重新编写和出版了体育教材③,根据学生的年龄、性别、生理特点、体质状况等设置体育课教学内容,大大缩减了军事项目的分量。其间,第五套广播体操在全国中小学推行,业余体校逐渐恢复,都在一定程度上为学校体育的恢复营造了良好氛围。但长期的破坏和紧接着的“批林批孔”“四人帮”等给学校体育工作制造的困难是难以想象的,从动荡的局势中恢复的学校体育工作,不可能在较短时间内修复、添置体育设备设施等硬件,更不可能在短时期内壮大师资队伍、提升教学水平,最大的危害是在学校体育稍有起色之际中断了人们对体育的美好遐想,隔断了人们对体育价值认识的连续性和发展性,阻碍了我国体育事业发展的脚步。

第三阶段,1978年至1999年,恢复提高阶段。在党的十一届三中全会之后,社会的各个领域开始拨乱反正,体育教学大纲也重新修订编写。1978年3月,教育部颁发的《全日制十年制小学体育教学大纲》和《全日制十年制中学体育教学大纲》(试行草案),是我国学校体育全面进入恢复阶段的先声。1978

---

① 何东昌.中华人民共和国重要教育文献:1949—1975[M].海口:海南出版社,1998:1353.

② 李晋裕,滕子敬,李永亮.学校体育史[M].海口:海南出版社,2000:83.

③ 李晋裕,滕子敬,李永亮.学校体育史[M].海口:海南出版社,2000:90.

年4月，教育部、国家体委、卫生部联合下发《关于加强学校体育、卫生工作的通知》，通知指出要像抓德育、智育那样抓好体育、卫生工作，学校党组织要有专人负责体育、卫生工作，同时明确中小学要恢复"两操""两课""两活动"的做法，开展体育卫生工作，保证学生每天一小时的锻炼等①。在我国学校体育经历起起落落之后，该通知首次由教育部肯定体育在教育中的重要地位，起到了在思想上统一认识，在领导和组织上给予保障的重要作用，这是正在逐步重建中的学校体育的一项政策保障，是我国学校体育全面进入恢复阶段的标志性事件。

1979年5月在扬州召开的全国体育卫生工作经验交流会，1979年10月国家体委发布的《中小学体育工作暂行规定》（试行草案）和《高等学校体育工作暂行规定》，都是在《关于加强学校体育、卫生工作的通知》之后的深化措施，如果说扬州会议"标志着我国学校体育、卫生工作步入了法制化建设和管理的新阶段"②，那么，《关于加强学校体育、卫生工作的通知》就是为我国学校体育步入法制化建设和管理新阶段吹响了号角，因此，以该通知的颁布为我国学校体育全面进入恢复提高阶段的节点较为妥当。

在这个阶段，有利于我国学校体育恢复提高的几件大事还有：1983年5月全国学校体育卫生工作会议（通称"西安会议"）确定了"四个为主"指导思想和"健康第一"指导原则等一系列加强学校体育卫生工作的措施和办法；1984年10月，中共中央发布《关于进一步发展体育运动的通知》，提出要在20世纪末把我国建设成为体育强国的目标，学校体育是建成体育强国要重点抓好的工作；1988年8月全国学校体育卫生工作会议（通称"南京会议"）明确了学校体育的根本目的，指出了今后学校体育要处理好"四大关系"③，对学校体育卫生工作作出具体部署；在《中华人民共和国义务教育法》实施后不久，国家教委对1978年颁布的《全日制十年制小学体育教学大纲》和《全日制十年制中学体育教学大纲》（试行草案）予以修订，于1987年1月颁发了《全日制小学体育教学大纲》（六年制）和《全日制中学体育教学大纲》（六年制）；经过五年的过渡，国家教委于1992年11月颁布了《九年义务教育全日制小学体育教学大纲》（试用）和《九年义务教育初级中学体育教学大纲》（试用），1996年12月颁布了《全日

① 李晋裕，滕子敬，李永亮．学校体育史[M]．海口：海南出版社，2000：101.

② 李晋裕，滕子敬，李永亮．学校体育史[M]．海口：海南出版社，2000：105.

③ 1988年8月，国家教委、国家体委、卫生部在南京联合召开全国学校体育卫生工作会议，会议强调要正确处理好四个关系：一是"体育与德育、智育的关系"，二是"增强全体学生体质与提高部分学生体育运动技术水平的关系"，三是"体育锻炼与卫生保健的关系"，四是"继承民族文化遗产和汲取外国先进经验的关系"。参见：李晋裕，滕子敬，李永亮．学校体育史[M]．海口：海南出版社，2000：152—153.

制普通高级中学体育教学大纲》(供试验用),加强了不同阶段体育教学内容的层次性与衔接性[①]。

学校体育的恢复提高还受益于1990年3月施行的《学校体育工作条例》与1995年实施的《中华人民共和国体育法》,它们是我国体育法制化的标志性成果,也是体育与卫生分离的标志。其中,《中华人民共和国体育法》中关于学校体育的七条内容规定了学校体育的性质、地位、目的、形式和保障条件,从法律上确立了学校体育的独立地位。此外,国家教委颁布《中学生体育合格标准的试行办法》,并从1989年起全面将学生体育成绩与中考、高考挂钩,落实了《中华人民共和国体育法》中"将体育课列为考核学生学业成绩的科目"的规定;1990年到1992年,国家教委又颁布了《大学生体育合格标准》《大学生体育合格标准实施办法》《小学生体育合格标准实施办法》,将各级学校体育课与体育合格标准挂钩。

受国际体育思潮的影响,国内体育界开始出现"终身体育""快乐体育""生物、心理、社会适应性"健康观等思想观点,并写入体育教学大纲与体育教材,如1996年12月颁布的《全日制普通高级中学体育教学大纲》(供试验用)中首次出现"终身体育"一词。

1989年,天津市和广东省湛江市部分中小学进行体育与健康教育结合的教育试验并取得良好效果;1992年国家教委颁布《九年义务教育体育与健康教育教学大纲》(初审稿供实验用);1993年,李晋裕主编的《体育与健康教育》课本通过审查。上述工作为1999年《中共中央国务院关于深化教育改革,全面推进素质教育的决定》明确"健康第一"的指导思想作出了重要铺垫。总之,在1978年至1999年间,我国学校体育除旧弊、立新规,全面恢复了学校体育的秩序,提高了全社会对学校体育的认识,为下一阶段的工作奠定了良好基础。

第四阶段,是指2000年至今的改革发展阶段。2000年至今的这些年里,在实施素质教育的主旋律中,学校体育以"健康第一"为指导思想,以发展青少年的身体、心理及社会适应能力为目标,更加尊重学生个性养成,学校体育逐步完善发展。

2000年12月,为贯彻落实《中共中央国务院关于深化教育改革,全面推进素质教育的决定》,教育部颁布了《九年义务教育全日制小学体育与健康教学大纲》(试用修订版)、《九年义务教育全日制初级中学体育与健康教学大纲》(试用

① 李晋裕,滕子敬,李永亮.学校体育史[M].海口:海南出版社,2000:147—154.

修订版)和《全日制普通高级中学体育与健康教学大纲》(试验修订版),从此,中小学"体育课"更名为"体育与健康课",出现了我国现代意义上的学校体育课程名称的第二次变化,是我国学校体育进入改革发展阶段的标志。2001 年,教育部颁布《全日制义务教育普通高级中学:体育(1—6 年级)·体育与健康(7—12 年级)课程标准》(实验稿);2003 年,教育部颁布《全日制普通高中体育与健康课程标准》(实验稿);2017 年底,教育部印发《普通高中体育与健康课程标准(2017 年版)》,分目标整合为运动能力、健康行为、体育品德,更加凸显培养学生学科核心素养和身心健康的主要目标。

第二节 相关理论比照

"健康论"与"技能论"的纠葛是我国现代学校体育价值认识的主要线索,它们在各个历史阶段又表现为不同价值取向之间的冲突与融合。"健康论"不断丰富内涵,一直在我国学校体育中处于上风,主导着我国学校体育的价值走向。"健康论"长期主导我国学校体育,是当前阶段我国体育的主要价值诉求,其得失也反映出我国体育价值认识存在一定的混乱。

一、我国体育价值认识冲突的主要矛盾

通过考察我国学校体育在各个历史时期的发展状况和体育价值诉求,可以发现,现代体育在我国从引进到创建的外因是社会历史的变迁和国际体育思潮的冲击,内因是我国传统体育不能满足人们强国强民的发展需要。因此,从一开始,我国现代意义上的体育就是在多种体育思潮、思想和观点的碰撞中从小到大发展起来的。不同价值诉求之间的冲突几乎贯穿我国学校体育的全过程,因此,冲突仍是我国学校体育价值认识的主要特征,其基本内容是"健康论"与"技能论"之间的冲突,其中"健康论"一直主导着我国学校体育的价值走向。

张洪潭曾对我国学校体育的发展主线进行过分析,他认为"体质论与技能论之争是学校体育系统之基本矛盾的命题"①,我们认为,"体质"不过是我国学校体育领域中"健康"的翻版,"体质"之含义受"健康"之含义统领,因此,以"健

① 张洪潭.体质论与技能论的矛盾论:百年学校体育主线索厘澄[J].体育与科学,2000,21(1):8—16+22.

康论”与“技能论”之间的冲突与演变为我国学校体育价值认识的主要内容更为妥当。

论及“健康论”的出场，大多数学者从中华人民共和国成立后毛泽东批示的“健康第一，学习第二”着墨。实际上，早在民国时期一些教育家的体育改革主张中就已经有了比较清晰的以学生身心健康为目的的体育思想，这一思想主要是从批判“尚武”和“锦标主义”中阐发出来的，这一点极易被人们所忽视。清末与民国初期的体育具有浓厚的军事色彩，一则是兵式体操源于德国体操和瑞典体操，其本身就具有明显的军事性质；二则是早年留学日本的蔡锷、蒋百里、孙中山、黄兴、秋瑾等人均受日本军事文化影响，他们把军国民看作强种保国的捷径；三则是因为寓兵于民的军国民思想符合当时统治者与社会大众的普遍心理，最易形成价值共识。

然而，军国民教育的效果毕竟是有限的，试图通过体育短时期内增强人们的体质，增强国防力量本身就具有一定的理想主义色彩，再加上在实施过程中，学生所受苛待较之封建学堂有过之而无不及。最先有着“健康论”倾向的是国粹主义，但它虽披着传统武术既可养生，也可防身御敌的外衣，却有着复辟政体的内核。因此，它并没有从体育价值上真正改变人们对西方现代体育的追求。20 世纪 20 年代后，一些开明之士反思了军国民教育对儿童身心的摧残，提出了体育应当以促进人的身心健康为目的的思想。因此，“健康论”的出场应当以民国初期计更为恰当，与之相关的是毛泽东、陈独秀、恽代英、徐一冰、陶行知等人的体育思想。

毛泽东的体育思想主要体现在《体育之研究》一文中，他说“国力苶弱，武风不振，民族之体质，日趋轻细”的原因是体育不振；体育“养乎吾生、乐乎吾心”，“使身体平均发达，而有规则次序”，学校中的体育违背身心的方法不可取。陈独秀早年曾力倡军国民教育，五四运动后，他主要从精神和心理方面反思了兵式体操、拳术和剧烈运动对学生的危害，他认为这些活动灌输了杀人思想，助长了竞争心、嫉妒心、虚荣心等，提倡在学校中对 10 岁前的儿童实施遵循自然本能、率性而为的“兽性主义”教育，对 10 岁以后的学生实施“人性主义”教育，学生的身体和心理、情感、道德才能全面发展。恽代英的主张非常鲜明，他在《学校体育之研究》中写道：学校体育的目的就是“保学生健康”，军国民体育“无异于军队之从贬斥教令中得来学问者而已”，“选手体育”则使人“骛于虚荣，枉正道以求不可必得之名誉”,都对强健身体无益①。

徐一冰从反对兵式体操论及健康的重要性,他在《整顿全国学校体育上教育部文》中提出:兵式教练的训练目的“无非攻战杀伐,本非学校体操保存康健之普及法也”,学校体育应“革除兵式一科,专重正当运动,体操游技,全国统一,以健康活泼优美高尚为目的”②。陶行知也非常重视健康对人的重要性,他在育才学校三周年纪念晚会上的演讲中指出,人每天应向自己提四个问题,第一个问题便是“我的身体有没有进步”?“健康第一”是因为“没有了身体,一切都完了”③。而且,学生个人的身体健康并非只为了个人,体育的目的在于民族健康,陶行知赋予民族健康三层含义,一是康健民族;二是保护国家;三是改造社会④。可见,陶行知从教育对个人社会化的角度深入剖析了体育之于个人与社会的关系,他的“健康第一”思想更为系统,是民国时期“健康论”的代表。

锦标主义最早是在擅长竞技运动项目的教会学校中滋生的,受实用主义体育思想的影响,在运动会上为夺取名次而不择手段的现象频现,运动会成为一些学校和运动团体沽名钓誉的场所,甚至出现有学校为获奖而花钱雇用选手的情况;“选手体育”在一定范围内的盛行更能说明锦标主义对体育的危害之重,资料显示,南洋大学每人每年缴纳四元体育费的专项费用绝大部分用于少数运动员训练和参赛,而且,每当有选手“出征”时,学生们还要为选手夹道欢送或者身着奇装异服为其助阵,绝大多数学生的体育锻炼和身体健康则被置于不顾⑤。

蔡元培 1934 年《在胶济铁路中学演说词》对锦标主义作过批判,他说“学校的运动,并不以训练几个选手为目的,而以运动的普及为原则”⑥,他还在《运动会的需要》中指出运动会的若干弱点,如学校“不谋普及”,选手“不必尽力于本分的功课”,“专以运动为竞胜的作用,毫不注意于身体的平均发展与是否紧张过度,妨害卫生”⑦。至于体育与运动的关系,蔡元培说,“健全的方法,运动最要。每种运动,对于身体有其特殊的效力”。长期活跃于民国时期体育界的董

---

① 崔乐泉,杨向东.中国体育思想史:近代卷[M].北京:首都师范大学出版社,2008:136.

② 国家体委体育文史工作委员会,全国体总文史资料编审委员会.体育史料:第 17 辑:中国近代体育文选[M].北京:人民体育出版社,1992:23—24.

③ 陶行知.陶行知教育文选[M].陈波,编注.杭州:浙江大学出版社,2014:355.

④ 崔乐泉,杨向东.中国体育思想史:近代卷[M].北京:首都师范大学出版社,2008:170—172.

⑤ 成都体育学院体育史研究室.中国近代体育史简编[M].北京:人民体育出版社,1981:86—87.

⑥ 中国蔡元培研究会.蔡元培全集:第 7 卷[M].杭州:浙江教育出版社,1997:615.

⑦ 中国蔡元培研究会.蔡元培全集:第 4 卷[M].杭州:浙江教育出版社,1997:600.

守义基于其丰富的运动经验、教学经验，对如何开展体育也提出过独到的见解，他从体育与运动的关系阐述体育的目的，他认为各种运动技术只是体育的工具或手段，体育应当以学生的身心健康为中心，各种运动会也应传播运动的兴趣，使人人都有运动的机会，以培养民众的身心健康，帮助民众树立正确的体育价值与观念①。从上述批判中可以看出，民国时期竞技运动的兴起对学校体育的开展并无较多补益，反而因学校重视少数运动员损害了多数学生接受体育的机会，"选手体育""锦标主义"更是混淆了体育目的、体育价值。

中华人民共和国成立以后，毛泽东再三作出批示，要求学校重视学生健康，这些批示确立和巩固了体育在学校中的地位，体育与卫生相结合也对体育的有序发展起到了重要作用，其中"健康第一"的批示成为"健康论"的重要理论渊源，"健康第一"作为教育方针成为"健康论"的政策渊源。其后，中央的数次指示更是几乎奠定了"健康论"在体育价值中的首要地位。如1954年《中共中央关于加强人民体育运动工作的指示》中指出：开展体育运动是"改善人民的健康状况，增强人民体质"的一种积极的有效的方法，是"共产主义教育的重要手段之一"②。1958年《中共中央批转国家体委党组关于体育运动十年规划的报告》中批示道："体育运动的根本任务是增强人民体质，为劳动生产和国防建设服务。"③

从学界的争论来看，中华人民共和国成立之初，在我国体育界有亲美学派和亲苏学派两大派别，亲美学派主张"认真继承革命根据地学校体育传统""注意改造旧有学校体育"；亲苏学派则认为苏联体育模式更能增进人的健康，更能培养人的革命精神，更能使人承担建设和保卫国家的责任④。最终，在教育界"以俄为师"的取向和"言必称凯洛夫"的环境下⑤，为了着实增强青少年体质，我国引进了苏联"劳卫制"，在学校体育课中以体操、田径、游戏为主要内容，由此形成了"三基"体育思想，即把体育的要旨概括为传授体育基本知识、基本技术和基本技能。对此，李富菊认为中华人民共和国成立初期体质教育与技能教

---

① 崔乐泉，杨向东. 中国体育思想史：近代卷[M]. 北京：首都师范大学出版社，2008：226—227.

② 人民体育出版社. 中华人民共和国体育运动文件汇编：第1辑[M]. 北京：人民体育出版社，1955：7.

③ 中央档案馆，中共中央文献研究室. 中共中央文件选集：1949年10月—1966年5月：第29册[M]. 北京：人民出版社，2013：45.

④ 罗时铭. 当代中国学校体育的流派与争论[J]. 体育学刊，2015，22(6)：29—36.

⑤ 周谷平. 马克思主义教育思想的中国化历程：选择·融合·发展[J]. 高等教育研究，2008，29(3)：82—88.

育的结合“带有很强的朴素性”,“这种朴素的结合是基于一个基本的假设,即学生只要掌握了课程所规定的各项知识和技能,就能获得身体的全面锻炼,增强体质”①。

20 世纪 60 年代初,“健康论”与“技能论”的冲突表现为“素质学派”与“技能学派”之间的一场关于体育教学内容的大讨论。这次讨论主要因 1961 年 8 月14 日《体育报》上的一篇文章而起,该文提出了“体育课堂教学中身体素质训练与技术教学的关系问题”,结论是体育课应以身体素质训练为主,丁一的这种观点得到其他学校教师,如李振东、郑无畏的肯定和支持,他们统称为素质学派;另一些教师,如姚林祥、周达云、杨仲范、茅宗道等则认为运动技术、锻炼方法与增强体质不可分割,体育课以运动知识和技能传授为主更符合规律性;也有人认为二者相辅相成,不分主次,须兼顾②。这次讨论之后,基本形成了以“增强体质”为目的,以掌握体育基本知识、基本技术和基本技能的“三基”为体育课程目标的学校体育框架。

20 世纪 70 年代末,体育课堂中的身体素质训练与技术教学的讨论业已偃旗息鼓,另一场触及体育本质与体育价值的更深层次、更大范围的争论出现了。最早是以毛泽东的体育思想为理论依据,徐英超与林笑峰两位体育家从不同侧面阐述了体育与运动的关系,如徐英超在《体育实践与理论》(第二稿)中指出运动只是体育的工具而非结果,把运动视为体育的结果反而会损害身体健康,有违增强体质的目的;学校中的体育不仅有教授运动技术的职责,更担负有对学生进行集体主义、吃苦耐劳品质等教育的职责;学校体育的目的是增强全体学生的体质,而不是训练少数优秀的运动员。林笑峰认为竞技的本质是娱乐,它具有一定的身体教育的价值,但它不能替代体育,这是我们在认识上的误区。两位体育家的理论贡献是在烟台会议之后,理论界基本形成了两大流派,即“真义体育观”与“大体育观”,反映出我国理论界在体育价值取向这一基本问题上的多样化。

至于学校中的体育发展朝向,则根据拨乱反正后体育教学无序,体育教师缺乏,体育场地、器材、设备短时间无法重建,学生体质普遍有所下降等实际情况偏向了“增强体质为主”的指导思想,首见于 1978 年教育部颁布的《全日制十年制小学体育教学大纲》和《全日制十年制中学体育教学大纲》(试行草案),并在 1979 年扬州会议上得到基本确立,后又在 1979 年教育部与国家体委发布的

---

① 李富菊.中国现当代体育课程问题史论[M].济南:山东人民出版社,2014:156.

② 罗时铭.当代中国学校体育的流派与争论[J].体育学刊,2015,22(6):29—36.

《中小学体育工作暂行规定》(试行草案)、《高等学校体育工作暂行规定》(试行草案)中进一步得到巩固。进入21世纪,因社会生活方式导致的青少年体质的实际变化更为引人担忧,青少年的体质健康一再成为体育课致力于改善提高的对象,在“健康论”价值取向已是大势所趋之下,21世纪中小学普遍实行的新课标与体质测试共同贯彻了“健康第一”的指导思想。

现在看来,在学校体育引进传播时期,体育价值认识之间的冲突是不同体育目的之间的矛盾,从以政治社会为基础,以培养尚武的国民为目的,逐渐转向以教育为基础,以培养人的健壮身体到健全人格的全面发展的人为目标;从引进体育为强种强国的手段,到探索体育为教育的基本内容;从“技能论”的先声夺人,到“健康论”的阐明,体育的育人价值逐渐清晰和凸显。在学校体育深化推广时期,体育价值认识之间的冲突主要是同一体育目的与不同体育手段之间的矛盾,“健康论”与“技能论”在中华人民共和国成立之初有过一段较为融洽的结合,这种结合不过是人们由政治价值取向决定的对体育价值的一种“集体无意识”,除了明确以“增强体质”为目的外,并没有对教学内容、教学手段与方法进行选边站队式的区分,反而促进了体育的普及,这同军国民主义与国粹主义的冲突表现是明显不同的;而在体育的徘徊、恢复提高、改革发展阶段,形成了以“健康论”为目的、以“技能论”为手段的基本格局;其间,“终身体育”“快乐体育”“人文体育”等思潮的出现不仅没有打破这种格局,反而丰富了“健康论”的内涵,巩固了“健康论”的地位。因此,这不是价值取向由“一元”向“多元”的转变①,而是价值取向的深度和广度的拓展。总之,中华人民共和国成立前的“增进健康”和中华人民共和国成立后的“增强体质”,反映出“健康论”价值取向始终在学校体育中占据主导地位。

二、“健康论”主导我国学校体育的得与失

“健康论”主导我国学校体育价值取向是由我国社会历史背景和人们的社会文化心理决定的。自清末国门被打开之后,国人身体之弱一直被视为国弱之病因,严复在《原强》一文中指出我国颓败的原因是“民力已茶、民智已卑、民德

① 李富菊认为,1949年到20世纪90年代之前,体育课程价值取向或强调增强体质,或强调技能教育,或在二者之间寻求平衡,表现出体育课程价值追求注重身体的价值的单一性特点;在20世纪90年代以后,体育课程注重体育对学生素质的系统价值,表现出多元性特点。参见:李富菊.中国现当代体育课程问题史论[M].济南:山东人民出版社,2014:165—166.

已薄”[①]，“新政”要“鼓民力”“开民智”“新民德”[②]，其中“民力”即“民之手足体力”[③]。国民的身体柔弱的文化心理原因是封建社会一直传扬着“劳心者治人，劳力者治于人”的成功观，“以力服人”向来是“胜之不武”的。在这样的背景下，现代体育进入我国之时的直接目标是改善“民力”，也就是说，体育的价值是使人的生物身体更加健康强壮。体育价值的内涵超出增强生物身体是在民国初期经由蔡元培把体育列为教育纲目之后，体育的育智、育德、育美价值才被大家普遍认识。

中华人民共和国成立后，人们的身体因物质条件、医疗条件等贫乏而羸弱，改善人们身体状况的任务尤为紧急，因此，“健康第一”成为教育方针、“增强体质”成为体育目的是社会历史的选择和必然。据统计，1956 年底，各地中等以上学校“有 300 多万人经常参加锻炼，70 多万人达到各级标准”[④]；20 世纪 50 年代至 20 世纪 70 年代，广播体操在全国大多数学校得到较好推广。由此可以认为，“增强学生体质”的体育价值取向在一定的历史时期增进了人们对体育的认知，普及了体育活动，激发了人们对体育的热爱，掀起过体育锻炼的高潮，对增进人们的身体健康发挥了积极作用。

但是，在改革开放之后，物质水平、医疗水平、社会服务水平等迅速提高，在人们的生物身体状况可以通过非体育的方式加以改善的情况下，“健康论”遭遇质疑，其积极作用也逐渐消弭。这一问题从我国学校体育进入恢复提高阶段时就已潜伏，1978 年的《全日制十年制小学体育教学大纲》和《全日制十年制中学体育教学大纲》(试行草案)重申“增强体质”的目的，为普及体育而“打破以运动竞赛为中心的编排体系”[⑤]；1982 年 6 月，教育部下发《关于保证中小学生每天有一小时体育活动的通知》，国家体委同年发布新的《国家体育锻炼标准》，这一时期的体育教学的突出特点是“……内容宜少、宜简，不主张用竞技项目作为锻炼身体的教材”[⑥]。其实际后果是，从 20 世纪 80 年代起，体育课程内容便开始一再“瘦身”，现今，曾是 20 世纪六七十年代中学体育课程中备受青睐的跳马、标枪等项目已难觅踪迹，甚至连长跑这样最基本的运动形式都被一些学校取消，真可谓体育课的奇闻。至于体育考试的科目被“应试”地通过，每年学校里

① 严复. 严复选集[M]. 周振甫，选注. 北京：人民文学出版社，2004：20.
② 严复. 严复选集[M]. 周振甫，选注. 北京：人民文学出版社，2004：29.
③ 严复. 严复选集[M]. 周振甫，选注. 北京：人民文学出版社，2004：29—30.
④ 李晋裕，滕子敬，李永亮. 学校体育史[M]. 海口：海南出版社，2000：34.
⑤ 李晋裕，滕子敬，李永亮. 学校体育史[M]. 海口：海南出版社，2000：118.
⑥ 崔乐泉，杨向东. 中国体育思想史：现代卷[M]. 北京：首都师范大学出版社，2008：208.

的运动会成了少数学生的表演舞台等现象也已司空见惯，相当数量的学生到了大学连一两样运动技术都未掌握，实在是体育的悲哀。有研究表明，青春期前的学龄儿童每天需要四到五个小时的体育活动时间，青少年每天需要有一个半到两个小时的体育活动时间。在我国体育课已被严重缩水的情况下，即使很好地执行每天锻炼一小时的政策，我们也实在不能高估它对青少年的身心能有多大的增益。

从实践来看，“健康论”与“技能论”出现对立的主要原因是高强度、高密度、高难度的运动对人体健康会产生较大损害。根据医学理论，有心脑血管疾病（如心瓣膜病、冠心病、主动脉畸形、先天性心脏病等）的人在运动过后心脏负荷增加，超过心脏承受范围可能会导致猝死。也就是说，即使是职业运动员，只要有心脑血管疾病，也可能会在剧烈运动中猝死，如西班牙足球队队员哈尔克、俄罗斯冰上王子格林科夫、美国短跑名将乔伊娜的猝死都属于心源性猝死。不过，从近些年来人们对青少年猝死的意外事件的关注上来看，更多人在意的是学校有无尽到看护、救助职责，有无责罚学生，有无要求学生参加跑步等运动，而很少关注猝死当事人心脑血管有无疾病，一般人可以承受的运动负荷是怎样的等关键问题。因此，“健康论”虽是我国学校体育中的主导理念，却一直处于被误解、误用的境况，降低了体育的标准与要求，尤其是将健康与运动相对立拖了学校体育发展的后腿，其根本原因是人们误把体育传授给人们健康知识、养成健康生活习惯这一目标内容演化为身体无疾病、无伤害这一结果形式，又用健康可能遭受到的损害来否定体育的价值，从而消除了体育价值。

从世界范围来看，进入现代社会以来，人们的居住、饮食、医疗、卫生等条件已经大为改观，但青少年肥胖率、近视率等日益上升，成年人的亚健康、富贵病也日益突出，1948 年世界卫生组织（WHO）在其宪章中提出：“健康不仅是免于疾病和虚弱，而且是保持身体上、精神上和社会适应方面的完美状态。”此后，我国体育界关于“健康”一词的含义也发生了变化，“健康”已经从单纯的自然身体机能的改善与提高，向结合心理和社会适应能力等综合素质的改善与提高转变。1986 年《体育理论》中就已明确指出健康的人体质也有强弱之分：“……体质的强弱要以身体形态、生理功能、身体素质、运动能力和对外界的适应能力以及心理发展水平等多方面进行综合评价。”①1989 年世界卫生组织对健康作了新的定义，即“健康不仅是没有疾病，而且包括躯体健康、心理健康、社会适应良

① 体育理论教材编写组. 体育理论[M]. 北京：高等教育出版社，1986：23.

好和道德健康”，进一步丰富和完善了人的发展层次与发展需要，这为我国进行体育与健康课改提供了直接理论依据。

但多年来在人们对体育的认识中对健康的误读难以改变，一方面基于多年来体育与卫生结合的实践经验和生活现状，人们对健康一词的认识局限在通过提高生活水平和医疗水平等来实现生物身体的维系；另一方面也因“健康”囊括了身体、心理、精神和社会适应能力，而更加重视后三者的改善，出现了因“健康”内涵的扩大而更加忽视改造生物身体的悖论。2000 年以后“健康第一”指导思想被确立下来，“体育课”更名为“体育与健康课”，不料，体育与健康的关系反而变得更加模糊起来。张洪潭指出学校体育的弊病就是淡化了运动技术，弊端就是从认识上排斥了强化体能作为体育的应然追求，以至于出现以下状况：

> 广大中小学的体育课已经没有了教学大纲，没有了运动技术（即操作性知识）的含量，有的只是在校领导的威慑下体育教师对学生无理要求的一味退让，学生在体育课上稍有身体不适，体育教师便吓得心惊胆颤，整个学校体育几乎已经完全没有体育教学的模样；体育教师虽然任课总数不算少，但几乎不必备课而只须耗足课时量，随之而来的当然是课业酬金的最低比值以及为师尊严的黯然无光。①

从部分文件中也可见正视和扭转因忽视身体改造带来的严重后果和不利局面的紧迫性（见表 6-1）：

表 6-1　部分文件中关于青少年体质健康现状的表述

有关青少年体质健康现状的表述	文件名称	颁布部门	发布时间
由于全社会的教育观、健康观和生活方式与人民生活水平的提高和全面建设小康社会的要求不相适应，由于受到片面追求升学率的影响，学校体育工作还没有摆到应有的位置，学校体育课程、体育活动难以得到保证，使学生体质健康方面存在一些不容忽视的严重问题，特别是学生的体能与运动素质持续下降，视力不良率居高不下，超重与肥胖比例迅速上升	关于进一步加强学校体育工作切实提高学生健康素质的意见	教育部、国家体育总局	2006 年 12 月
近期体质健康监测表明，青少年耐力、力量、速度等体能指标持续下降，视力不良率居高不下，城市超重和肥胖青少年的比例明显增加，部分农村青少年营养状况亟待改善	关于加强青少年体育增强青少年体质的意见	中共中央、国务院	2007 年 5 月

① 张洪潭. 体育的主旨是强化体能而非保健养生：读张之沧先生《论身体教育的迫切性》一文有感[J]. 体育与科学，2005，26(5)：13—20.

（续表）

有关青少年体质健康现状的表述	文件名称	颁布部门	发布时间
学校体育仍是教育工作中的薄弱环节，学校体育未能得到足够重视，评价机制不够完善，体育教师短缺，场地设施缺乏，影响和制约了学生体质健康水平的提升	关于进一步加强学校体育工作若干意见的通知	教育部、发展改革委、财政部、体育总局	2012年10月
学校体育仍是整个教育事业相对薄弱的环节，对学校体育重要性认识不足、体育课和课外活动时间不能保证、体育教师短缺、场地设施缺乏等问题依然突出，学校体育评价机制亟待建立，社会力量支持学校体育不够，学生体质健康水平仍是学生素质的明显短板	关于强化学校体育促进学生身心健康全面发展的意见	国务院办公厅	2016年5月

那么，残酷的现实是否就说明2000年后树立“健康第一”指导思想，进行“体育与健康课”改革丝毫没有历史进步性呢？毛振明和王小美曾就此次课改中出现的诸多混乱现象进行过较为全面的总结，他们指出，在新课改后出现的诸多解读和实践难掩思维逻辑上的种种错误，主要是体育课程目标与体育课程内容关系上的“话说必极端”错误；抛弃过去体育课程优良传统的“否定一切和推倒重来”的错误；把“会学”和“学会”、技术和健康等非对立、不矛盾的事物“强行比较”的错误；在“教师中心”与“学生中心”两种理念、“传习式”与“学导式”两种方法、健康与技能两种目标等方面事事对立的“非此即彼”错误；为强调和突出自己而“乱贴标签、以偏概全”的错误；对体育教学组织、教学内容、教学方式进行“因果错误”的解说①。这六种思维逻辑错误把近年来在一线教师和理论研究中存在的对“健康论”之目的与手段之间的错位进行了深刻批判，揭示了造成体育价值认识模糊的主要原因。邵伟德等学者也曾指出，新课改后出现了几个突出的问题：“‘淡化运动技术’观点开始抬头”“运动技术教学内容随意化”“运动技术教学方式形式化”等②。可见，“体育为国家、社会，还是个人”“体育课应否以‘三基’为目标”“体育教学的内容与方法应如何协调教与学（师与生）的关系”等问题是我国体育价值研究还未破解的问题。

综观中华人民共和国成立后“健康论”的发展，从中华人民共和国成立至20世纪末，“健康论”主要被表达为“增强体质”，进入21世纪后则被“健康第

① 毛振明，王小美. 体育与健康课改论[M]. 北京：北京体育大学出版社，2009：序言2.

② 邵伟德，李启迪，胡建华. 学校体育历史上溯与未来愿景：以“矛盾论”的视角[J]. 体育与科学，2010，31(6)：93—100.

一”取代。作为教育方针的“健康第一”，引申和丰富了毛泽东的批示；作为教育指导思想的“健康第一”，其内涵从增强生物身体到“身、心、社”三维体育观，再到现在的“身、心、精、社”的四维体育观，一再被扩充。这种变化的大致线索是：生物学的—心理学的—人文的。实质上，这条线索反映出我国学校体育“健康论”价值取向不断朝向人的全面发展，现在表现为一种全面发展的体育观，这与国外体育（也有许多国家称作“体育与健康课”或“健康与体育课”）改革发展的目标趋向是一致的。

以美国、英国、日本和德国为例，国外体育与健康的结合也都是全面发展观的一种体现。美国体育的目标主要有以下几点：

（1）是发展神经肌肉，或称敏捷能力，如平衡、力量、速度、运动知觉、反应时间、协调、技巧等；

（2）是人的有机发展，即身体的成长和发育，如机体的灵活性、肌肉耐力、心血管耐力、身体组成等；

（3）是发展社会情感或精神品质，如运动精神、性格、领导力，以及对身体活动、健身、运动的一种健康态度；

（4）获取知识，学习运动、身体活动、健身的原理，这通常包括历史背景、参与价值、游戏规则、策略、游戏礼节、表演技术、调适原则和终身健康的重要性等。

再看英国，英国体育协会（Physical Education Association of the United Kingdom）2001 年公布的体育目标包括：

（1）提供发展知识、技能，关于身体及其运动的理解的机会；

（2）发展有利于促进身体成长和身体发育的意识、技能和能力；

（3）发展在运动中，和通过运动的艺术审美理解能力；

（4）培养发展健康生活方式和终身习惯；

（5）提供提高精神上的、道德上的、社会上的、文化上的发展机会，以及发展个人自尊、独立、公民意识、宽容、同情心的机会；

（6）提供提高沟通、合作、解决问题的能力等机会；

（7）通过拓展听、说技能发展语言能力。

日本早在半个多世纪前就把健康与体育结合在一起了，体育运动的目的和效果包括从身体健康、身体机能、精神到适应能力等几大方面。德国巴伐利亚州中小学的体育课同样内容丰富，涵盖了健康教育、集体主义教育、环境教育和运动教育等，包括“自发的基本训练；正确的营养知识；协同一致的行动；体育运动时对周围环境的考虑，跳舞及运动艺术和男女青年的自我防卫等”部分。可见，国外也在从体育对人全方位、全过程的积极作用树立体育的目标，这种全方位、全过程的积极作用的目标就是人的全面发展。因此，人的全面发展是体育发展到现阶段，人们对体育目的的一种共性表达和期望，反映了人们对“针对身体的教育”(education of the physical)和“通过身体的教育”(education through the physical)的历史性超越。

体育价值冲突的正向结果是使体育内容丰富化、体育形式多样化，人的主体性日益彰显，打破目的、内容、手段一一对应的思维逻辑。从我国体育价值认识冲突的演变来看，人们关于体育的认识正在逐步加深。但是当前，体育价值认识冲突仍是价值选择困难症、价值目标迷茫症、价值评价焦虑症等病症的源头，价值认识冲突引起的实践误区就好像猴子掰玉米一样，总是掰一个丢一个，“健康论”与“技能论”本应相互取长补短，却在实践中走向极端。价值认识不在于求新求变，而在于深刻、透彻，在于在思想、理念、精神、心理上形成较为稳定的、观照体育长远发展的共识。人的全面发展是古今中外教育的最高价值追求，教育的每一个内容、每一项任务、每一种手段都应指向这个终极目的。多年以来，体育总的方向和目标基本明确，而改革效果却不尽如人意的启示是，在我国，如何使人的全面发展目标与体育价值目标相契合，如何引领人们走出价值认知的误区、引领体育实践走上康庄大道仍是颇为艰巨的任务。

第三节　“体育”概念的困扰

体育概念是体育价值认识的集中反映。恩格斯曾说过：“运动，就它被理解为物质的存在方式、物质的固有属性这一最一般的意义来说，涵盖宇宙中发生的一切变化和过程，从单纯的位置变动起直到思维。”[①]体育形式、内容的动态变化给体育的内涵与外延制造的麻烦就是让人们困惑于如何给体育下一个能够得到公认的定义。通过考察“体育”一词的历史演变，发端于古希腊的“体操术”(gymnastiké)，卢梭和斯宾塞倡导的“体育”(physical education)都是“体育”的不同表达。“体育”自清末传入我国以后，经过不断演变，现在主要存在“真义体育”(physical education)与“大体育”(sports)两种界说。通过比较分

① 恩格斯.自然辩证法[M].中共中央马克思恩格斯列宁斯大林著作编译局，编译.北京：人民出版社，2015：132.

析，根据否定之否定原理，本书以“以身体活动为主要形式的教育活动”为体育的定义。

一、“体育”一词的演变

越是简单常用的字词，越是难以给其下一个准确且令人信服的定义，“体育”就是这样的一个词。按照“只可意会不可言传”的说法，“体育是什么”并不是多么难以解释的问题，如我们说某人喜欢打球，经常可以表达为“某人喜欢体育”；又如，我们说某人球打得好，常常说成“某人体育很好”。黑格尔曾说“熟知非真知”，因此，我们不得不花些篇幅来讨论“什么是体育”。在学界给“体育”下定义是一件非常为难的事情。谭华在《体育本质论》一书中就梳理出三十余个不同的“体育概念”，正如杨韵所说“人们总是尝试着为某一体育表现形态作出一个趋于完美的定义，期待着这一概念式的总结能够囊括其本质所需要联系到的一切内容，且不失哲学式的抽象语言形式”，但体育“……动态的发展式本质属性，使得对于稳定而具有普适性的真理的追逐变得遥不可及”①。

在国外，一般把古希腊的“体操术”(gymnastiké)视为最早的体育。古希腊的各个城邦一直有着“裸体竞技”的风俗，因此在希腊语中就有以“裸体”或“穿得很少”——“gymnos”及其动词形式“gymnasia”为词根的一些常用词，如人们常说的“体育馆”(gymnasion)意思是“裸体的地方”，而“体操术”(gymnastiké)原意是一种裸体进行训练的技术。柏拉图在《诡辩术》《理想国》《法律篇》中都有对体操术的论述，其中，他在《理想国》中指出体操术是市民教育的两大范畴之一。但中世纪对身体活动的贬斥令“体操术”已不复存在。文艺复兴时期，身体重新被认识，出现了一个专门表示身体教育的名词——“Éducation physique”。关于“Éducation physique”的来源，一说是1762年出版的卢梭的名著《爱弥儿》中使用了该词，其含义是“对儿童进行身体的养护、培养和训练”②；一说同样是1762年，一个名叫巴勒克泽尔(Ballexerd)的人发表的论文(*Dissereation sur I Éducation Physique des Enfanes*)中首先使用了该词③。较为

---

① 杨韵.后哲学文化演进中的体育哲学：基于理查德·罗蒂哲学思想的探究[J].体育科学，2011，31(7)：92—97.

② 乔玉成.“体育”概念的发生学研究：兼论“Sport”能否成为中国“体育”的总概念[J].体育研究与教育，2013，28(1)：1—16+26.

③ 韩丹.谈体育概念的源流演变及其对我们的体育认识和改革的启示[J].体育与科学，2010，31(4)：1-8.

一致的看法是，1808年居里安(Curien)所著的《教育概论：身体的、道德的和智力的教育》(*Essai géné rall d Éducation Physique morale et llecturlle*)中所讲的“身体的”教育的部分，是体育概念的雏形①。对推广“身体教育”作出重大贡献的还有斯宾塞，他于1861年将《体育》篇章与《什么知识最有价值?》《智育》《德育》三个篇章并列出版为《教育论》的内容，明确地把体育置于教育之中。此后，国外一直把学校教育中与身体活动、身体健康、身体锻炼相关的课程称为“体育”(physical education)。

在我国，古代虽然没有使用“体育”一词，也没有一个能总括身体活动的专门词语，但与古希腊“体操术”相似的身体活动却普遍存在，如射箭、骑马、驾车、举重等；与古希腊教授身体技艺的“体育馆”功能相似的场所也长期存在，如奴隶社会的“序”、封建社会的“武学”等。直到鸦片战争后，西方“身体教育”借道日本传入国内，出现在了清末的教会学校和新式学堂中。从癸卯学制颁布到新文化运动期间，时称“体操”的体育以兵式体操为主；1922年壬戌学制宣布各级各类学校废止兵式体操，1923年北洋政府《新学制课程标准纲要》改“体操”课为“体育”课。据张天白考证，“体育”一词最早引入我国并见于文献应是在1897年，该年《时务报》上刊登的梁启超《读日本书目志书后》一文中出现了日本毛利仙太郎、神保涛次郎合著的《体育学》书名。同年，上海南洋公学自编的《蒙学读本》中也出现了“体育”一词，释义为“体育者，卫生之事也”②。即“养护生命，促进成长”。蔡元培也曾指出体育是“有规则之人工”补助“生理上自然发达之趋势”③，同样是指促进生物身体的发育成长。

中华人民共和国成立之初，青少年营养不良、健康状况恶化，现实需要迫使学校体育活动与卫生保健工作相互结合，体育与卫生并列出现。为快速提高我国竞技运动水平，助力我国国际地位的提升，1959年《政府工作报告》中正式提出“普及与提高相结合”的体育工作方针，在这一方针的指导下，我国出现了社会体育、学校体育和竞技体育三种“体育”并存的局面，并在1995年实施的《中华人民共和国体育法》中法定化为“体育”的三种类型。2000年12月，根据教育部颁布的中、小学《体育与健康教学大纲》(试用修订版)和高中《体育与健康教学大纲》(试验修订版)，我国现代意义上的学校体育课程更名为“体育与健康

---

① 韩丹.谈体育概念的源流演变及其对我们的体育认识和改革的启示[J].体育与科学，2010，31(4)：1—8.

② 张天白.“体育”一词引入考[J].体育文史，1988(6)：14—17.

③ 中国蔡元培研究会.蔡元培全集：第2卷[M].杭州：浙江教育出版社，1997：376.

课”，发生了名称上的第二次变化。

通过上述考察，国外从“体操术”演变至“体育”，国内从无统一名称到出现“体操课”“体育与健康课”，再到“学校体育”“社会体育”“竞技体育”等多种“体育”名称的出现，“体育”的内涵和外延一直都在发生变化。因此，我国理论界关于“体育”的定义不胜枚举，而与汉语“体育”相关的英文词组主要有“physical education”“physical activity”“physical training”“physical culture”“sport(s)”“play”“exercise”“game”等，其中最惹争议的是汉语“体育”究竟指的是“sport(s)”(简称 S)，还是“physical education”(简称 PE)的问题。反过来，如果把工具书中常用的“sport(s)”和“physical education”这两个单词或词组译为汉语，则通常用“运动”和“身体教育”来表示。这样一来，经过“中—英”的双向翻译，就会存在“体育”“运动”和“身体教育”等多词混用和一词多义、一义多词的严重混淆，即使常用的工具书也难对“体育”作出统一的释义(见表 6-2)：

表 6-2　工具书中对“体育”一词的英译释义例表

工具书	对“体育”的英译
《汉英体育词典》(刘振恺，北京：外文出版社，2004)	sport(指某个体育项目，亦可泛指体育事业)；physical culture(作为整个文化的一部分)；PE(作为德育、智育的关联词)；athletics(带有竞技的意义)；game(带有娱乐性)(第 3 页)
《英汉双向体育词典》(张玉亭，上海：上海交通大学出版社，2006)	physical education and sport(第 368 页)
《法英汉汉法英体育词汇》(刘汉全，北京：商务印书馆，2008)	sport(第 609 页)
《现代英汉 · 汉英体育大词典》(田慧，北京：人民体育出版社，2008)	Sport; physical culture; PE = physical ducation; athletics; gym(第 1659 页)
《不列颠简明百科全书》(不列颠百科全书公司编著，北京：中国大百科全书出版社，2005)	physical education 为增强体能和获得增强体能的技能而进行的训练(第 1615 页)

二、我国关于“体育”的两种主要界说

在我国，关于“体育”概念的分歧主要出现在 20 世纪 70 年代末，并分别经

过不同学者的阐发，在1982年烟台会议后形成了“大体育”和“真义体育”两派①，代表了“体育”概念界定的两种基本立场。

熊斗寅是“大体育”的倡导者之一，他在1980年就提出“体育”要有大概念的观点②。后来，他进一步论证：按照整体性原则，根据我国的体育实践，考虑到符合人们对“体育”约定俗成的理解等因素，应使用S作为“大体育”；S最能反映国际体育潮流，是可以涵盖社会体育、竞技体育、体育教育的总概念的，PE只能属于狭义的“体育”，或称“小体育”；再或者，从概念本土化的角度出发，可把更为简洁的汉语“体育”(TIYU)作为概念推向世界③。熊斗寅的上述说法基本代表了“大体育”一派的主要思想，也有很多学者支持他的观点，20世纪80年代体育院校通用教材《体育概论》也采用了“大体育”的观点，认为广义的体育，又称体育运动，作为总概念，包括狭义的体育、竞技运动、身体锻炼与身体娱乐。狭义的体育是指身体教育④。

此种“‘约定俗成’的定论或范式”虽不能令人折服⑤，却得到了很多学者的响应。学者崔颖波认为“体育”在日本经历了三个发展阶段，分别是“身体教育”阶段、“通过运动进行的教育”阶段和“运动教育”阶段，照此比对，目前我国正处于“运动教育”阶段，因此，以“运动教育”释义“体育”较为恰当⑥。魏立宇等人则认为崔颖波的观点有误，理由是：崔颖波对身体的认识深受身心二元论的影响，这已经在哲学界被扬弃了；“运动”应与“human movement”对应，人们将之与“sport”对应是习惯问题，是不严谨的；把我国的体育划分为三个阶段的标准缺乏依据，日本体育的三个阶段划分也不具有普遍意义⑦。对此，崔颖波反驳道，国内“体育”已不限于学校，也不限于学生，教育范畴内的“体育”，不是一般

---

① 烟台会议是指1982年7月15日至23日，针对改革开放之初中国体育发展形势和任务的需要，同时也为了搞好《中国大百科全书·体育卷》的编撰工作，中国体育科学学会体育科学理论分会在烟台召开的“体育理论学术专题讨论会”。在这次会议上，与会学者对体育的概念、体育的本质等基本理论问题进行了广泛的讨论。其中，林笑峰教授的竞技运动不是“体育”的观点与多数持竞技运动想法的学者相异，引起了参会者的热烈讨论。参见：国家体育总局政策法规司．中国体育哲学社会科学研究：1978—2010[M]．北京：人民体育出版社，2013：43—44．

② 熊斗寅．现代体育与体育现代化问题初探[J]．北京体育学院学报，1980(1)：1—12．

③ 熊斗寅．“体育”概念的整体性与本土化思考：兼与韩丹等同志商榷[J]．体育与科学，2004，25(2)8—12．

④ 曹湘君．体育概论[M]．北京：北京体育学院出版社，1985：21．

⑤ 刘转青，刘积德．我国体育分类刍议[J]．体育学刊，2017，24(1)：47—51．

⑥ 崔颖波．论“体育”不是“身体教育”[J]．天津体育学院学报，2009，24(6)：491—493．

⑦ 魏立宇，杨薇，韩飞．“体育”不是“身体教育”质疑：兼论中国体育本质研究的症结[J]．体育学刊，2011，18(3)：1—6．

意义上的“体育”；日本政府部门和法律的名称都说明“スポーツ”是日本体育的总概念，美国、英国、德国等均把一般意义上的体育称为“sport(s)”，把教育范畴内的体育称为“physical education”，这是术语变迁的结果；另外，“体育”(TIYU)是一个可以囊括一般意义和教育范畴体育概念的术语，在一般意义上，它以S的形式出现，在教育范畴内它又以PE的形式出现①。

其实，即使在“大体育”论者认为存在整体概念的日本，也不乏学者表示“体育”当属教育领域，如前川峰雄认为体育与运动经常相提并论，但绝不能把体育和运动、身体活动混为一谈②。因此，熊斗寅、崔颖波等人的观点遭到了“真义体育”一派的坚决反对。坚持“真义体育”(PE)的学者们认为，从词源上来看，PE一词最早是由法语“Éducation physique”演变而来的，另外，韩丹在比较了法语、英语、俄语、德语、日语中的与“体育”相关的词源后，指出这几种语言中的“体育”术语都由“身体的”和“教育”或“培育”构成，翻译为汉语也必然是“身体教育”或“体育”，因此，“体育”就是“身体教育”③。通过对词源的考证而追溯其本义，探究其教育本质，是我国以林笑峰、王学峰、韩丹等为代表的学者坚持把PE作为“真义体育”的主要原因之一。

日本学者岸野雄三通过考证，认为gymnastics(英)、gymnastique(法)等词在日本统称为“体操”“体术”或“体学”，箕作麟祥最早把physical education译作“体之教”，后又有“身体之教育”“身体教育”“身教”等说法，近藤镇三简称之为“体育”并被人们广为接受和使用④，韩丹据此认为这可以作为“体育”本属教育的最好例证⑤。对于熊斗寅“不管体育的社会形态或结构如何，他们各自的特性都寓于共性之中。这个共性就是总概念”这一说法⑥，韩丹驳论道，熊斗寅所讲学校体育、社会体育和竞技体育的三个共性“社会文化现象”“都离不开身体活动”和“教育、健身和娱乐的本质功能”都是含义不明、大而宽泛的概念，用这些尚需定义的概念去界定另一个概念本身就值得推敲，不止如此，韩丹还引

---

① 参见崔颖波的论文：《“寻找虚无的上位概念”并不是我国体育概念研究的症结：与张军献博士商榷》(《体育学刊》2010年第17卷第9期)、《中日两国身体文化领域的上位概念变迁：兼论将体育一词译作Sport(s)并不是“偷换概念”》(《体育与科学》2007年第28卷第5期)、《スポーツ为什么能成为日本体育的总概念：兼论怎样理解Sport(s)概念》(《体育与科学》2005年第26卷第3期)。

② 前川峰雄.体育原理[M].鲁彩云，译.北京：国家体委百科全书体育卷编写组，1982：5.

③ 韩丹.“体育”就是“身体教育”：谈“身体教育”术语和概念[J].体育与科学，2005，26(5)8—12.

④ 前川峰雄.体育原理[M].鲁彩云，译.北京：国家体委百科全书体育卷编写组，1982：22—25.

⑤ 韩丹.论我国早期的三个体育定义[J].体育文史，1993(1)：24—26.

⑥ 熊斗寅.“体育”概念的整体性与本土化思考：兼与韩丹等同志商榷[J].体育与科学，2004，25(2)：8—12.

用1999年联合国教科文组织(UNESCO)发表的《埃斯特角宣言》里面“重视体育、运动和休闲活动”内容说明国际上PE、S和休闲活动呈分化趋势,根本不存在什么整体概念[①];再说,所谓的“大体育”“总体育”或“广义体育”,实际上指的是“体育工作”,把“体育工作”当成“体育概念”是理论研究中的根本错位[②]。张军献通过对美国相关概念的梳理,也认为美国并不存在所谓的上位概念,熊斗寅等学者执着于概念的本土化只会增加逻辑混乱,S作为大体育本身经不起推敲[③]。

还有,持“真义体育”观点的学者普遍认为“体育”与身体文化(physical culture)、运动竞技(sport-athletics)、娱乐(recreation)、休闲(leisure)不是一回事,PE与德育、智育、美育等共同组成教育的内容,教育是PE的本质。林笑峰在1989年就说:“体育的真义,确是身体的教育,即增强体质的教育。”[④]人们对“体育”名词使用的混乱,实际造成了“体育”(PE)、“身体文化”(PC)、“身体娱乐”(PR)和“竞技”(sport)“四个词和它们的概念发生双双的脱离、转移和脱落现象”[⑤],把不能相互挪用的词和概念拼凑到一起,原有的词和概念便发生了脱离和转移。王学锋认为把S当作PE是认识上的最大误区,在国外S和PE各有所指,“大体育”是不存在的,他还列举了英国、美国、加拿大、德国、澳大利亚的20种重要刊物的名称用以说明“体育”对应的是PE。

根据国外著作介绍,“sport”一词是个现代术语,它源于法语“de(s)porter”和拉丁语“deportare”,二者都是“自娱自乐”的意思,1440年英国最早广泛使用“sport”来指在游戏、个人业绩、打猎等形式中的竞争性。因此,王学锋把“sport”的本质属性界定为“竞争”,把“体育”(PE)定义为:“……即育体,是以身体活动为基本手段,发展与完善人类体质的教育。它是一种强身健体的教育,是一种增强体质的教育,简称健身教育或体质教育。”[⑥]韩丹也指出,中华人民共和国成立后,“体育”一词经历了“增强体质”时期(20世纪50年代到20世纪80年代)、“斯泡特鼎盛时代”(20世纪80年代至21世纪初),到现在的“转型”时期,共发生了六次演变,中国体育是中华人民共和国在一个特定历史阶段,党

① 韩丹.辨析体育的共性与整体:答熊斗寅同志的商榷之一[J].体育与科学,2004,15(4):5—9.

② 韩丹.论体育概念之研究[J].体育与科学,2012,33(6):1—11.

③ 张军献.寻找虚无上位概念:中国体育本质探索的症结[J].体育学刊,2010,17(2):1—7.

④ 林笑峰.析体育的真义(摘要):兼谈中国真义体育[J].学校体育,1989(2):60—61.

⑤ 林笑峰.健身教育论[M].长春:东北师范大学出版社,2008:112.

⑥ 王学峰.“Sport-体育”:中国体育认识上的最大误区:再谈体育(PE)与竞技(sport)的本质、功能、目标、手段和主体[J].山东体育学院学报,2003,19(1):16—18+22.

和政府为实现革命和建设任务，把既有斯泡特活动体系作为一种手段利用的特定机制①。韩丹对我国体育的定义突出了“sport(s)”的核心和政府管理的特征，也揭示了现在多数人直觉上会把汉语“体育”与英文“sport(s)”对应的深层次原因。总之，S和PE之争对我国“体育”的发展影响深远。

三、我国“体育”概念争议的原因分析与新的动向

PE和S之辩是我国学界关于“体育”概念论争的代表，反映了“体育”概念模糊不清的主要问题，简要分析我国“体育”概念争议的主要原因，可以概述如下。

第一，从论争的原因来看，自19世纪末起，国外传入的“体育”相关术语较多，每一个术语的范畴又受当时社会历史条件的限制，现在无法准确地将“体育”与某一国际通用的英文词语对应，也无法准确地给它下个统一的定义，以至于在实践中常有“体育”“运动”“身体教育”等词语的混用；我们惯于以工作便利为原则划分“体育”的不同领域，出现了体育竞赛、群众体育、社会体育、学校体育等说法，后又出现了休闲体育、民族体育等说法，增加了辨识难度；“体育”形式的多样化（竞技、娱乐等）和“体育”功能的泛化（政治功能、经济功能、文化功能等）阻碍了定义过程中逻辑思维的发展。用一句话来概括，就是不同语境下的语义与用法造成了“体育”定义的混乱。

第二，论争在本质上包括了“体育是什么”和“体育如何存在”两种指向，坚持“真义体育”的学者从“体育是什么”出发，努力寻找“体育”的本质，即恒定不变的东西；坚持“大体育”的学者则是从“体育如何存在”出发，坚持用发展的眼光寻找一种能够统揽“体育”外延的概念，二者的矛盾根源于此。孟凡强评述前者立足于辩证逻辑，后者侧重于形式逻辑也是此意②。

第三，论争从词源探析到方法比较，从国外到国内，从历史到现在，从体育学理论扩展到哲学、文化学、社会学、教育学等理论的讨论，研究方法日渐严密，研究论据逐渐充分，研究视野逐步扩大，这些深化了体育基本理论的研究，促进了体育研究的发展，反过来又进一步为论争提供新的视角、方法等。

目前看来，PE和S之辩没能解决我国“体育”概念界定之难，不仅如此，近些年学者们在体育基本理论研究中倾向于采用哲学、文化学、社会学、心理学等

① 韩丹. 纵论中国体育：特征、概念、历史和转型[J]. 体育与科学，2014，35(6)：1—13+20.

② 孟凡强. 体育概念争论的方法论特征[J]. 武汉体育学院学报，2009，43(2)：22—25+34.

理论作支撑，如《体育词典》中对“体育”的定义：“指人们根据生产和生活的需要，遵循人体的生长发育规律和身体活动的规律，以身体练习为基本手段，结合日光、空气、水等自然因素和卫生措施，达到增强体质，提高运动技术水平，丰富社会文化娱乐生活为目的的一种社会活动。”①又如，体育院校通用教材《体育概论》中的定义：“体育是以身体运动为基本手段，促进身心发展的文化活动。”②类似的表述反映出“体育”的外延越来越模糊。

为了破解“体育”概念之难，有学者提出的解决之道是，以汉语“体育”作为总概念，其中又分为两种观点，一种可视为“大体育”的延续，如兰孝国、吴永存等人用结构主义方法论提出用汉语的“体育”一词作为一级概念，对等于 sport(s)概念，而把体质教育、休闲体育、竞技体育等并列为二级概念③。另一些可以视为试图突破“大体育”和“真义体育”框架的新观点，如刘湘溶指出：“体育是人类特有且特殊的育化方式；体育是‘四位一体’的社会现象；体育已成为现代人类一种基本的生活方式。”其中的“四位一体”是指体育运动、体育科学、体育产业和体育文化四个部分、四个要素、四个向度相互关联、相互依存、相互融合、不可分割④；张洪潭认为作为一级概念的“体育”，需从“肢体活动、强化体能、非生产性”这三大要点中去把握其本质或本义，他尤其强调这三点不可增也不可减，在其下，又可按照单元领域和活动性质划分二级概念，依次又各有三级概念和四级概念⑤；胡科、虞重干认为应把“体育”作为总概念，把“真义体育”改称“身体教育”，与身体竞技、身体娱乐等一起作为“体育”的内容⑥，刘映海等学者从人的本质出发得出了“体育是指向竞争和内在自由的促进类本质的身体活动”的结论⑦，这些研究为我们提供了崭新的视角，具有重要的参考价值。但是，我们又不得不谨防此类概念可能产生的另一种危险，即高度抽象的哲学化倾向，且用“理念”代替“概念”，它将会与外延无限扩大产生同样的后果，那就是

① 体育词典编辑委员会. 体育词典[M]. 上海：上海辞书出版社，1984：1.

② 杨文轩，陈琦. 体育概论[M]. 2 版. 北京：高等教育出版社，2013：22.

③ 兰孝国，吴永存，崔忠洲，等. “真义体育观”与“Sport(s)大体育观”之争的方法论意义：一种结构主义方法论的分析[J]. 武汉体育学院学报，2013，47(11)：20—24.

④ 刘湘溶. 对体育的全新诠释[J]. 北京体育大学学报，2008，31(6)：721—723.

⑤ 参见张洪潭的《体育概念及目的任务新探》(《体育科学》1990 年第 1 期)、《体育真义论》(《体育科学研究》2003 年第 7 卷第 1 期)、《体育的概念、术语、定义之解说立论》(《西安体育学院学报》2006 年第 23 卷第 4 期)、《体育概念研究进展》(《体育与科学》2011 年第 32 卷第 3 期)。

⑥ 胡科，虞重干. 真义体育的体育争议[J]. 南京体育学院学报：社会科学版，2010，24(4)：59—62.

⑦ 刘映海，石岩，丹豫晋. 论体育的本质及其教育价值[J]. 教育研究，2014，35(9)：24—32.

消解对体育实践的指导性。

从上可知，无论是坚持从“身体教育”出发，把“增强体质”作为体育的价值取向，还是从“大体育”出发，认为体育承载着政治的、经济的、文化的价值，都已难统一体育价值研究的逻辑起点。然而，这并不意味着非要创造出一个新的与众不同的名词来。从历史沿革来看，尽管我国古代没有“体育”一词，近代以来，先有“体操”，后又有“运动”，但是“体育”一词的使用最为广泛和持久。民国时期，1924 年在南京成立“中华全国体育协进会”，1929 年颁布《国民体育法》，1932 年教育部召开“全国体育会议”，确定了《国民体育实施方案》；中华人民共和国成立后，从中央人民政府体育运动委员会成立，到该机构更名为中华人民共和国体育运动委员会，再到改组为国家体育总局，无不使用体育一词，相关法律也以《中华人民共和国体育法》命名。总之，无论概念如何难以定义，都不可否认汉语“体育”使用的广泛性和持久性。因此，重新界定“体育”比“另立门户”更有意义。

通过对已有“体育”概念的梳理可以发现，“体育”的定义既是一个历史性问题，也是一个理论性问题。根据历史与逻辑相统一的方法，对“体育”这一核心概念进行界定的两个前提条件是：在历史演变中寻找体育内涵与外延的变化线索，从逻辑分析中找出体育概念的原旨。由于本书对“体育”概念的界定是“新体育观”的核心内容（见后文），在此，仅指出本书中所指体育是以身体活动为主要形式的教育活动。

第七章
体育与体育价值生成的基本原理

恩格斯曾说过:“……除了永恒变化着的、永恒运动着的物质及其运动和变化的规律以外,再没有什么永恒的东西了。”①世界永恒地运动发展着,自然世界如此,人的世界亦如此。因为人首先是自然的存在物,是在漫长而复杂的自然进化中产生的最高级形式的有机体,这是人的社会历史诞生和发展的先决条件。人的社会历史不会停留在某个时空中,是因为人永远处在创造和发展自己的状态之中,人的本质就在这永不止步的主体性活动之中得以呈现,这是人从事一切活动的原动力。同时,人还不断地制定各种规则制度,对自己的活动进行预想、反思、批判和校正,全程贯穿着价值的选择和调整。因此,人的世界也是价值的世界,人的生命活动是充盈着价值的过程,人自我创造和自我发展的历史也是价值生发和转化的历史。价值绝不是给定的,而是生成的;价值的内容也并非唯一的,而是丰富多样的,甚至是充斥着对立与冲突的。作为教育内容之一的体育,自始就是人自我传承、自我发展和自我实现的方式和手段,受人自我认识的影响,人们可以在体育活动中预设、构想体育价值,但不能把这种预设和构想视为一种结果。体育价值的生成是一个系统性的、多因素合力的过程,人以其能动性和意向性把自发的、无序的身体活动发展为自觉的、有序的体育,促进了体育价值的生成;教育者、受教育者和体育资料构成了体育价值生成的内部要素,政治、经济、文化(狭义的)等构成了影响体育价值生成的外部要素;体育的多源性是体育价值生成的实践基础,体育的制度化是体育价值生成的保障机制。

---

① 恩格斯.自然辩证法[M].中共中央马克思恩格斯列宁斯大林著作编译局,编译.北京:人民出版社,2015:27.

第一节　体育与体育价值生成的动力与要素

在人的世界中，自我认识、自我传承、自我发展和自我实现是人最基本的诉求，这些诉求概括起来构成了“人是什么”“人如何存在”和“人为什么存在”等问题域。人的本质是关于上述问题域的根本解答，为寻找体育价值生成的根本动力提供了依据。人在体育中的主体性发挥以人的能动性和意向性为内容，通过积累、传承和创造身体活动的方式以实现改造自己的目的，内含了人们对身体活动的目标定向与秩序规约，潜藏着体育价值的生成。体育中的教育者和受教育者是推动体育发展的直接力量，是促进体育价值生成的内部要素；广义的文化是孕育体育价值的土壤，其中的政治、经济、文化（狭义的）发展水平是推动或制约体育价值生成的外部要素。

一、体育与体育价值生成的根本动力

体育是人主动的、自觉的、直接改造自身的特殊实践活动，它以使人成为人，使人朝向理想的人为目的，自然建立在人的自我认识基础之上。在历史上形成的诸多人性论之中，马克思主义哲学“人的本质”理论是关于人自我认识的最深刻的理论，从根本上阐明了体育价值生成的根本动力是人的主体性。人的能动性和意向性使人通过规范、丰富和发展自身的身体活动形式来改造自身，这是人的主体性在体育价值生发和转化中的意义。

（一）体育价值生成的可能

在人类漫长的发展过程中，“你是谁？你从哪里来？又将前往何处？”是始终萦绕在人心中不解的难题。与之相应的，人对自身的探寻几乎伴随着人类历史的全部过程，形成了许多关于人的思考，并集中通过各种人性论加以表达，构成了人类自我认识、自我传承、自我发展和自我实现的历史路向，构成了人类文化的总体。

人性，即人的特性，是指人在与自然、神、动物的差异中总结出的人的根本特征，是人自我认识、自我传承、自我发展和自我实现的指南。人要想发展和完善人性，首要的，必须形成一定的自我认识，文化哲学家恩斯特·卡西尔（Ernst Cassirer）这样形容道：“认识自我乃是哲学探究的最高目标——这看来是众所

公认的。……它已被证明是阿基米德点，是一切思潮的牢固而不可动摇的中心。"[①]英国哲学家斯蒂文森(Stevenson)也说："人对自我的认识则是这种人的伟大性的真正内核。因为在这种认识中包含着双重的创造力：(1)选择和建构创造自身形象的模型(或形式)，人类是以创造形式的能力而获得社会和自身发展的；(2)创造自我的人格和价值。"[②]英国哲学家休谟(David Hume)还说任何科学"总是会通过这样或那样的途径回到人性"[③]。因此，自我认识乃是自我传承、自我发展和自我实现的起点。

早在古希腊时期，先哲们就开始思考人性问题，这常常隐蔽在对自然万物本原的探寻中。令人迷惑的自然界首先使人相信神的存在，即使是柏拉图也不免向神求助，他说："我们现在就要进行讨论宇宙的问题，研究一下它是怎样被创造出来的，或者不是被创造出来的，因此，如果我们不是完全胡涂的话，我们就必须求助于神与女神。"[④]直到现在，对人性的阐释中仍有相当大一部分内容是从人与神的关系展开的，它又具体表现在身心二元关系之中。例如，人由灵魂和肉体两部分组成，肉体受灵魂的支配，灵魂依附于神，人的全部意义和全部活动都应由神进行安排和统治。甚至，理性也来源于对身与心关系的阐释，亚里士多德认为能够按照逻各斯的要求进行活动是人的灵魂与动物灵魂、植物灵魂的区别，从而描绘了理性人的轮廓；高扬理性主义大旗的笛卡儿把人视为理性的存在者，正是由于理性，人才能获得普遍的知识和真理，才能认识和利用自然的力量。

与把人性指向神性和理性大为不同的是，另一些哲学家拓展了人自我认识的视界，这里只概举其要。哲学人类学家米切尔·兰德曼(Michael Landmann)对人性问题的独到见解是"文化是人的'第二天性'(the second nature)"[⑤]，"在文化的创造中，人类也创造了其自身"[⑥]。人的世界是文化的世界，文化的世界是人实践活动及其对象化的结果，人创造文化既出于人的本能，也使人成为人，用一个图式表明：人—创造文化—创造人。卡西尔则认为语言、神话、宗教、艺术、科学、历史都是人类活动(人类文化)体系的组成部分，各个部分之间

① 恩斯特·卡西尔.人论[M].甘阳，译.上海：上海译文出版社，2014：3.

② 莱士列·斯蒂文森.人学的世界[M].李燕，赵健杰，译.北京：中国人民大学出版社，1992：译序3.

③ 休谟.人性论：上[M].关文运，译.郑之骧，校.北京：商务印书馆，1980：6.

④ 北京大学哲学系外国哲学史教研室.古希腊罗马哲学[M].北京：商务印书馆，1961：207.

⑤ 米切尔·兰德曼.哲学人类学[M].阎嘉，译.贵阳：贵州人民出版社，2006：173.

⑥ 米切尔·兰德曼.哲学人类学[M].阎嘉，译.贵阳：贵州人民出版社，2006：6.

应该有一定的内在统一性，如果我们能找出在它们差别和对立之上的共同性或共同目标，那么我们就可以知道“人性”是什么。在他看来，所有的文化形式都是符号形式，人应当是“符号的动物”①。哲学家阿诺德·盖伦(Arnold Gehlen)对人与技术的关系的论述也能从一个侧面说明人具有自我创造性，他认为人的智力避免了因自然性缺陷像动物那样经历有机体的适应性，技术是人为了改变自然境遇来适合自己的产物，技术“就是人类自身本质的最重要的部分”，从而“……正像人本身一样形成了一种人造的性质(nature artificielle)”②。

马克思主义哲学借鉴了大多数哲学家的研究路径，也从人与动物的区别中寻找人性，认为人是“能动的自然存在物”，人是靠自然界维系生存的存在物，自然是人的天然属性，离开自然界讨论人的存在便无意义；同时，自然界赋予人的有机体包含能动的意识和能动的能力，简称“能动性”。恩格斯在《反杜林论》中解释了这一路径的缘由，他说：“人来源于动物界这一事实已经决定人永远不能完全摆脱兽性，所以问题永远只能在于摆脱得多些或少些，在于兽性或人性的程度上的差异。”③正是这种“能动性”才使人不仅是“自然的存在物”，还是“人的自然存在物”，人能“……通过他所作出的改变来使自然界为自己的目的服务，来支配自然界”④，人对自然界的支配作用就在于人“能够认识和正确运用自然规律”⑤，而动物只能从属于、归附于某一类，不具有无限丰富自己的特性，因而，人类最蹩脚的建筑师也比最聪明的蜜蜂要强得多。动物只能依靠生物器官的自然进化产生、存在和发展，人之所以为人是因为人能以其劳动实践实现非生物意义上的发展。

系统地看，马克思主义哲学中人的本质主要有三层含义：第一，借鉴了大多数哲学家的研究路径，从人与动物的区别中寻找人性，得出人是“有意识的类存在物”，这主要来源于“一个种的整体特性、种的类特性就在于生命活动的性质，而自由的有意识的活动恰恰就是人的类特性”，“通过实践创造对象世界、改造无机界，人证明自己是有意识的类存在物，就是说是这样一种存在物，它把类看

---

① 恩斯特·卡西尔. 人论[M]. 甘阳，译. 上海：上海译文出版社，2014：45.

② 阿诺德·盖伦. 技术时代的人类心灵：工业社会的社会心理问题[M]. 何兆武，何冰，译. 上海：上海科技教育出版社，2008：4.

③ 恩格斯. 反杜林论[M]. 中共中央马克思恩格斯列宁斯大林著作编译局，编译. 3 版. 北京：人民出版社，1999：104.

④ 恩格斯. 自然辩证法[M]. 中共中央马克思恩格斯列宁斯大林著作编译局，编译. 北京：人民出版社，2015：313.

⑤ 恩格斯. 自然辩证法[M]. 中共中央马克思恩格斯列宁斯大林著作编译局，编译. 北京：人民出版社，2015：314.

做自己的本质，或者说把自身看做类存在物”[①]；第二，人是“一切社会关系的总和”，出自《关于费尔巴哈的提纲》中“人的本质不是单个人所固有的抽象物，在其现实性上，它是一切社会关系的总和”[②]；第三，人是“对象性的存在物”，它主要建立在以下著名论断的基础上，“非对象性的存在物是非存在物”，“而非对象性的存在物是一种非现实的、非感性的、只是思想上的即只是想象出来的存在物，是抽象的东西”[③]。上述三层含义相互印证，是马克思主义哲学有别于德国古典哲学及费尔巴哈机械唯物论的基本内容。总之，根据人产生、存在和发展的原因和依据分析，从纯粹的生物意义上讲，人一直处于进化之中；从文化的意义上讲，人也一直处于生成之中，这是研究人之问题的基点。

据此，匈牙利新马克思主义的著名代表乔治·马尔库什曾对马克思主义哲学中“人的本质”理论作过深入剖析，他认为人的本质(human essence)在马克思那里“就呈现在人创造和形成自身的主体性的自我行动中”[④]，是普遍化和个体化的统一过程；而人性(human nature)则表示“某个给定的历史时期典型的个人所拥有的‘本质力量’、特性和潜能”[⑤]。我国学者袁贵仁也曾对马克思所言的人的本质与人性作过较好的分析，他说：“人性是人作为类存在物所具有的共性，是人区别于其他动物的特性；人的本质则是人成其为人从而区别于一切动物的根源，或者说是产生、形成人及其特性的根据和原因。人的本质决定着人的特性，人的特性从一定的侧面表现和反映着人的本质。人的特性有多个，人的本质在同一层次只有一个。”这些研究表明，大多数时候，人们是把人的本质和人性混为一谈的，通常所说的“人如何成为人”的问题其实更多的是指人对该历史时期“典型的个人所拥有的‘本质力量’、特性和潜能”的追求。也就是说，人的生成和变化与人所创造的社会历史进程具有交互作用，动态发展着的人性永远以人的本质为轴心运动，却并不必然是人的本质的真实反映，人作为类存在物的本质并非如先验人性论那样被设定为神或上帝的造物，而是在人的

---

① 马克思. 1844年经济学哲学手稿[M]. 中共中央马克思恩格斯列宁斯大林著作编译局，编译. 北京：人民出版社，2014：53.

② 马克思. 关于费尔巴哈的提纲[M]//恩格斯. 路德维希·费尔巴哈和德国古典哲学的终结. 中共中央马克思恩格斯列宁斯大林著作编译局，编译. 北京：人民出版社，2014：65.

③ 马克思. 1844年经济学哲学手稿[M]. 中共中央马克思恩格斯列宁斯大林著作编译局，编译. 北京：人民出版社，2014：104.

④ 乔治·马尔库什. 马克思主义与人类学：马克思哲学关于“人的本质”的概念[M]. 李斌玉，孙建茵，译. 哈尔滨：黑龙江大学出版社，2011：69—70.

⑤ 乔治·马尔库什. 马克思主义与人类学：马克思哲学关于“人的本质”的概念[M]. 李斌玉，孙建茵，译. 哈尔滨：黑龙江大学出版社，2011：64.

主体性活动中动态生成的。

恩格斯说，“在自然界中……全是没有意识的、盲目的动力……在社会历史领域内进行活动的，是具有意识的、经过思虑或凭激情行动的、追求某种目的的人；任何事情的发生都不是没有自觉的意图，没有预期的目的的”①。人的主体性是一切看似偶然性的社会活动的内部动因，它通常用自觉的能动性、自主的独立性、自由的超越性等来概括②。因此，主体性活动是人作为自然的存在物和社会存在物相统一的基础，主体性是人一切实践活动的根本动力。“教育是有意识的以影响人的身心发展为直接目标的社会活动”③，因此，人是给定的，还是生成的，关涉体育价值的终极指向。

在历史上形成的诸多人性论之中，马克思主义哲学“人的本质”理论是关于人自我认识的最深刻理论，改变了体育价值预设的内容和体育价值实现的路径。由此，体育以育人为其本体价值的内涵是，体育以使人成为人，使人占有自己的本质为目的。在体育中，人的主体性的张扬以能动性和意向性的发挥为主要内容，通过规范、丰富和发展人自身的身体活动形式来改造人自身，这是人的主体性活动在体育价值生发和转化中的意义。

（二）人改造自身的能动性与体育价值的生发

人的能动性是相对于受动性而言的。马克思在《1844年经济学哲学手稿》中曾指出人是受动的自然存在物，这有两个方面的含义：一方面，人在自然界中的实践活动都需遵循自然规律，不能改变自然界的固有属性；另一方面，人又是能动的自然存在物，人通过其本质力量的展开改造自然界，既实现了自然的人化，也实现了人的自然化，这是人的能动性的作为，主体与客体便是在人的受动性与能动性的交互作用中形成对立统一的系统的。

对教育而言，人一开始就没有把自然世界作为改造对象，而是通过改造人，进而通过改造了的人的活动来改造自然界和发展艺术、宗教、科技等最终丰富人的世界，也可以说：“教育使文化延续和更新并不是以直接的传递或增添的方式实现，它是通过把人类共创的文化财富转化为个体的知识、才能、思维能力、实践能力等，再通过个体发挥智慧、才能的活动……”④因此，教育自古以来便被认定为人自我传承、自我发展和自我实现的必要手段，“在人已经创造出文化

① 恩格斯.路德维希·费尔巴哈和德国古典哲学的终结[M].中共中央马克思恩格斯列宁斯大林著作编译局，编译.北京：人民出版社，2014：43.

② 李楠明.价值主体性：主体性研究的新视域[M].北京：社会科学文献出版社，2005：243.

③ 叶澜.教育概论[M].北京：人民教育出版社，2006：10.

④ 叶澜.教育概论[M].北京：人民教育出版社，2006：165—166.

之后，他必须通过教育保证使文化不会再次丢失”①。

教育是人类的特殊实践活动，人通过教育指向人，人既是教育的主体，又是教育的对象，人通过教育获得具体的生产技能和生活经验，更为重要的是发展人的精神或意识；人通过教育有效地重复已有的活动方式，积累已有的活动能力和发展新的活动能力。人生活在文化世界中的事实表明，这种积累和发展是人的非生物意义上的特殊需要，不同于其他动物的生物需要，因为其他动物的所有活动范围、方式、对象都是由其自然规定性确定的，马克思将之形容为“动物生来就有它的地位、性情、生活方式”②。人则不同，“人以其需要的无限性和广泛性区别于其他一切动物”③。人不仅具有需要的丰富性和多样性，还具有把需要转变为现实可能的能力，又在现实的基础上进一步拓展新的需求，一步一步远离动物的属性。因此，人生活在文化世界中的事实还表明，人的活动能力始终在积累和发展着，而且积累和发展的程度越高，人的能动性就越强烈，实践就越多样，价值就越丰富。

教育的特殊性还在于，它能使人更容易在上一代人已达到的基础上发展，使人的创造性和超越性站在更高的起点上，因为，“人不能从零开始，而只能从前辈已经到达的位置出发，继续发展”④，“人之所以为人，正是因为他在一定程度上占有了由前辈或同时代的其他人创造并对象化的能力、需要、行为方式、观念等等，并纳入他自己的生活和活动”⑤。人生活在人创造的文化世界中，个体只有占有文化并转化为自己的个性和能力，才能完成社会个体化和个体社会化的互动，才能成为同时具有自然属性、社会属性和精神属性的人。实际上，占有是人的创造性和超越性迸发的过程，是把人类一切对象化活动的成果转为主体的认识能力和实践能力的过程，人的创造性和超越性是在占有的同时转化为个人的能力，进而再转化为个人的活动并在其过程中实现的。在这个意义上，教育的超越“这一维度表现了人性的丰富性：向世界的开放性、不断否定给定性、不断指向未来的可能性、不断改变生活和改造世界的目的性”。这也就是教育

① 米切尔·兰德曼.哲学人类学[M].阎嘉，译.贵阳：贵州人民出版社，2006：217.

② 马克思，恩格斯.马克思恩格斯全集：第3卷[M].中共中央马克思恩格斯列宁斯大林著作编译局，编译.2版.北京：人民出版社，2002：131.

③ 马克思，恩格斯.马克思恩格斯全集：第49卷[M].中共中央马克思恩格斯列宁斯大林著作编译局，译.北京：人民出版社，1982：130.

④ 乔治·马尔库什.马克思主义与人类学：马克思哲学关于“人的本质”的概念[M].李斌玉，孙建茵，译.哈尔滨：黑龙江大学出版社，2011：15.

⑤ 乔治·马尔库什.马克思主义与人类学：马克思哲学关于“人的本质”的概念[M].李斌玉，孙建茵，译.哈尔滨：黑龙江大学出版社，2011：31.

所要彰显的人性维度①。教育通过提高人的认识能力和实践能力发展了人的本质力量、特性和潜能，教育的过程可以看作人不断挣脱自然的限制和人的限制追求普遍存在的过程，是扬弃已有规定性的过程。

教育的上述特性很好地说明了体育的发展及体育价值的生发。在人类早期的生产生活中，人几乎与动物一样，都以觅食为主。不难发现，人的奔跑、跳跃、投掷等能力远不及动物，如果和动物比赛，无论什么项目，都将是动物战胜人。许多人类学家、动物学家发现黑猩猩会用自制的矛叉鱼，黑熊会用石头砸坚果，很多群居动物也会像人一样嬉戏打闹，但是，动物这种自发的身体活动历经千万年还处于原初的状态，并没有产生实质性变化。即使在动物的生命历程中会出现个别获得的适应性习惯和反应，那也是“动物物种的生物学-生理学结构始终限定着它的习得性反应，这是一个恒常确定的局限”②。

从一开始，人的能力就不在于会奔跑、跳跃、投掷，而是在于会把诸如此类的身体活动积累起来、组织起来并世代相传。作为人自我实现的重要内容，体育超出人生物的规定性把自身作为活动的对象，旨在通过身体的变化改变人的面貌及人与自然的关系，这样，即使是产生于人的生物本能的走、跑、跳、投等动作也就与动物的走、跑、跳、投有了本质区别。因此，人赋予改造身体活动以价值性，使之成为价值规范调整的内容，于是，人不只是在乎走、跑、跳、投，而是更在乎如何走、如何跑、如何跳、如何投，以及为什么走、为什么跑、为什么跳、为什么投。

在积累传承以外，人以其能动性创造发展出许多动物所不能想象、设计、实施的身体活动形式，如体操、足球、排球等，这是体育不同于其他对象化活动的地方。在积累传承、创造发展的过程中，人的身体活动方式是具有价值性的，人的身体就是价值活动的对象，体育是直接以人的身体这一特殊物质为对象的价值活动，衡量体育的价值标尺便是人的身体所形成和发展的能力，这是人发展体育的前提，是体育价值生成的基础。

毛泽东曾说：“自从人脱离猴子那一天起，一切都是社会的，体质、聪明、本能一概是社会的……拿体质说，现在人的脑、手、五官，完全是在几十万年的劳

---

① 鲁洁. 超越性的存在：兼析病态适应的教育[J]. 华东师范大学学报：教育科学版，2007，25(4)：6—11.

② 乔治·马尔库什. 马克思主义与人类学：马克思哲学关于“人的本质”的概念[M]. 李斌玉，孙建茵，译. 哈尔滨：黑龙江大学出版社，2011：9.

动中改造过来了，带上社会性了。"[①]起初，这些调整人的身体动作的价值规范只是一种习俗性的要求，后来才逐渐演变为某种具体的体育规则，使身体活动从自发、无序逐渐走向自觉、有序，贯穿其中的公平、竞争、团结、参与等价值观从人的身体体验直达内心，成为调整一定社会关系的价值规定。体育便以此方式实现了人的社会化，进一步强化已有的物质力量和精神力量，构成了不同体育价值形态的持续性。必须看到，体育价值形态的持续性中总是蕴藏着人进一步的创造性和超越性，体育的创造超越即体育突破已有的体育价值形态给人的钳制。因此，人的社会属性也是体育价值生成的基础。

不止如此，人的能动性还促使人通过制造工具提高对象化活动的效率。从广义上来说，人不依靠任何外在物发展身体的历史是不存在的。体育最基本的活动方式是依靠身体各部位的不同动作组成的复杂动作或成套动作，无须使用任何器械，如跑步、徒手体操等。但还应看到，人的对象化活动是对"外在的自然"（自然环境）和"内在的自然"（人的身体器官）进行人化的双重过程的统一[②]，人改造自身和改造自然的进程是统一的，人在改造自身的同时必然加入改造自然的结果形式。这在体育器械的演变中表现得尤为明显，在古代，生产工具（如锄头、叉）、军事武器（如刀枪剑戟）等是体育活动的必要资料；在现代，几乎每一项体育活动都有相应的器械，其材质有石、木、铁、钢、塑料、复合材料等，甚至体育器械的生产已经分化成为独立的社会生产部门，是体育产业的重要组成部分。要知道，"……最初和最基本的技术成就，都不是由于参考自然界中既有模型而得出来的"[③]，人有意识地改进体育器械，使之从生产工具、军事武器中独立出来，目的是更好地促进身体的发展，体现着人改造自身的决心和勇气。

历史地看，体育是使人有意识地学习那些人类在生产生活中总结、创造出来的身体活动形式，从而获得一定的身体意识和能力的实践活动。体育塑造人是一个漫长的过程，任何时空中的体育都是人的能动性活动的阶段性成果，体育把身体的改造作为自然的人化的一部分，反映了一定社会历史阶段的社会关系的面貌；而多种体育形态都是人主体性活动的结果，都是人在占有自己本质的道路上形成的阶段性成果，都曾对推动人类体育发展具有积极的历史作用，

① 毛泽东．关于人的基本特性及其他[M]//中共中央文献研究室．毛泽东文集：第3卷．北京：人民出版社，1996：83.

② 李泽厚．人类学历史本体论[M]．天津：天津社会科学院出版社，2008：50.

③ 阿诺德·盖伦．技术时代的人类心灵：工业社会的社会心理问题[M]．何兆武，何冰，译．上海：上海科技教育出版社，2008：4.

并无优劣之分。体育是人历史性的、社会性的、有意识的类存在的活动方式，体育价值是一定时空中人对体育的能动性的反映。

（三）人自我确证的意向性与体育价值的转化

意向性来源于意识性，意识性是人与动物的根本区别之一。“动物和自己的生命活动是直接同一的。动物不把自己同自己的生命活动区别开来。它就是自己的生命活动”，而“人则使自己的生命活动本身变成自己意志的和自己意识的对象”，[①]人的意识性区分了主体与客体，自我意识和对象意识随着劳动的发展逐渐显现，并在自然的人化中不断发展。动物没有自我意识和对象意识，更没有超出其生物需要之外的动机、需要、感觉、情感、倾向、愿望等。人的意识根植于物质生产和社会生产，具有对象性和方向性，具有历史性和现实性，同时又是“所有社会活动中的创造性和规范性的因素”[②]。

人自我确证的意向性来源于意识性，是人对自觉反映、改造世界能力本身的不断反思和重构，是人把客体和主体的价值判断、价值目标凝结为价值行动，确定为人的生存方向，所以，意向性内含着价值性。在文化哲学中，人的世界就是文化的世界，文化世界“是一个以人的意向性为动力和指向的世界”[③]。人自我确证的意向性并非抽象空洞的，它渗透在人类实践和社会历史的各个环节。从微观上看，人每做一件事情都要进行价值评价，以明确自己的价值方向；从中观上看，每一个时代的人都在不停地给已有的实践作出价值评价，以审视群体的价值方向；从宏观上看，人类一直都在以价值设定、价值评价、价值目标等对人之生存和发展进行方向性的校正。

体育是人自觉的有意识的追求，人以自己的身体为直接对象，通过发展了的身体获得人的本质力量的确证，包含了从微观到宏观的生存和发展的意向性。如同有乐感的耳朵通过音乐确证听觉，人有目的、有计划地实施体育活动，有针对性地提高身体的速度、力量、耐力和技巧，是人对身体感觉和能力的一种期望和行动，是人对自己本质力量的确证。在改造生物身体的同时，人的精神、意志、品质得到发展，人与物质世界的关系得到改变，人自我确证的感觉进一步增强。反之，动物只能在其生物学的规定性范围内无主客体意识、无对象性地重复本能的肢体动作，虽然在其生命中也不乏奔跑、跳跃、攀爬、游水等肢体活

---

① 马克思. 1844年经济学哲学手稿[M]. 中共中央马克思恩格斯列宁斯大林著作编译局，编译. 北京：人民出版社，2014：53.

② 乔治·马尔库什. 马克思主义与人类学：马克思哲学关于“人的本质”的概念[M]. 李斌玉，孙建茵，译. 哈尔滨：黑龙江大学出版社，2011：49.

③ 李鹏程. 当代文化哲学沉思[M]. 2版. 北京：人民出版社，2008：24.

动,但动物不会为这些肢体活动设定计划、方法、内容和目标,如豹子爬树是出于抓住猎物这一生物本能,而无对自己肢体(更无从谈意识)的改善意向。体育是超出生物需要的、更高级的人类的社会活动,反映了人的自然性需要和社会性需要,根本上是人的本质力量的发展,这是动物所不能构想和实现的。

随着人类实践范围的扩大和程度的加深,人作为主体的本质能力不断提升,人自我确证的意向性也随之发展。《诗经》中记载:"就其深矣,方之舟之;就其浅矣,泳之游之。"意思是潜入水下的是"泳",浮在水面的叫"游"。现在,人们已经根据不同的身体姿势、技术把水面上的游泳细分为自由泳、蛙泳、蝶泳等项目,也根据潜水的深度把潜水分为深潜和浅潜等。实际上,人身体活动形式、内容的多样化反映了人确证身体感觉和能力意向性的发展,体育不只被单纯地看作增强体质健康的手段,更被看作发展身心、丰富人性的必要途径。例如,体育中的摔跤、拳击、格斗等竞技性项目与动物之间的厮杀的本质区别是,体育把生物本能的攻击性转化为身体力量和精神美德的共同体,朝着人性的价值导向使人的身体活动一步一步地富含真善美。刘欣然在讨论古希腊体育时曾指出:"在体育运动建立的秩序中,攻击性本能已经不再是破坏、暴力和杀戮的代名词,它转化成为公平竞争、超越自我、获取荣誉、坚持不懈和冲击终点的民族精神。"[①]人的意向性为体育价值的生成提供了动物身体活动所不可能具有的可能性,它把一切有益于人生存和发展的身体活动吸收到体育中来,竞技运动、养生健身、休闲娱乐等价值内容都是在人自我确证的过程中被人认识到的。

人在体育中获得的普遍性的增加,也在一定程度上依靠外在的物加以确证,如举重确证手臂力量的增加,跑跳确证腿部力量的增加。尽管没有哪一项运动能把人的四肢和躯干区分开来,但每一项运动侧重的部位不同,表明人对这些部位各有着不同的期望。马克思说:"人不仅通过思维,而且以全部感觉在对象世界中肯定自己。"[②]人的视觉、味觉、听觉、嗅觉、触觉等都在对象化活动中得到肯定,对象不同,肯定的人的本质力量的内容也是不同的,视觉不同于听觉,是因为视觉的对象不同于听觉的对象。同样地,人自我确证的意向性在体育价值中可以表达为"身体锻炼有益于心灵成长",这在坚持身心二元的西方哲学和主张形神一体的我国古代哲学中都得到了充分肯定。因此,体育的养生健

① 刘欣然.生命行为的存在:体育哲学、历史与文化的线索[M].北京:北京体育大学出版社,2014:373.

② 马克思.1844年经济学哲学手稿[M].中共中央马克思恩格斯列宁斯大林著作编译局,编译.北京:人民出版社,2014:83.

身等具体价值内容在古希腊体育和我国古代体育中都有具体体现，反映了特定社会历史环境中人的个性。

一种新的体育价值从被认识到被认同，是在具体的历史中人对已有体育价值的扬弃，就是体育价值转化的过程。当然，体育价值的转化经历了很长的时间，参与着人的个性与共性的成长。在体育中，人的个性是以个人身体对象化的活动形成和塑造出来的，表现个人在体育中的认知、情感、意志和行为。个人接受的具体的、现实的体育的过程一定会带有他所处的那个社会历史阶段现实关系和活动的种种特征，尤其是带有他所处的那个社会历史阶段的关于身体活动的一切认识。这些认识一般通过语言、文字、行为、制度、技术等形式表现出来，包含了人在体育活动中的动机、需要、观念、计划、目的等意向性内容，通常人们将之统称为体育文化。表面上看，个人只能接受体育文化中极其微小的一部分，具有个性化的色彩。其实，个人占有体育文化并内化为自己的意识和能力是发展共性的基础，也是发展共性的要素。个人确证身体的意向性包含在人作为类存在物确证身体的意向性之中，个人身体意识和能力的提高在无限次的反复中构成了人类身体意识和能力的整体。从这个意义上来说，不同时空的人群的体育价值普遍存在着的异同点便是人的个性与共性的体现，而体育不再单单是对身体活动形式的简单汇集，而是对身体潜能的一种启蒙，是通过身体活动对人的身与心的一种探索，是对人性的仰望和追寻，如此，体育价值的发展才能上升到对人的终极关怀的高度。

二、体育与体育价值生成的要素

人是体育价值的主体，人的本质是体育价值生成的根本动力，认识到这一点，是把握体育价值一切问题的起点。为了阐明体育价值的特殊性，深入探究体育价值生发和转化的逻辑，还需进一步指明体育价值生成的各类要素，以及各类要素的作用和意义。按照事物发展分为内因和外因的方法加以分析，体育价值生成的内部要素由体育中的教育者、受教育者和教育资料组成，他们决定了体育活动的形式、方法、内容等；体育价值生成的外部要素是体育所处的外部环境，即在一定的社会生产力水平和社会价值体系内的政治、经济、文化(狭义的)等构成的社会历史环境。因此，体育价值的生成是内部要素和外部要素协同效应的结果，其中，内部要素决定了体育价值内容的性质，外部要素决定了体育价值实现的水平。

（一）体育与体育价值生成的内部要素

体育价值研究的一个重要内容是尽可能地把握体育价值生成的内因与外因，而不能仅依靠现有的某些体育价值观或体育功能去反向推断体育价值是什么，或者体育价值是如何存在的。

马克思通过剖析发现，人类劳动过程的简单要素有三个，即人的主体活动、劳动对象和劳动资料。陈桂生在分析教育要素时参考了马克思对劳动要素的分析，他指出教育的简单要素是"教育者的有目的活动、教育对象（受教育者）、作为教育者与教育对象联系中介的'教育资料'"[①]，这些是教育的必要成分，缺失了它们，教育将不复存在；教育中还有其他一些要素，构成了教育的充分条件，条件越充分，教育活动就越复杂。据此来分解体育的过程，就可以把体育过程中的诸要素分解为内部要素和外部要素，它们分别在体育价值生成的过程中发挥着内部条件与外部条件的作用。其中，体育过程的内部要素是体育的必要条件，包含教育者的有目的的活动、受教育者，以及体育资料（身体活动的内容、技术、手段、工具等）。

但是，教育的简单要素不同于劳动的简单要素。首先，人之主体性活动的目的不同，劳动的目的是改造自然世界，教育活动的目的是改善人的身心；其次，对象不同，劳动对象是指劳动者在劳动过程中使用劳动工具所加工的一切对象，教育的对象是人自身；最后，资料不同，劳动资料是指在劳动过程中用以改变和影响劳动对象的物质资料和物质手段，工具是最主要的，教育资料则主要是通过物质资料和物质手段承载的制度、行为、精神等，是文化系统的浓缩。劳动过程的简单要素的结合决定了劳动的性质和水平，主要是劳动者之间的结合、劳动者与劳动资料之间的结合两个方面；而教育过程的简单要素的结合则存在于教育者之间、教育者与受教育者之间、教育者与教育资料之间，以及受教育者与受教育者之间。因此，教育过程的复杂性不只是对象由物至人的简单改变，而是简单要素之间结构的改变。认识体育的内部要素是对体育这一价值性活动结构的剖析，只有把教育者和受教育者联系起来的身体活动才能产生体育价值。

瑞士著名的心理学家皮亚杰（Jean Piaget）认为认识不是预定的，传统认识论只顾及认识的结果形式——知识，没有对认识的建构过程作出可信解释，他把认识看作不间断的建构[②]。皮亚杰对认识论的研究对体育价值研究也颇有

---

① 陈桂生. 教育原理[M]. 3版. 上海：华东师范大学出版社，2012：7.

② 皮亚杰. 发生认识论原理[M]. 王宪钿，等，译. 北京：商务印书馆，2009：16—20.

启示，尤其是在讨论体育价值生成的过程中，如果能找到体育价值生成的内因与外因，便能增进人们对体育价值生成过程中形成的各种稳定形态与非稳定形态的理解。如前所述，体育是人类早期的生产生活基本技能与道德规范相结合的产物，其中必然包含物质资料生产和人的自身生产。但若寻找体育的动因，恐怕还得立足于体育这一社会活动自身。

我们把体育过程的内部要素分解为教育者有目的的活动、受教育者，以及体育资料（身体活动的内容、技术、手段、工具等），符合从"教育存在"中寻找逻辑起点的理论。根据郭元祥的研究，教育学的逻辑起点应参照哲学从本体论到认识论再到概念论的范畴，宜从"教育存在"中寻找逻辑起点，而教育存在是对"……教育活动和从原始形式开始的复杂教育现象进行抽象的基本范畴，如摹仿、模仿、学、教、教导、教养、教育等"①。因此，考察体育价值，先要找准体育是什么，而找准体育是什么，先要找到体育存在的基本范畴。这样一来，剔除体育中可剔除的成分，体育中的教育者、受教育者、教育资料仍是体育存在的最基本范畴。

那么，体育价值是如何在教育者、受教育者、教育资料所构成的教育活动中生成的呢？日本当代著名教育家佐藤学曾用一般对话与一般教学对话的区别（见表 7-1）来阐释教育中知识课程的"IRE"结构（Initiative-Response-Evaluation）。他指出，在知识课程的"IRE"结构中，一般教学对话是"教师主导的提问与提示"(I)、"学生的应答"(R)、"教师的评价"(E)循环构成的封闭结构，是教与学过程中的结构化的语言游戏，构成了教师同学生在课堂这一特殊情境中的权力与权威关系。

表 7-1 一般对话与一般教学对话②

	一般对话	一般教学对话
I	What time is it, Salah?	What time is it, Salah?
R	Half past two.	Half past two.
E	Thanks.	Right.

仔细观察学校体育课堂上教师与学生的对话，我们将发现它们一般是这样的（见表 7-2）：

① 郭元祥. 教育学逻辑起点研究的若干问题思考：兼与有关同志商榷[J]. 教育研究，1995(9)：30—34.

② 佐藤学. 课程与教师[M]. 钟启泉，译. 北京：教育科学出版社，2003：108—111.

表 7-2 体育课堂上的一般教学对话

	肯定式对话	否定式对话
I	Can you do it, Salah?	Can you do it, Salah?
R	Yes.	Sorry.
E	Do it.	I will demonstrate it again.
	Right.	Can you do it, now?

在体育教学对话结构中，教师主导的内容大多数时候是以对某种或某套身体动作的指示和示范开始的；学生的回应包含了对课堂学习的反馈信息，通常有“会做某一动作或某套动作”和“不会做某一动作或某套动作”两种情况；教师根据学生的回应作出肯定或否定的判断，即由学生模仿教师的动作，或者重新示范一次。此时，教师评价不再是“正确”或“错误”，而是下一轮对话的开始。因此，体育课程不同于一般知识课程之处在于：教师通过讲授动作原理和示范动作来主导，学生通过即时地回应向教师作出反馈，教师对学生能否完成动作进行评价，而不是只通过口头对动作原理的复述来进行评价。体育课堂上的“IRE”结构是以语言游戏为中介的身体游戏，教师与学生以身体活动为主要形式完成各自的自我肯定、自我反思，能够在短时间内对教与学的效能作出判断，可以说，体育教学是在“做中教”与“做中学”中完成的，教与学的语言风格也与知识课程教学中的语言风格大为不同。通过这样的分析，将会发现体育价值产生在教育者与受教育者的教学关系中，二者同为体育价值生成的内部动力。作为主体的教育者通过对体育内容、手段、方法、场地与器材的选择、设计、实施等主体性活动来实现体育价值。作为主体的受教育者则通过对体育内容、手段、方法的练习，对场地与器材的使用来实现体育价值。

体育价值实现水平最终要在受教育者那里得到反映，即受教育者主体性的发挥程度是衡量体育价值实现程度的尺度，这又同是否把受教育者当作具有主体性的人密切相关。把人作为具有主体性的受教育者是在“人能被教”和“人在教育中具有自主性”这两个问题得到根本性解决的前提下才成立的，康德(Immanuel Kant)在《论教育》开篇提出“人是唯一需要教育的一类”解决了第一个问题，但洛克的“白板说”、孔狄亚克(Etienne Bonnot de Condillac)和爱尔维修(Claude Adrien Helvétius)的“教育万能论”妨碍了第二个问题的解决。第二个问题被卢梭解决了，他在《爱弥儿》中对第二个问题作了解答，他指出：“问题不在于告诉他一个真理，而在于教他怎样去发现真理。”①从而树立了受教育者具有能动性的理念。解决了这两个前提性问题，受教育者才可能从被动转向主动，才可能在教育过程中彰显其主体性，对受教育者的培养才可能实现。承认了受教育者在体育中的可教性、主体性，并不必然会使受教育者自主自觉地学习和锻炼，因为接受体育本来就不是一件自然而然的事情，这是一项艰巨的社会化工程，教育者承担了这项工程的设计、选材、施工、监测、监督等任务。因此，对受教育者实施教育与受教育者的自我教育都是不可或缺的，构建教与学的关系是体育的基本结构形态。从这个角度讲，体育中的教育者与受教育者在体育内部要素中就具有不可替代性。

另外，我们说教育者与受教育者是体育价值生成的内部动力，并不能把体育价值的生成只局限在教和学的关系中。理由是，体育过程内部要素的结合并不是一成不变的，教育者与受教育者是何关系受生产关系影响，物质的、精神的、行为的、符号的体育资料又受生产水平、社会文化价值影响。因此，考察体育价值的生成，还必须充分研究体育价值生成的外部要素。

（二）体育与体育价值生成的外部要素

由于人类社会活动之间千丝万缕的关系，体育价值的生成总是伴随着政治价值、经济价值、文化价值等的渗透和消解，美国当代著名学者阿普尔（Michael W. Apple）就教育政治学、教育社会学作过深入研究，他说：“教育本身就是一个这样的场所，不同的集团在此基于自己社会的、文化的和宗教的目的，竞相致力于建立自己的霸权。”②因此，试图把体育价值与环境要素的价值割裂开来的做法是不可取的，其结论也必将是不完整的。体育的环境要素是指影响和制约体育过程的各种外部条件，如政治、经济、文化等，它们是体育发展的充分条件，基于这些充分条件的差别，政治、经济、文化等的性质和发展水平决定了教育者之间、教育者与体育资料之间结合的形式和程度，进而决定了体育价值的形态及其发展水平。

譬如，在古代社会，体育的发展与军事联系十分密切，同处于冷兵器时代的古希腊和我国奴隶社会都不约而同地较早地发展了赛跑、举重、摔跤、射箭、马术等项目，那么为什么古希腊体育和我国古代体育会有显著的区别呢？实际上，形成不同体育形态的原因是，在体育的发展历程中，劳动、军事、娱乐等都参与了体育活动的形成，政治、经济、文化等都对体育价值产生了不同的影响，如

① 卢梭．爱弥儿：论教育[M]．李平沤，译．北京：人民教育出版社，2001：281.

② 阿普尔．文化政治与教育[M]．阎光才，等，译．北京：教育科学出版社，2005：中文版序 2.

古希腊各个城邦均信奉奥林匹亚诸神，均最大限度地限制个人生活，公共观念、公共情感和公共仪式是最有利于赛会发展的观念因素；而我国古代之所以形成不了周期性的、全民性的体育赛会，很大程度上应归咎于公域与私域的暧昧关系。夏商周的统治已基本使世袭王权定型，宗法制度已经几乎成熟和完善，家国同构的政治结构最大限度地发展了家庭伦理，而不是发展了像古希腊那样的公共德性，这遏制了公共性体育活动的开展。美国著名学者本杰明·史华兹(Benjamin I. Schwartz)对孔子与柏拉图思想的研究很好地说明了上述区别的根由，史华兹指出，在孔子那里，“家庭很理想地成为德性的第一所学校，而且还是使好社会得以可能的那些价值的来源”；相反的是，柏拉图却认为“公共性”的德性只有在公共领域之中才能获得，“因为家庭是城邦(polis)内部、其主要目的是改善自身经济利益的一种特殊主义的‘私人’团体。它不是把人们的心思集中在更广阔的公共事务上，而是把人禁闭在最大限度地关心其他家庭成员的卑微的欢乐与悲伤的天地之中”①。

这样的比较同样对分析体育价值的一般性有着莫大的帮助。因为在体育价值的研究中，如体育的政治价值、经济价值、文化价值等已经触目皆是，这些反映社会价值体系、反映体育功能的研究有助于揭示体育形态的个性，却无助于寻找体育形态的共性。如西方现代医学重点在人体结构、人体器官上揭示人体运动的规律性，帮助西方现代体育发展了力量型的项目。我国古代医学则擅长以经络、气解释生命规律，它对我国古代体育的贡献是气功、导引术较为发达。西方现代医学与我国古代医学的相异在不同的体育形态中各自发挥着作用，难以在短时间内走向融合，却都不约而同地说明体育价值生成具有多样途径的可能性。

又如，政治价值主导下的唯金牌价值取向并非发端于我国，早在古希腊时期，“竞技术”就与“体操术”分离开来，为竞技运动的职业化开辟了先河。其中，就有城邦为求在赛会上争到好名次而雇用其他城邦的运动员，并大肆给予获胜者各种奖励，在一定程度上，丰厚的物质奖励加速了职业运动员和竞技术的发展。从政治对社会发展的影响角度来看，受时代的制约，古希腊体育被看作统治公民的手段，在遭遇世俗幸福观和宗教信仰的改变后，城邦公共生活已无法统摄人们的思想和行为，竞技术与体操术的分离加速了古希腊体育的衰微。西方现代体育最大限度地调动了人的主体性，也在更深层次上把体育与现代民主

① 本杰明·史华兹.古代中国的思想世界[M].程钢，译.南京：江苏人民出版社，2014：134.

政治联系起来；以符合民主政治社会需要替代人的主体自由，不过是体育政治化的一种新形式而已。我国古代体育把人捆绑在血缘、地缘、业缘的伦理社会中，不可避免地出现了人们对扬武德、抑武技的价值选择。可见，政治社会现实地把体育对价值目标的期许转变为对城邦的忠诚、对民主的渴望和对封建道义的仰仗，这都是环境因素价值强加在体育价值之上的表现。

在现代社会，政治、经济、文化等因素对体育的影响恐怕是有增无减的。比如，现代奥林匹克之父顾拜旦复兴奥林匹亚赛会就借了资产阶级革命的东风。正当全世界都在为现代奥林匹克着迷时，瓦奈（Vinnia）的《足球狂躁症》却揭示了资本主义对包括体育在内的社会各个领域的控制，批判了现代足球在意识形态领域的影响①。可以窥视环境因素对体育产生重大影响的还有在现代社会，女性拥有了一定的体育权利。女性解放是现代社会的重大历史主题之一，在欧洲中世纪和我国封建社会，女性是无权接受体育形式的相关活动的。资产阶级最初反对封建阶级所宣扬的"平等""自由"也并没有即时地把女性参加各种社会活动纳入计划，一直到20世纪下半叶，致力于为女性争取政治权利的北美女性主义者开始把目光投向体育和竞技运动领域，并赢得了其他地区女性主义者的支持和响应。到20世纪末，随着教育民主化与国际竞技运动赛事向女性的开放，女性成为体育的主体之一，标志着女性价值和尊严的进一步确立。但目前，仍有少数国家不承认女性的受教育权利和体育权利，这些国家女性的解放还需要政治社会的进一步发展才能实现。

科学技术是现代体育发展的重要驱动力，其积极意义是促进了体育科学化发展，并通过对体育资料中的场地、设备、器械等的变化推动现代体育的发展，进而与体育课程内容的变化、体育组织形式的变革共同改变体育的面貌。每一个历史时期的体育都在其所处历史阶段的社会文化中选择其需要并可传授的身体活动作为体育内容。在古代社会，弓箭、石器是人们生产和战争的必要工具，因此，中西方的古代体育都有大量的与弓箭、石器有关的体育内容。随着社会的发展，长期处于农业社会的我国古代体育保留了大量的农具作为体育器械，并把农业生产中的身体活动改编为体育内容；而西方现代体育则在市民社会中发展了水上运动、冰上运动、球类运动、极限运动等项目。

在现代社会，体育内容越来越重视培养学生个体的兴趣、爱好，越来越突出对学生个性的尊重与养成。这引起了现代体育教学方式上的变化。从教师权

---

① 约瑟夫·马奎尔，凯文·扬．理论诠释：体育与社会[M]．陆小聪，主译．重庆：重庆大学出版社，2012：21．

威向教师主导的改变带来了诸多变化，越来越多的人感受到教师与学生的互动增多了，学生在学习过程中的创造性更加受重视，学生对教学内容的选择权也在增加，教学组织形式越来越多样化和人性化。

社会诸方面发展不平衡也会在体育中有所表现，在现代社会有一个不容忽视的现象：无论是发达国家，还是发展中国家，城市中体育的开展状况都优于农村，体育的不平衡广泛存在于各个国家、各个地区。在硬件投入上，城市的体育场地、设施、器材等数量远多于农村的体育场地、设施、器材等；在师资建设上，农村的体育教师基本处于缺编状态，很多体育院校的毕业生考虑到就业环境、待遇等因素不愿意到农村学校去任教，专业性指导是农村体育最为薄弱的环节，由师资匮乏带来的负面影响比由缺乏硬件投入带来的负面影响更为深远。

叶澜说："教育上的每一个变化都不是由社会某一方面作用的结果……这种综合作用也不只是表现在教育的某一方面或者某些方面，而是表现在教育的一切方面。……社会诸方面对教育的作用在不同的历史时期和不同的国家里是不平衡的，并循着一定的趋向变化。"①同理，体育的每一个变化都是社会文化合力所致的，体育制度的形成与发展是社会对体育的总体要求与体育自身需要的综合结果，体育观念的变化是社会文化在体育上的投射。分析体育与环境因素的关系，有助于理解体育价值在生成过程中受到政治价值、经济价值、文化价值等影响的必然性，也更有助于判断体育本体价值与工具价值之别。

第二节　体育与体育价值生成的基础与机制

在人类漫长的历史中，种种实践活动都是对自我认识、自我传承、自我发展和自我实现的具体形式。体育的起源是一个可以说明体育"如何是"的切入点，而并非体育"是什么"的切入点。"九层之台，起于累土"，人类社会通过漫长的历史积累才有了现在的成就，体育也是从人类社会最初的社会活动中演变而来的。人们不仅热衷于探讨价值问题，还热衷于赋予各种实践活动以各种价值，对"什么是有价值的"这一问题的不同回答成就了人类世界的丰富多彩，体育的多源性正是对体育价值是生成的而非既定的一种有力解释。而体育价值在生成过程中，还要求体育的内部要素与外部要素在一定的社会历史背景中实现某

---

① 叶澜．教育概论[M]．北京：人民教育出版社，2006：91—92．

种结合，形成某种稳定性结构，从而构成了体育价值生成的保障机制。

一、体育的多源性：体育价值生成的实践基础

体育起源不是孤立的社会现象，而是人类文化综合作用的结果，无论从形式上或内容上都体现出对人类早期社会身体活动的有意识的整理与改造的目的。因此，认识体育的多源性就能认识到仅从身体活动的形式来判断体育的归属是极其片面的，也正是由于体育的多源性，体育价值生成才具有了无比丰厚的实践基础，并以此孕育出多样的体育价值观念。

（一）体育起源的各种界说

体育的起源如同人类的起源一样至今是一个谜，却又是研究体育价值不可不说的问题，因为若无体育，何来体育价值？正所谓在一个"……人的一切体力和智力活动都只是为生存条件提供保证的时期"，是什么"促使我们的祖先创造了一整套有助于培养人的身体练习"？[①]因此，现在讨论体育起源的几种主要学说，目的是想从混沌状态中找寻体育价值生成的最初形式，寻找人类体育中不变的价值纽带。

第一种是"劳动说"。我国学者多持此观点，他们主要以恩格斯在《劳动在从猿到人的转变中的作用》中的一句话"劳动创造了人本身"为据[②]，既然劳动创造了人的手、脚、骨骼、头脑、语言等，当然也就创造了人的一切社会活动，体育怎么能例外呢？在早期的人类社会中，人们靠狩猎、采集或渔业为生，人们在狩猎、摘果、捉鱼，甚至被猛兽追时的奔跑、跳跃、投掷、攀爬、游泳等行为被认为是体育的雏形。但是，此种学说的疑点是无法用劳动的动机或需求解释体育形式的多样性和复杂性，忽略了体育独立于劳动的特殊性。

第二种是"需要说"。这种观点主要依据人的需要来阐释体育的起源，在一定程度上弥补了"劳动说"无法解释体育发生的主观条件问题。关于"需要说"，董时恒和熊晓正的主要观点是人的社会生产活动需要和人类生理、心理活动的需要推动了体育的发生，当人类智力可以抽象概括具有一定规律的身体动作并用于特定目的的时候，体育就发生了[③]。也有学者具体指出，根据马克思主义

---

① 拉斯洛·孔.体育运动全史[M].颜绍泸，译.北京：中国体育史学会，1985：1.

② 恩格斯.自然辩证法[M].中共中央马克思恩格斯列宁斯大林著作编译局，编译.北京：人民出版社，2015：303.

③ 董时恒，熊晓正.体育探源[J].体育科学，1982(2)：2—7.

哲学历史唯物主义观点，体育产生的两大动因分别是物质资料生产和人的自身生产（生殖繁衍）需要[①]。多数学者同意“需要说”的主要原因是20世纪80年代哲学界曾对马克思主义哲学中关于人的需要一说的相关论述表现出极为浓厚的兴趣，人们较为普遍地认为体育无论是起源于生产劳动、宗教仪式、军事、游戏，还是其他社会活动，其产生的根本原因是人的需要。

第三种是“巫术和宗教说”，认为原始巫术和宗教的仪式中大量的身体活动蕴含了人类早期体育的形式。在原始社会，由于生产水平低下，人们在对自然现象无法给出合理解释的情况下，出于寻求庇护、祈祷平安的朴素心理，产生了崇拜、敬畏某种未知的神秘力量的一种文化现象，这种文化现象就是巫术与宗教。在规范化、制度化的巫术或宗教礼仪出现之前，原始社会的巫术或宗教礼仪融原始崇拜、祭祀、庆典等功能于一身，既有较为独立的动作套路，也有结合在仪式中的跳跃、腾挪等动作，我国少数民族的角抵、摔跤、上刀山等多种体育活动都是以显而易见的与巫术和宗教礼仪结合开展的。西方体育也概莫能外，如古希腊大大小小的竞技赛会均有明确的要敬奉的神，竞技赛会是宗教祭祀最盛大、最重要的仪式之一（见表7-3）。鉴于世界上仍广泛存在着与巫术、宗教仪式相伴而存的体育活动，“巫术与宗教说”在体育起源诸说中占有重要地位，因此，有学者指出弓箭和巫术化身体活动的出现，是原始体育形成的主要标志[②]。

表7-3 古希腊主要竞技赛会信息简表

赛会名称	主要敬奉的神	举办地点	首届举办时间
奥林匹亚（Olimpia）	天神宙斯	奥林匹亚圣地（Olimpia）	公元前776年
皮提亚（Pythian）	太阳神阿波罗	德尔斐城（Delphi）	公元前586年
伊斯玛斯（Isthmian）	海神波塞冬	科林斯地峡（Corinth）	公元前582年
尼米亚（Nemean）	大力神赫拉克勒斯	克列奥奈城（Cleonae）	公元前573年
赫拉（Hera）	天后赫拉	阿尔戈斯城（Argos）	公元前6世纪

① 刘礼国，黄平波，徐烨，等. 体育起源新说[J]. 体育学刊，2009，16(2)：1—5.
② 谭华. 体育史[M]. 北京：高等教育出版社，2009：17.

第四种是"军事说"。在相当长的历史时期内，人类战争的胜负基本取决于身体直接对抗能力的强弱，无论是单打独斗，还是群体作战，身强力壮都是获胜的最大砝码。古代社会由于战争的直接需要对体育产生的作用至少有两个方面：一是古代战争对集体作战能力的需要有利于身体训练的组织化和训练手段的规范化；二是古代战争中的刀、枪、箭等兵器为体育器械的分化提供了直接的样板，有利于加速体育从军事活动中的分离。

还有一种关于体育起源的学说是"游戏说"，该学说主要源于英国哲学家席勒和社会学家斯宾塞，他们把体育和游戏都视为人的过剩精力在身体活动上的发泄或使用，这样，古人在闲暇时间的游戏很可能就是体育的雏形。考古学家曾在亚洲、非洲、欧洲的多处遗址中发现刻有球类游戏的岩画，也发掘出很多石球，说明古代社会中的许多游戏形式、规则与现代的很多体育项目的形式、规则有着相似之处。"游戏说"的另一个论据是在社会分工出现后，少数特权阶层脱离了生产劳动，拥有了专门从事娱乐的闲暇时间，特别是在20世纪中叶以来，休闲体育的兴起也助推了"游戏说"的流行。"游戏说"充满着社会学、心理学研究色彩，从社会结构、心理行为等不同角度描述了体育作为一种社会需要的可能，丰富了体育研究的维度。

"模仿说"也是较为流行的一种关于体育起源的学说，这同西方艺术史学界普遍认为艺术起源于模仿有关。这种学说认为雕刻、岩画、舞蹈等都是模仿自然万物的结果形式，模仿是人类的一种原始心理倾向，用以解释体育的起源也未尝不可①。西方学界多对模仿是体育发生动力一说持肯定意见，受其影响，我国学者多从众多体育活动形式中模仿动物活动、模仿人在生产生活中的身体活动形式的体育项目分析"模仿说"成立的可能，如五禽戏、独竹漂等都能形象地说明模仿的存在。"模仿说"的确在很大程度上解释了体育形式起源的一种可能性，而对"为何模仿"这个体育的本质问题还不能作出较好阐释，因为模仿本身不是体育的目的。

除上述学说之外，还有"交往说""性起源说""养生说"等，可以说，历史学、人类学、考古学、社会学、医学等学科都为体育起源提供了较有说服力的论据，当然其中也包括臆测的成分。实际上，体育的产生是多种因素交互影响的结果，具有多源性。在原始社会中，人的社会活动具有高度综合性，在无分类意识，也无分类可能的情况下，现在人们所言的政治、经济、宗教、教育等领域的活

---

① 杨铁黎.体育概论[M].北京：人民体育出版社，2014：2.

动在古代社会是浑然一体的，这是迄今仍难以对体育的起源作出定论的根本原因。况且，不管人们作出何种推测，追本溯源都只能局限在有史料记载和考古学能达到的范围内。“从研究起源引出来的重要教训是：从来就没有什么绝对的开端。”①这说明，体育不可能是某一种单一的社会活动演化的结果，而是在人类早期社会就不断积累的各种社会活动综合作用的结果。简而言之，人的存在是体育产生的自然基础，群体性活动是体育产生的社会基础，劳动是体育产生的行为基础，工具是体育产生的物质基础，宗教仪式是体育的规范机制。

（二）体育起源与体育价值生成的关系

体育只存在于人的世界中。人首先是自然的产物，人的生存和发展离不开自然界的滋养。作为“有意识的类存在物”②，人从来不可能离开生养他的自然界，但人也从来没有拘泥于自然界，人在占有、改造自然物的同时也在改造着自己。马克思说人类早期实践的两大主要方式——物质资料的生产和人自身的生产都是建立在物质世界存在的基础之上的。因此，自然是体育产生的大前提，但自然不能直接创造出体育。

人的群体性活动使产生体育的模仿、传习行为成为可能。从广义上来说，自人类社会诞生起便有了教育，古老社会中的一切社会风俗、习惯的传习都是教育的内容，而身体性活动是人类社会中最早的传习内容。甚至还可以说，人类社会最初的教育只有体育。因为，“600 万年前，人科生物开始发生；300 万年前左右，工具制造和狩猎生产出现；4 万年前，现代体质形态的人类形成”③，而文字距今不过数千年的历史，古老社会里一切求生的知识、谋生的手段都是通过身体活动直接体现和传承的。从这个意义上来说，体育是人类最早的教育，是人社会化的最初内容。在极为艰苦的生存条件下，人们相互传授奔跑、跳跃、投掷、攀爬、游泳等相关的技巧，起到了共同提高身体相关能力的效果，尽管彼时生存是人们的主要信念，传授奔跑、跳跃、投掷、攀爬、游泳等技巧还只局限于由血缘形成的群体中。但应看到，群体性的交往行为积累了最早的关于体育的经验，是人主观传授技能必不可少的社会基础。

再来看劳动在体育产生过程中的历史作用。恩格斯说“劳动创造了人本身”，他还说通过劳动与自然界的结合，人制造工具，把材料转变为财富，人的肌

---

① 皮亚杰．发生认识论原理[M]．王宪钿，等，译．北京：商务印书馆，2009：17—18.

② 马克思．1844 年经济学哲学手稿[M]．中共中央马克思恩格斯列宁斯大林著作编译局，编译．北京：人民出版社，2014：53.

③ 蔡俊生．人类社会的形成和原始社会形态[M]．北京：中国社会科学出版社，1988：74.

肉、韧带、骨骼等器官和结构发生了适应新的劳动需要的特殊发育，“劳动是整个人类生活的第一个基本条件”①，劳动应该是人类社会一切的起源。考察体育的产生不应忽视体育器械的发展。在原始社会，劳动工具、武器、体育器械是同一的，好比矛在狩猎时，它是生产工具；当把矛用于打仗时，它则是兵器；而当用矛练习投掷时，它便是体育器械。如同生产工具是衡量社会生产力的标尺一样，体育器械从无到有，从天然物演化为人造物，从以石、木等为材料到以铜、铁等为材料，体现了人类体育的发展和进步。因此，考察体育的起源不能脱离劳动的发展和工具的演化。

关于巫术、宗教与体育的关系，与其说体育源于巫术和宗教，倒不如说巫术和宗教把类体育形式从劳动中分离出来，更重要的是，原始宗教很可能是最早的体育规范。英国社会人类学家A. R. 拉德克利夫-布朗(A. R. Radclitte-Brown)认为“整个古代宗教的全部内容就是在仪式上和实践上的用途”，在原始社会，宗教“是一个约定俗成的传统习俗实体”②；法国社会学家涂尔干(Émile Durkheim)认为，宗教为人们提供了强大的信仰和仪式基础，可以使人们结成信仰的共同体。的确，即使是以自然崇拜为主，夹杂着大量巫术的原始宗教，也是古代社会最先进的、最成熟的社会规范，标准化的语言和动作不仅规范着人们的行为，也规范着人们的情感表达方式。原始巫术与宗教对体育的影响表现在对身体活动的限制和禁忌上，汪波的研究表明宗教对体育运动的“排斥与抗拒”“包容与接纳”“征用与认同”具有阶段性的悖谬③，反映出人自我发展中的调适。

伴随新的活动形式出现的还有新的活动规则，它们既包括动作的力度、速度、幅度、次序方面的内容，也包括调整身体动作的价值规范。起初，它们只是一种习俗性的要求，后来才逐渐演变成某种具体的体育规则，使身体活动从自发、无序逐渐走向自觉、有序，贯穿其中的公平、竞争、团结、协作等价值观从人的身体体验直达内心，成为调整一定社会关系的价值内容。实践形式越多样，价值内容就越丰富，体育便以此方式实现了人的社会化，在进一步强化已有的物质力量和精神力量之中，构成了不同的体育价值形态。体育价值形态是体育

---

① 恩格斯. 自然辩证法[M]. 中共中央马克思恩格斯列宁斯大林著作编译局，编译. 北京：人民出版社，2015：303.

② A. R. 拉德克利夫-布朗. 原始社会结构与功能[M]. 丁国勇，译. 南昌：江西教育出版社，2014：141.

③ 汪波. 互为镜像与复调：宗教与体育的悖谬性超越[J]. 体育与科学，2017，37(4)：48—52+120.

价值在一定时空中的稳定的表现形式，如古希腊体育、西方现代体育和我国古代体育，每一种体育价值形态都包含着人在体育中的不同想象、设计与实施，又在持续性发展中蕴藏着人的能动性，使体育突破已有的体育价值形态给人的钳制向更高级的形态发展成为可能。

总之，体育的多源性丰富了体育价值的内容及其实现方式，但造成体育价值内容的混乱和冲突，如竞技运动与养生无法兼而有之。体育与竞技运动、休闲娱乐、养生健身的区别不在于形式，因为体育中包含了大量的竞技运动、休闲娱乐、养生健身的形式，其区别在于人们对这些活动的诉求的差异上。千百年来，体育是人们对身体活动的高度总结汇成的篇章，并非把竞技、娱乐简单更名。实践经验告诉人们，体育可以从不同的身体活动中汲取营养，把有利于育人的身体活动形式纳入体育中来。在体育产生之初，受社会生产力水平的限制，体育内容单一，形式简单，观念朴素，其规范化、标准化和能动性的程度远不能和现在相比。但是，受教育者从体育中已经能获得身体能力的提高、行为规范的习得、精神情感的同化和道德品质的养成，通过身体活动发展身心的目的性和计划性已经显现在包括生产劳动、军事、宗教等活动中，这是体育从其他社会活动中独立出来必须迈出的一步。

体育的多源性对我们认识体育的重要启示是，不要从形式上去判断某一身体活动形式是否体育活动，而是要从对象、目的两个方面去剖析该身体活动的意义。如此，才会把那些不属于体育的东西剔除出去，才不会因追本溯源而失去对体育本质的坚守。早在民国时期，体育学家袁敦礼就曾说："体育不过为教育之一种形式或方法。其欲以体育离教育而独立，标榜其特殊效能，是不知教育，也不知体育者也。"①概言之，体育是人类早期社会中生产生活的基本技能与道德规范相结合的产物，体育从自发性、偶发性、松散性发展到自觉性、经常性、集中性的转变，是外在行为和内心体验在身体表达上取得一致的结果，是成"人"的教育，这是体育价值的核心。

二、体育的制度化：体育价值生成的保障机制

体育价值生成的过程充满了价值的生发、转化、冲突和消解，体育价值观念只有在相对稳定的体育运行机制中才能得到树立和弘扬。根据教育从非形式

① 吴蕴瑞，袁敦礼．体育原理[M]．上海：勤奋书局，1933：153．

化到形式化发展的路径，体育也逐渐结束自发的、无序的状态走向形式化，并通过制度化运行机制，在现代社会中主要通过学校体育保障体育价值生成，并表现出学校体育与家庭体育、社会体育协调共进的制度化与生活化相结合的趋向。

（一）体育制度化的历史路径

运行机制一般是指工作中由环境因素、组织机构、制度体系等共同形成的运行方式，体育的运行机制即指在体育活动开展中的环境因素、组织机构和制度体系等相互作用而成的运行方式。体育的运行机制反映了体育的内部要素与外部要素有机结合的形态，它既是体育中教育者与受教育者关系的集合，也是体育活动规范的集合，还是体育目的、目标等体育价值观念的集合。随着人类社会的变迁，受到政治、经济、文化等外部因素变迁的影响，体育的运行机制也日益复杂，从教育组织管窥其发展，大致经历了非形式化和形式化两个历史阶段。其中，制度化是形式化的高级阶段，在现代学校建立以来，体育在以学校为主要教育组织的制度化体系中生存和发展，制度化体育演变为体育价值生成的保障机制。

根据陈桂生在《教育原理》《学校教育原理》两本书，以及《“制度化教育”评议》《再论“制度化教育”——兼答康永久君》两篇文章中的论述，人类教育经历了从非形式化到形式化、实体化、制度化的发展过程，在“教”与“学”主要诉诸个人经验、个别教育为主要形式的历史时期，非形式化是教育的主要特征；在个别施教被集体施教逐步取代、教育过程日趋社会化、学校系统形成、教育活动标准化等教育实践的变革中，教育结束了非形式化，走向了形式化、实体化和制度化。须注意，陈桂生一直强调这种分析建立在对人类教育组织形式的普遍性分析上，是对古今中外教育一般性原理的分析，因此“直接教育过程”“教育实体”和“教育系统”三种教育组织形式说明人类教育历史演变中有一个从不定型到定型即从非形式化到形式化的过程；在形式化教育中，有一个从非实体化教育到实体化教育的过程；在实体化教育中，又有一个从非制度化教育到制度化教育的过程①。上述对人类教育演变过程的解析为分析体育的制度化历史路径提供了难能可贵的理论依据，据此我们可以把人类体育发展过程抽象化为非形

---

① 陈桂生．再论“制度化教育”：兼答康永久君[J]．当代教育论坛．2002(4)：34—36．

式化阶段、实体化阶段和制度化阶段，并借此来分析体育运行机制的诸多变化①。

非形式化体育大体是指人类早期社会体育中的教育者、受教育者、教育内容、教育场所均不固定的阶段。非形式化体育的内容最初是生产生活中的技艺性活动，如攀爬、投石、搏击等；体育器械以从自然环境中直接获取或简单打磨、削制而成的石头、木棒等为主；非形式化体育的直接目的是猎取食物以维持族群的生存；非形式化体育主要发生在以血缘为基础建立起的代际之间（如父与子）、同辈之间（如兄与弟），具有社会关系上的局限性；非形式化体育主要发生在教育者与受教育者个别的、偶然建立起来的师生关系之间，并通过口传心授的方式完成，具有较强的随意性。

正因为“原始人群对下一代的生活知识、生产经验的传授和道德观念的培养，是和身体技能的训练融为一体的”②，在那时，上一代人尽可能地把已有的社会经验保存下来，并传授给下一代人，习俗和行为更多地表现为严格的复制，这是早期的人类文化传承内容。非形式化体育还未脱离生产生活而独立存在，也无法在短时间内产生较大范围的影响，但它是人类早期社会体育的主要面貌，也是人类教育的最基本方式，正如《学会生存：教育世界的今天和明天》中所指出的：“……自然的、非制度化的学习方式在世界广大地区内一直流行到今天；这种学习方式至今仍是为千百万人提供教育的唯一形式。”③鉴于人与人之间的个别交往不可能消失，非形式化体育非但不可能消失，反而因其具有形式化体育所难以企及的自主性而日益受到人们的重视。

形式化体育大体是指奴隶社会以来体育进入形式化、实体化、制度化进程的发展阶段。在奴隶社会和封建社会这两个历史时期，阶级已经出现并逐渐固化，国家开始出现，种植业、手工业、商业不断发展，生产水平有了大幅提高，人

---

① 国际上常把教育分为非正式教育、非正规教育和正规教育，与陈桂生先生的非形式化教育、实体化教育、制度化教育的分类法有共通之处。正规教育一般指学校教育；非正规教育是“任何在正规教育系统以外所进行的，为人口中的特定类型、成人及儿童有选择地提供学习形式的有组织、有系统的教育活动”。非正式教育是“每个人从日常经验和生活环境——家庭、工作、娱乐中，从家人和朋友的榜样和态度中，从旅游、读报和看书中，或通过收听广播、收看电视和电影，学习和积累知识、技能、态度和见识的终生过程。一般来说，非正式教育是无组织无系统的，甚至有时是无意识的，然而它却占了所有人，包括那些受过多年教育的人的整个生命中学习过程的很大部分”。见：库姆斯．世界教育危机[M]．赵宝恒，李环，等，译．北京：人民教育出版社，2001：22—23．

② 瞿葆奎．教育学文集：体育[M]．北京：人民教育出版社，1988：233．

③ 联合国教科文组织国际教育发展委员会．学会生存：教育世界的今天和明天[M]．华东师范大学比较教育研究所，译．北京：教育科学出版社，1996：27．

们的生活更趋稳定多样。与之相应的，体育中的教育者、受教育者、教育内容、教育场所均相对固定，体育已经被人们有计划、有目的地设为教育的必要内容。以奴隶社会的体育为例，相对固定的体育教师开始出现，如雅典的“体操家”、斯巴达的“阿高盖”(agoge)，我国古代的“师”等；受教育者也相对固定，受男性占据社会统治地位的影响，受教育者也主要是未成年的男性群体，他们并不必须与教育者具有直接的血缘关系；形式化体育的内容更加丰富，人们不仅把生产生活中有益于身心的身体活动归纳起来，还因地制宜地开发出许多健身性、娱乐性、竞技性较强的体育活动，如古希腊的竞技赛会、西周的武舞、印度的瑜伽等；一些较为固定的体育场所也开始出现，为教育者与受教育者按照一定的组织方式结合在一起提供了直接便利，古希腊的文法学校、体操馆、士兵团，我国古代的校、序、庠等都是有记载的开展体育活动的场所；形式化体育也比非形式化体育更具规模性，相对固定的或已经朝向职业化发展的体育教师不再只面对一个或者少数几个随机的学生，而是在一段时间内针对一群较为稳定的学生群体施教，虽然教学方式依旧是口传心授，但教学过程更富有效率，为制度化体育的出现奠定了基础；还有一点不能忽视的是，文字和印刷品的出现把体育活动的种种现象记录传播，为人们系统整理、研究、推广、改革体育起到了至关重要的作用。

形式化体育发展的初级结果是实体化程度的加深，这在古希腊和我国奴隶社会中都可见其表征。到了封建社会，西方古代体育开始走向没落，我国古代体育却延传至清朝末年，不过在其特征上仍属于实体化体育阶段，其中显露出的制度化苗头在现代社会未到来之际还不能燃起熊熊火焰。因此，在进入现代社会之前，实体化体育的历史虽然悠久，却还不能称为制度化体育。理由是，在进入现代社会之前，教育实体的层级与职能并无明确固定的衔接关系，严格意义上的教育系统还未出现。比如，虽然出现了学生群体，但无明确按照年龄、性别、身心条件划分为由低到高的班级，其组合还不具有规范性；教师虽也固定，但教师群体内部无级别划分，教师对哪个学生群体施教也无严格分工。形式化体育发展的高级结果是制度化体育的出现，它以制度化教育的发展为背景，以各级各类学校制度总格局的出现为载体。

一般认为，17 世纪是制度化教育的开端，其标志是夸美纽斯提出建立学校制度和班级授课制。此时，也是制度化体育的开端，因为，夸美纽斯在《大教学论》这本教学艺术宝典中从身体与灵魂的关系入手论述了身体健康精壮是“延长生命的基础”，为了身体健康精壮，人需要节制饮食、运动和休息，因此，学校理应为学生提供松弛有度、动静协调的学校生活。现在看来，夸美纽斯对体育的论述还过于简单，他把身体的发育比作树木的成长，把饮食、运动和休息比作养料、风雨的洗刷和耕种的间歇，几乎没有谈体育的具体方法和具体内容，但因夸美纽斯在制度化教育之初就提出体育的重要性而被后人称为“学校体育之父”，为学校制度留有体育的一席之地奠定了理论基础。

19 世纪是现代学校大规模发展的历史时期，教育系统基本形成。作为国民教育的重要基地，欧美国家普遍把建立现代学校作为教育民主化的一个重要抓手，新建立的民族国家也相继模仿、移植欧美国家的教育系统，体育借此之机成为世界主要国家建立现代学制的必要内容。到 20 世纪，教育系统趋于完备，制度化体育也发展成熟。以我国为例，“学”“校”虽在夏、商、周时就指教育场所，但现在所称的“学校”并不是对奴隶社会和封建社会“学”“校”的继承和发展，而是在“废科举，兴学校”背景下从西方移植过来的新式教育机构的名称，是英文“school”或德文“Schule”的汉译词[①]。据记载，我国在 1904 年有新式学堂 4 222 所，在校学生 92 000 余人，到 1912 年学堂猛增至 87 470 所，学生规模近三百万人[②]，这反映出现代学校增速之快、受众之多都是前所未有的。在这样一个时代背景下，教育系统之中的体育不再是各个国家原有的体育，而是欧美主要国家学校中已经成型的西方现代体育。因此，制度化体育是现代教育系统的产物，现在世界大多数国家的体育均已走上了制度化的道路。

但制度化体育不是体育的终极形式，也不是体育发展的尾声。20 世纪中叶以来制度化体育开始面临着挑战，原因主要有三点。第一，科学技术的变革改变了教育资料的存在方式，挑战了学校作为教育中坚力量的权威，包含信息化、空间技术、生物技术等革新的第三次工业革命不只是在教育内容中增加了数字化、智能化、空间技术、生物技术等新一代的科学知识，也不仅是把可视、可听、可同步的新一代技术应用到教育工具的革新上，而是在各种学习工具的普及下，学习资源向所有人无限开放，学校教育是否还有必要存在？教师是否还有必要授课？这就是伊里奇（I. Illich）和赖默（E. Reimer）的“学校消亡论”，如同我国魏贤超教授所说的教育的本体危机[③]，于是，制度化体育的载体面临挑战。第二，人们闲暇时间的增多促使人们思考用何种方式过有意义的生活，身体活动作为人最基本的生存方式越来越受到人们的重视，以娱乐、休闲为目的

---

① 陈桂生. 学校教育原理[M]. 长沙：湖南教育出版社，2000：12—13.

② 田正平. 中国教育史研究：近代分卷[M]. 上海：华东师范大学出版社，2009：129.

③ 魏贤超. 教育，要回到人！要慢慢来！[J]. 中国德育，2014(12)：6—10.

的身体活动越来越受到欢迎，这种对身体活动的多样化价值需求直击制度化体育脱离生活的弊端，挑战了制度化体育方式方法的唯一性。第三，民族国家的崛起、各国文化的交流与冲突，激发了各国挖掘本国体育文化的自觉性，关于体育理论的研究和体育实践的调查成果日益增多，丰富了人们对体育的认识，挑战了西方现代体育在制度化体育中作为内容的唯一性。现在，如同教育并非只有学校教育一样，人们已经清醒地意识到体育也并非只有制度化体育一种，非形式化体育、非实体化体育、非制度化体育亦有存在价值，体育已经在朝着非形式化体育、非实体化体育、非制度化体育与制度化体育相互结合、相互促进的趋势发展。

（二）制度化体育与体育价值生成的关系

制度化总的倾向是“……使制度中所包含的规则、规范更为密集，并使制度配套”以“规范活动”“杜绝失范”①，所以，制度化体育是形式化体育发展的高级阶段，其出现一开始便具有无可比拟的可复制性、可操作性的优势。这种优势突出地表现在主要由西方民主政治推进和科学技术发展构成的现代社会潮流中完成了人类体育史上的历史性跨越，那就是跨越了空间障碍、民族障碍、阶级障碍，在世界上大多数国家通过制度化的方式普及和规范了体育，像工厂式的大规模、高效率、成批次培养人成为可能，使走、跑、跳、投等源于自然本性的身体活动不被视为“尘世的羁绊”（弗洛伊德语），而是被视为人的社会化的必要内容。于是，身体活动这种无差别的生物性行为和基于习惯、风俗传承的社会性行为一经制度之“手”，便演变成现代国家机器控制下的培养“人”的运行机制，体育价值也便经由制度系统地表现出来。

制度化体育是形式化体育的高级阶段，而形式化体育较之非形式化体育的进步性有多个方面，教育者与受教育者的相对稳定相比于自发、偶发的非形式化体育，是社会分工的结果，体现了社会的进步；体育内容与体育方法更趋复杂多样，体现了人的创造性；体育场所的独立为现代学校的建立奠定了基础。但奴隶社会和封建社会对受教育者的身份限制、培养设计等具有较强的专制性，体育被设定为统治阶级的专属权利，这是现代体育从根本上否定古代体育的一点。除了扩大体育的普及范围，现代体育还建立了体育教师的职业化制度、受教育者的学习制度等，并在现代学校组织制度中不断健全和完善，使体育的受众达到历史最大规模，体育方法更加科学，彰显出制度化体育的巨大优势。

① 陈桂生.“制度化教育”评议[J].上海教育科研，2000(2)：9—13.

体育价值在制度化体育中的生成是通过树立三大权威实现的。

第一,制度化体育通过科层制管理模式使体育活动程式化,确立了具体管理制度在体育活动中的权威。教育作为现代民主政治社会系统的重要组成部分,自始就被纳入民主化进程,成为现代社会组织结构的一环,并按照行政管理模式加以实施,并起到了普及教育和促进知识传播的实际效果。教育管理部门(或体育管理部门)对体育的实际管理也是按照这种运行方式实施的;体育活动的开展就被相关管理部门的计划、组织、评价所掌控,体育教师按照教学计划、教学大纲,在指定的时间、指定的地点,给指定的学生集体上指定内容的课程,体育的育人价值受这种操作性的价值影响,疏离了人在体育活动中对生命价值的感知和肯定。

第二,制度化体育通过确立学校组织、课堂教学的方式使体育教师与学生的关系固定化,确立了学校和教师在体育活动中的权威。学校作为制度化教育实体几乎被人们误以为是教育的唯一组织,甚至会被人们误以为学校教育就是教育,同样地,人们认为学校体育就是体育的全部,体育教师就是体育唯一的教育者,课堂教授的那些经过专家审定的教材内容就化身为体育的权威项目。于是,不同国家、不同地区、不同民族的青少年都在相同的场所(学校)按照相同的方法,使用相同的器械,接受相同标准的体育,体育在一种按照某种原则编制好的教学方案中被实施着;教师作为具体的实施者执行着上级管理部门制定的教学目标和教学内容,尽管其自身也会对抗权威,却同时又扮演着课堂权威塑造者的角色。

第三,制度化体育通过科学技术等手段确立了西方现代竞技项目在体育内容上的权威。人的身体活动是自然性的显现,体育以自然性身体活动为基础,是人身体机能和精神意识在自主运动过程中获得改善的教育活动,其中虽然不乏速度、力量、高度等的比拼,却并没有把这种竞技性项目作为体育的唯一内容。制度化体育内容借助物理、化学、医学等科学研究,以及应用物理学、应用化学等改进技术来促进体育发展,用标准化、规范化的手段来衡量人在体育活动中的种种表现,这就天然地为现代竞技项目的正当性作了有效辩护,并排斥了各个国家、各个地区的诸多传统体育项目成为制度化体育主体内容的合理性。其中,一个重要的因素是现代奥林匹克运动的兴起,它通过跨国界、跨民族的和平主义吸引各国派运动员参加,快速地把现代竞技项目传播至五大洲,世界主要国家纷纷把奥运会当作综合国力的“战场”,都非常重视对本国运动人才的培养,这进一步巩固了现代竞技项目在体育中的核心地位。“世界体育的整体性发展，意味着在此之前的各地区、各国家、各民族体育相对独立发展的时代的结束。"①在我国，这种现象尤为突出，在几十年来营造的竞技运动氛围中，以西方竞技运动"更快、更高、更强"的价值理念去衡量或评价我国传统体育，试图把我国传统的文化现象指向西方的文化意向，大有"牛头不对马嘴"之嫌。

制度化体育所依仗的三大权威背后是理性主义的支撑，组织方式、管理过程、评价机制成为制度化体育存在、运行和发展的保障，这种无处不渗透着西方理性价值取向的制度化体育必须建立在标准化和程式化成为人们普遍追求的基础上，而现代社会为其提供了发展壮大的土壤。虽然制度化是体育在漫长发展中经验事实、普遍认同、理论构建的共同结果，但马克斯·韦伯曾说："……理智化和理性化的增进，并不意味着人对生存条件的一般知识也随之增加。"②"值得"这一问题"……只能诉诸终极意义进行解释，而对于终极意义，每个人必须根据自己对生命所持的终极态度，或是接受，或是拒绝"③。组织方式上的可操作性、管理过程中的可控制性、评价机制中的可预测性使得体育中对知识、技能的传授不免走向机械化，抹杀了人之主体参加体育活动的自主性、自觉性，抹杀了人之主体的自我认识、自我肯定与自我发展。

另外，以标准化、程式化为特征的制度化体育的初衷可以用"把一切事物教给一切人们"来形容④，但也有人说："'制度化教育'虽以大众教育为对象，它以密集的规范、制度，构筑封闭的教育过程、教育实体与教育系统，实际上是为了维护精英教育，排斥竞争中的弱势群体。"⑤制度化体育用标准化、程式化的方式把大众作为精英教育的陪衬，"专制型的知识供应制度""管理上的行政化、单向化""过度功利化的目的观"不仅使大多数受教育者丧失了对体育的兴趣⑥，也使体育教师丧失了教的主动性。高高的围墙将学生、教师同外界隔离开来，教师只顾按照教材教授，学生只管听从教师安排。陈桂生把制度化教育比拟成"围城"⑦，可谓形象至极。

不得不说，与体育关系最为密切的身体活动形式——竞技运动对体育价值

---

① 颜绍泸，周西宽. 体育运动史[M]. 北京：人民体育出版社，1990：8.

② 韦伯. 学术与政治：韦伯的两篇演说[M]. 冯克利，译. 2版. 北京：生活·读书·新知三联书店，2005：29.

③ 韦伯. 学术与政治：韦伯的两篇演说[M]. 冯克利，译. 2版. 北京：生活·读书·新知三联书店，2005：34.

④ 夸美纽斯. 大教学论[M]. 傅任敢，译. 北京：教育科学出版社，1999：1.

⑤ 陈桂生. 再论"制度化教育"：兼答康永久君[J]. 当代教育论坛，2002(4)：34—36.

⑥ 黎平辉. 制度化教育下教师教学个性的困境及出路[J]. 大学教育科学，2009(2)：51—55.

⑦ 陈桂生."制度化教育"评议[J]. 上海教育科研. 2000(2)：9—13.

的影响是巨大的，竞技运动挑战极限与科技无止境追求的价值相契合，科技无障碍地进入竞技运动的赛场，却引发以“无腿飞人”使用的义肢、游泳健将装备的“鲨鱼皮”泳衣为焦点的争议，违反公平原则的兴奋剂也屡禁不止。现在，运动员的钉鞋、手表，裁判员的“鹰眼”、计时器，无处不在的高科技产品似乎比拼的是谁的科技“更快、更高、更强”。此种以改造物的文化意向改造人的身体对体育的危害是以造物思维去培养人，从而使人臣服于无所不能的科学技术，离亚里士多德所讲的“快乐”和“幸福”依旧遥远，追寻人存在的价值和意义仍然是未完成的任务。

马克思曾说过：“我们的一切发现和进步，似乎结果是使物质力量具有理智生命，而人的生命则化为愚钝的物质力量。”①试想，如果把人的身体只视为生物体，对身体结构和机能的认识、改善全部借助仪器设备，或者通过“药片”“芯片”就可实现人的速度、力量、耐力的提高；再或者，把人脑移植到其他动物或放置在某个容器内，仅凭神经控制智能机器即可替代身体活动，把人变成了这些高科技的附庸品，身体于人还有何意义？如果人成为毫无意义的行尸走肉，意识还有何意义？到那时，从体育活动中感觉、判断、体验的平衡感、速度感、体位感等又从何而来呢？如果身体要借助科学技术产品才能感知存在，“数字痴呆化”又岂是危言耸听②？雅斯贝尔斯说经院式教育、师徒式教育和苏格拉底式教育的生存根基已被撼动③，作为传统“权威”的教师（其实教师自身也存在价值选择和评价的诸多问题，以至于不能很好地作为言行一致的典范）也被共享和开放的知识资源所冲击，教育必须寻找其安身立命的根本，那就是超越科学技术之上的意识、精神、信念、价值的启发、教化、传承和创造，那么体育如何超越工具理性，回归人的主体价值呢？

体育价值系统越是丰富，越是完备，就越具有开放性，其稳定性就会受到更多挑战。在全球化的时代背景下，源自不同政治、经济、文化的价值冲突与调适不可避免，如果继续固守在各自的价值体系内，拒斥其他价值的融入，势必会强化价值偏执；如果把不同的价值硬生生地拼合在一起，又会造成价值体系的紊乱。现在，人们置身于一个“我们—所有人—学习”（WE-ALL-LEARN）的开放

---

① 马克思，恩格斯．马克思恩格斯选集：第2卷[M]．中共中央马克思恩格斯列宁斯大林著作编译局，编．北京：人民出版社，1972：79．

② 曼弗雷德·施皮茨尔．数字痴呆化[M]．王羽桐，译．北京：北京时代华文书局，2014．

③ 雅斯贝尔斯．什么是教育[M]．邹进，译．北京：生活·读书·新知三联书店，1991：7—9．

世界①，人们将依据什么原则来选择学习内容，依据什么原则来选择学习方式等问题不是知识教育的独有问题，而是体育、智育、德育、美育等共同面临的历史问题。

西方现代哲学把人的价值指向了生活世界，无外乎要把人当作人，而不能把人当作物或机器；要把每个人当作人，而不是把每个人都当作千篇一律、毫无个性的人。“教育的真正对象是全面的人，是处在各种环境中的人，是担负着各种责任的人，简言之，是具体的人。”②为了教育中的具体的人，20 世纪初“儿童中心”“学科中心”“活动中心”就明确地把矛头指向“教师中心”“知识中心”“课堂讲授中心”，掀起了西方教育改革的热潮，结合了实用主义教育思想的自然主义体育思想主张让孩子们在自然游戏中成长，源于终身教育的终身体育思想主张人的一生都应参加体育活动，休闲体育思想主张人应把体育作为一种生活方式等，这些新思想、新措施从肯定和彰显人、生活的价值与意义方面促进了制度化体育的改革，从尊重、肯定学生的自主性、能动性、创造性的角度改变了体育价值被制度笼罩的局面。

如果说教育是各种社会力量竞相建立霸权的场所，别忘了阿普尔还说过：“霸权总是创造出反霸权的空间、行动者和运动。”③制度化体育用集体教化的方式培养个人对体育的认知、情感和行为，一向被指摘其过于强调规范性、标准性，非形式化体育、非实体化体育和非制度化体育之所以能弥补对个人的关怀、对生活的贴近就在于其减少了权威性话语。美国教育家库姆斯就说过：“虽然正规学校和高等教育机构很好地适应了某些重要类型的学习需求，特别是那些学龄儿童和青年的需求，但是不可能满足人口各年龄组整个生命过程中的所有重要的学习需求。”④“教育就是学习”“教育只在学校”的观点早已过时，关于制度化体育如何发展，佐藤学提供的参考是“不是去排除和暴露栖身于课堂的权力与权威，而是根据教育过程探索重建这种权力与权威的关系”⑤，要改变制度化体育制造的“千校同面”“万课同相”的景象，要改变制度化体育塑造“标准人”的取向，就要摒弃把“制度”看作不可逾越的“规矩”或把制度看作毫无价值的障

---

① 邦克. 世界是开放的：网络技术如何变革教育[M]. 焦建利，主译. 上海：华东师范大学出版社，2011：41—45.

② 保尔·朗格朗. 终身教育引论[M]. 周南照，陈树清，译. 北京：中国对外翻译出版公司，1985：87.

③ 阿普尔. 全球危机、社会公平和教育[M]. 李慧敏，译. 北京：中国政法大学出版社，2012：198.

④ 库姆斯. 世界教育危机[M]. 赵宝恒，李环，等，译. 北京：人民教育出版社，2001：19.

⑤ 佐藤学. 课程与教师[M]. 钟启泉，译. 北京：教育科学出版社，2003：107.

碍这两种极端的观点，脱离那种有制度会被“管死”，没制度会被“懒死”的不良状态，而是应将制度看作体育价值生成的规约，把它建设成为能激发和保护人在体育中发挥主体能动性和创造性的有序机制。体育的使命就在于使人的自由性、自觉性、创造性和超越性得到提高，在不断的扬弃中实现自我，而自我实现“……不是人的存在的一个确定事实，而是一个在社会发展过程中不断展开的，与日俱增的历史性的能力和状态”①，制度是人在发展体育中的历史性创造，也终将被人的新的创造所扬弃。

① 乔治·马尔库什.马克思主义与人类学：马克思哲学关于“人的本质”的概念[M].李斌玉，孙建茵，译.哈尔滨：黑龙江大学出版社，2011：99.

第八章
体育与体育价值的重建理路

寻找体育价值生发和转化的未来理路，首先应找出体育价值在预设与实现两个环节上所存在问题的根源。在认识上，人们通过价值预设的方式把给定的人性等同于人的本质贬抑了人的主体性；在实践中，人与体育活动、与体育的结果形式、与体育中的人相异，阻隔了体育价值的实现。究其本质，主体性的迷茫导致体育中的教育者和受教育者不明所以，体育价值的生成动力下降；主体性的缺失导致体育本体价值的立场不定，体育在与政治、经济、文化等的互动中无所适从，失去了体育本体价值的坚守。从教育成人的目标向度加以考察，体育就是朝向人的完整性与人的普遍性，以确证自身本质的价值性活动。价值哲学主体性的出场指明体育价值的核心命题是人的主体性，因此，主体性体育价值不单单说明体育价值具有主体性特征，更说明彰显主体性是体育价值取向演变的人性化方向，是体育人性化的内涵，这为创立“新体育观”提供了认识框架与实践框架，其内容是以实践为基础的主体性体育价值蕴含着“身↔心”“个人↔社会”双向同构的基本内容，旨在观照人的身心在体育中的生成过程。近些年来，国内外体育价值取向的新动态也在朝向平衡身体与心灵、个人与社会的方向发展，结合我国体育实践变化的新情况，“新体育观”割弃了过去担纲“体育”主角的竞技运动，欲从以学校体育为主体、以家庭体育与社会体育为两翼的结构中发展人的主体性。这必然要求人们突破旧有的体育概念，重塑体育价值认识，并通过法律与制度的确认和保障，为主体参与提供可能的条件。

第一节　前提性问题探析

探索体育价值问题的根源，是寻找体育价值可能理路的必需途径。通过对体育价值预设与体育价值实现两个维度的考察，可发现，德性、理性和心性的体育价值取向的共同之处在于把悬设的某种理想人格设定为体育的价值目标，而当前体育价值实现中人的本质与人的存在相异，则抹杀了人在体育实践中的能动性。归结起来，人丧失自由自觉的根源是主体性的迷茫和缺失。从体育价值的目标向度分析，体育以成人为最终目的，成人即教人不断占有人的本质的过程，人的完整性的三个层次和人的普遍性的两个维度分别表现了占有人的本质的过程。借助价值哲学主体性理论，体育价值研究的核心命题应是人在体育中的地位、作用、意义等，因此，提出主体性体育价值是从政治、经济、文化视角分析体育价值的思维转变。

一、体育价值的问题根源

根据马克思主义哲学的异化理论，人的自我异化表现为人同自然、人同自身、人同人之间所发生的关系上，在这些关系中，有“另一个异己的、敌对的、强有力的、不依赖于他的人”在对象性关系中处于主宰地位①，人在异化关系中的自由因受到他人的支配而被削弱。因此，借助异化理论研究体育价值，意图是揭露已有体育价值观的消极方面，揭示包含人的正向理想的体育价值观是如何在实践中走向了与之相反的方向。在体育中，人不仅受制度、传统等的规制，还受科学技术的反向控制，表面来看，这些问题是人性与物性、共性与个性的不协调，是体育的政治、经济、文化等工具价值凌驾在育人的本体价值之上；实质上，已有的体育价值预设困顿不前以及现存体育在价值实现中难寻出路的根由是人没有被视为体育的价值主体，人在体育中不能获得主体的存在感而丧失了对占有自己本质的自由自觉性，换句话说就是，人失去了主体性。因此，主体性迷失才是体育价值种种问题的深层次根源。

（一）体育价值预设中的主体性迷失

黑格尔最早提出“异化”概念，用以指主体与客体的分裂与对立，费尔巴哈也曾用该词批判过宗教，亚当·斯密（Adam Smith）批判社会分工时也曾涉及异化，但人们最为熟悉的是马克思在《1844 年经济学哲学手稿》中用以批判国民经济学的异化理论，在工人同自己的劳动产品、工人同自己的生产活动、人同自己的类本质、人同人四重关系中，人发展出异己的力量阻碍人占有自己的本质。后来，异化理论主要被新马克思主义者和存在主义者用来作为批判资本主

① 马克思. 1844 年经济学哲学手稿[M]. 中共中央马克思恩格斯列宁斯大林著作编译局，编译. 北京：人民出版社，2014：56.

义弊端的理论和方法武器。须知，在马克思那里，异化是“社会生活总体的特性”①，异化是历史性范畴，人的历史就是一部异化史，只要人的生命活动还在延续，人的生命意识与自觉意识就会相离，异化就会出现。因此，借用异化理论分析体育实然与应然之间的隔阂，不是对体育价值的全面的、系统的阐释，而是对已有的几种主要的体育价值观消极影响的一种揭示。

在过去，受先验的人性论影响，预设的抽象的理想人格一直是悬设在各个体育形态之上的目标，体育一直在为将人培养成为思维中设定好的完美形象而校正着自己的发展方向。用先验主义或逻辑主义的方法，如同恩格斯在《反杜林论》中说到的那样，把思维和意识当作已经存在于某个地方的模式、方案或范畴，把存在当作人脑的产物，把社会领域内的所有对象都分解为最简单的要素，用数学方法使历史、道德、法变得具有确实性、真理性，这种方法“不是从对象本身去认识某一对象的特性，而是从对象的概念中逻辑地推论出这些特性”②，从根本上颠倒了概念和对象、思维和存在、观念和现实的关系。这不正是形而上学一直灌输给人们的思维方式吗？过去的体育不就是这样的吗？正如古希腊体育成德性之人（城邦公民）、我国古代体育成心性之人（圣人君子）、西方现代体育成理性之人（现代公民）那样，体育遵循的是人们用先验的方法或逻辑的方法划定的一条价值路线。

三种典型的体育价值形态的共同之处在于，在某种人性论的基础上悬设出的某种理想人格是体育的价值目标，这些人性论几乎都置于一种先验的命题之下，人性被形容为神或自然给定的、恒定不变的某种特质。在古希腊，人性是理念世界赋予的，是依附于神存在的，到了中世纪，奥古斯丁更是把人的全部意义、人的全部活动都归因于神的安排和统治，希施贝格尔（Hirschburger）对中世纪的描述是：“整个世界按这种方式生存着，充分信仰神的存在，神的智慧，威势与仁慈。所有人都相信世界是神创造的，相信在这样的世界上建立的秩序和进行的管理是合理的。”③深受两希文明影响，以黑格尔哲学为代表的西方古典哲学为世界寻找的另一个本原——“绝对精神”，不过是人的思维方式上的一个新的认识。我国古代的人性论偏重伦理道德却丝毫不能掩饰其先验色彩。孔子的“性相近”、孟子的“四端”、荀子的“凡性者，天之就也”都具有人性是先天而

---

① 乔治·马尔库什.马克思主义与人类学：马克思哲学关于“人的本质”的概念[M].李斌玉，孙建茵，译.哈尔滨：黑龙江大学出版社，2011：76.

② 恩格斯.反杜林论[M].中共中央马克思恩格斯列宁斯大林著作编译局，编译.3版.北京：人民出版社，1999：98.

③ Т.И.奥伊泽尔曼.元哲学[M].高晓慧，译.北京：人民出版社，2013：33.

成的、后天的相异是教习的结果等意思。董仲舒将人性分为上品的圣人之性、中品的中民之性、下品的斗筲之性，人是否能被教化依其品性而定，品性则是天生的。韩愈的上品、中品、下品性品级说，也把性看作与生俱来的，情是后天产生出来损毁人性的东西，所以要“绝情去欲”。

资本主义的萌芽和发展为西方现代体育发展提供了契机，并把西方现代体育推向全世界，但西方现代体育依旧没有摆脱先验人性论的束缚。如果说古希腊体育和我国古代体育受限于人们认识上的先验观念，那么，西方现代体育不仅强化了认识上的局限性，还在方法上进一步束缚了人在体育中的主体性发挥。在科学理性和技术理性抬头后，人们对人的认识发生了变化，否认了人与人之间的差异性，从根本上否认了人的主体性。如法国思想家拉·梅特里把人的构成与运动都看作物质的、机械的运动，抹杀了人之特有的人性，从根本上否认了人的自由自觉性；在行为主义者那里，如美国心理学家约翰·华生试图用物理学那种自然科学方法观察人的行为，得出刺激-反应(S-R)理论，实验者排除自身意识经验的变化，只观察被试在设定的试验条件中的反应，简直是“人是机器”的翻版。这种见物不见人的认识为人们严格遵守科学原理、遵照科学方法制定改善身心方案提供了理论根据。因此，西方现代体育是在科层制管理和分科式教学的模式下振兴起来的，这固然改变了散乱的教育模式，有利于扩大教育的受众，或者说提高了教育的效率。但是，在被抹杀掉人性和个性的逻辑中，在工厂式的学校中，人人都在被严格制定的科学程序、科学方法改造，每天跑多少米、举多少次杠铃，然后再去进行心肺测试、肌肉力量测试，根据一定周期的数据变化调整训练内容和强度等。试问，人在体育中的主体性难道是通过科学数据才能得以确证吗？

现在，很多人喜欢佩戴一种数码运动手环，它可以追踪每天的步数、燃烧的卡路里和睡眠等数据，甚至心率、汗液、皮肤温度也可以被实时监测，并传送到手机或电脑中，还有很多人喜欢在微信朋友圈发布每天的行走步数。这说明什么问题？从积极的一面来说，科学运动、科学养生、科学健身的理念已经深得人心；从消极的一面来说，人离开了这些器物就几乎丧失了进行体育活动的欲望，人在这种体育活动中所得到的快感不是来自四肢、躯干的活动，也不是来自血液系统、消化系统、神经系统的改善，五官的感觉、肢体的感应、精神的感受都被数据的跳动所带来的快感替代了，这不正是人的命运和人的生活“已经被机器推上一条既不能站住不动又无法倒退的道路"吗？[①]

在占据人们头脑数千年之后，先验的人性论几乎是在近两百年内才逐渐引起人们反思的。马克思、恩格斯在《德意志意识形态》中曾深刻地指出："人们迄今总是为自己造出关于自己本身、关于自己是何物或应当成为何物的种种虚假观念。他们按照自己关于神、关于模范人等等观念来建立自己的关系。他们头脑的产物就统治他们。他们这些创造者就屈从于自己的创造物。"因此，在过去异化的思想即已产生，其结果是人们在为体育价值进行预设时就把人分解为身与心两大部分，把教育分解成体育、智育、德育、美育等多个板块，以至于把体育中的头、四肢、躯干的活动分解开来，把田径、球类、体操、武术、游泳等分离开来，不一而足。身心分离的结果是现代社会普遍树立的一种"通过身体的教育"的体育观，它不把身体作为教育的副产品，而是把人体运动作为所有学习经验的介质而被视为教育不可或缺的一部分。人作为体育中的主体，之所以在过去的体育形态中备感压抑，其中的一个重要原因就是先验的或逻辑的方法辖制了人的主体性发挥，遏制了人想象、追求体育的自由自觉冲动。因此，古希腊时就有竞技术与体操术的分离，职业运动员与多数公民的分离；而我国古代体育小心翼翼地遵守着儒家伦理规范，人的身体无法感受、享受自由运动的快乐，都成为不可忽视的历史局限。

现代以来，异化已被阐释为现代生活中无处不在的可怕幽灵，游荡在社会的各个领域。法国当代哲学家米歇尔·福柯(Michel Foucault)在其《词与物》中用"人之死"来形容现代社会人的主体性缺失。因此，异化的体育不是物占有了人，不是科学技术占有了人，而是人从认识上、从行动上贬低了人的身体活动的自主性、自觉性，从而远离了人的本质。把人的体育变成体育的人，正如"把人的爱情变成爱情的人"一样[②]，在把体育当成独立存在的东西时，人成了体育的对象，体育中的一个人也把另一个人变成了对象。由此，体育与人对立、体育中的人与人对立，人失去主体地位被自己的创造物和别人当作对象化的物，这就是体育中人的自我异化，也就是人的主体性的消逝。

马克思说，人是类存在物，因为人"……使自己的生命活动本身变成自己意志的和自己意识的对象"[③]，也就是说，人是在对象化了的自己的生命活动中证

---

① 斯宾格勒.西方的没落[M].张兰平，译.沈阳：万卷出版公司，2015：423.

② 马克思，恩格斯.神圣家族，或对批判的批判所做的批判[M].中共中央马克思恩格斯列宁斯大林著作编译局，译.北京：人民出版社，1958：24.

③ 马克思.1844年经济学哲学手稿[M].中共中央马克思恩格斯列宁斯大林著作编译局，编译.北京：人民出版社，2014：53.

明自己是有意识的类存在物。异化颠倒了这一基本关系，反过来把有意识作为前提，把自由自觉的生命活动作为维持生存的手段，自己的生命活动变成了他人的需求或要求，从而导致自己被工具化。异化的体育发展到最后只能像异化的劳动那样，一旦失去他人的强制，人们就像逃避瘟疫那样逃避体育。总之，先验的、逻辑的方法为体育中人的异化所作的铺垫，是体育价值预设中最大的弊端。

（二）体育价值实现中的主体性迷失

体育价值实现是人对体育价值预设的现实化，构成了人类体育实践的样貌。体育与劳动不同，劳动从自然界获取生活资料，体育一开始就不是以获取生活资料维持人体生存为目的，而是以成人为目的；异化的体育与异化的劳动不同的是，异化的体育不产生某种独立于人之外的实体的物，不产生物化的相异的东西，所以，异化的体育尽管也有物的异化，但它直接就是人身体活动的异化，直接就是人的自我异化。因此，人们所直观地感受到的异化体育便是人在体育的过程、形式、关系中产生的目的与结果不一致的情况，人们所直观地感受到的体育价值问题是在体育价值实现过程中已经现实化了的样态。

过程的不一致表现为人与体育活动的相异，人在体育中有强烈的不自主、不自觉、不自由之感。根据已有的研究，人们已普遍认识到：

(1)现代科学技术的发展加重了人对物的依赖，体育的发展过度依靠器械、装备、药物等的研发和应用，人在体育中被人所创造的用以发展体育的器械、装备、药物等反向控制，偏离了人朝向自由的道路；

(2)社会性需要力量过于强大以至于压抑了人的个体化发展，在某种制度、传统的规制下人的个性的一面无从发挥，人对人的依赖减缓了主体性发挥的脚步。教师和学生在体育活动过程中，一方面受到场地、器材等的限制，无法按照自己的需求开展项目训练；另一方面受到考试科目、重点项目等的限制，无法按照自己的兴趣开展项目训练。

形式的不一致表现为人与体育的结果、形式之间的相异。体能、耐力、速度、技战术等经过长期有序训练得以提高的人的身体素质，常被盛行的竞技运动拿去作为获利的资本，甚至变成可流通的商品，反过来成为支配人的异己力量。还有一种相对立的情况是，不同的体育项目被认定为不同社会阶层的身份象征，如高尔夫、赛马等都是有钱阶层的项目，项目从体育的一种结果形式演变为一种变相通过社会角色意识压迫人、统治人的手段。

关系的不一致表现为体育活动中的教师之间、学生之间、教师与学生之间，以及学校与教师、学生之间在价值取向上的紧张与对峙。如表 8-1 所示，教师、学生和学校对体育的价值诉求及其排序是不同的，这反映到实践中就是各方行为的直接冲突。

表 8-1 学校中的价值诉求差异

主体类别	教　师	学　生	学　校
主要价值诉求	个人职业发展； 物质待遇和精神获得； 培养学生的技能、特长等	提高成绩； 发展个性； 为就业做准备等	培养人才； 提升师资； 增强办学实力等

例如，同样一门体育课程，在教师眼中，它首先具有领取工作报酬、完成教学任务的效用；在学生眼中，它首先有拿到学业成绩的效用；对于学校，它则是培养全面发展的学生的必修课。同样是在教师群体中，不同教师基于个人偏好，也会产生偏重基本技术技能或是着重理论分析讲解等不同倾向；学生群体之中也会出现价值偏好的区别，每个学生都在规定的范围内选择自己喜欢的课程；学校亦是如此，在被赋予校本课程设置权后，各所学校设置的体育课均参考了本国、本地区的体育传统与硬件条件，特别是一些民族地区的学校体育课程五彩纷呈、各不相同。

再看一直被视为体育龙头老大的竞技运动，它对身体活动的偏执追求已经影响了体育的正常开展。挑战极限一直被视为西方现代体育的精神之一，也常被用来作为批判我国传统体育缺乏竞争精神的矛头，所以，挑战极限已被普遍默认为竞技运动的要义之一。可是，人们越是需要"更快、更高、更强"，就越会引起过度支配自己身体的欲望，这就是为什么竞技运动员总是一身伤病，甚至肢体伤残、影响寿命的原因。当表示世界纪录、全国纪录的数字浮动在眼前时，运动员就会为着改变那个数字而让自己的身体超负荷、大强度地运转，这种看似超越自己的欲望是体育中异己的力量支配自己的源头。目前，绝大多数竞技运动员来自业余体校，也就是说，业余体校里的学生对身体活动的全部认知基本局限在用刻苦训练提高运动成绩这一层面，业余体校里的教师专注于如何让学生提高运动成绩。而那些在普通学校中上体育课的大多数学生却抱着"我没有运动天赋""上体育课没什么意义"的心态敷衍了事，他们对身体活动的认知基本局限在"那是体校学生才做的事情"的层面。这样的体育，育人价值何在呢？

体育价值无法完全在体育实践中得以彰显的症结是人自身身体活动被工具化，体育作为应试的手段、作为职业的准备、作为社会的消费品、作为政治的工具等越来越使人丧失了人之主体性，人的自由自觉性被简化为某种生存的目的。体育成为沿着设定的路线，按照他人的意愿去执行的行动。体育中人的身体活动的功用性日渐压倒了人的主体性，为政治的荣光、为经济的效益、为考试的成绩，人的身体不只被当作工具，还被当作消费品，这难道不是对人的主体性的蔑视吗？体校的学生为职业参加体育活动，非体校的学生为应试参加体育活动，不自愿、不自主，身体活动不属于自己，意向性何在？自由自觉性何在？当人沦为提高运动成绩的机器时，沦为赚取经济利益的商品时，就是人与自己创造的身体活动相异化的极端形态。

这种极端形态源于工具理性与价值理性的分离，工具理性日渐凌驾于价值理性之上。理性本来是反抗中世纪上帝等神秘力量的武器，其目的是把人的主体性从上帝的牢笼中拯救出来，然而康德、笛卡儿、斯宾诺莎、莱布尼茨等把理性引向科学主义的道路，边沁把理性引向功利主义的道路。历史的巧合是，科学主义、功利主义与工具理性不谋而合地统治了现代社会。韦伯指出社会行动有四个方面的取向，分别是工具理性的、价值理性的、情绪的和传统的，如果行动者把“客体在环境中的表现和他人的表现的预期”“用作‘条件’或者‘手段’，以实现自身的理性追求和特定目标”，这就是工具理性的社会行动；如果“不计代价地去实践由义务、荣誉、美、宗教召唤、个人忠诚或者无论什么‘事业’的重要性所要求的信念”，这就是纯粹价值理性的社会行动①。体育中工具理性对价值理性的裹挟，深刻地反映了人所设置的具有终极关怀意义的自身价值已经在实践中走向了反面，价值理性衰弱的实质是人自我认识、自我发展和自我超越中的终极价值指向发生了裂变，在把人视为机器、视为工具的时代，人作为主体的价值和意义何在？

目前，人们为这些异化现象寻找到的症结是人性与物性、共性与个性之间的冲突，工具理性与价值理性之间的冲突。这种归纳是否合理？首先，马克思曾对黑格尔哲学中的人性与物性作过深入的研究，他指出，在黑格尔哲学中，人性是自我意识的人的本质，物性是自我意识的外化，人性与物性相对的实质是人的思维的产物之间的对立，是以抽象的绝对精神为主体的，而非以人为主体的。以往人们在批判人与物关系的对立与冲突中，惯于用人性被物性侵占、异化等来加以解释，其实这样做还是陷入了形而上学的人性论中，忽视了人是存在的、实践的，仅把人的异化看作思维的异化。即使在实践中讨论人性，在体育价值的研究中，也不能简单地把彰显人性、消除物性作为解决价值冲突的方法

---

① 韦伯.经济与社会：第1卷[M].阎克文，译.上海：上海人民出版社，2010：114—115.

论，因为人首先以自然躯体为其生存基础，体育之育人的主要内容就是育体。人性与物性的关系在体育中不只涉及人与体育器械、科学技术的关系，还包括人的自然躯体与人的心理、精神之间的关系。如果武断地把彰显人性与消除物性对立起来，将会重复西方现代体育的价值模式，又如何能消除价值冲突呢？

再看共性与个性方面。在哲学中，共性指作为类存在物的人的特性，个性是“人的类特性和社会本质的个别形式”①，表现为特定社会关系中具体的个人的生命活动的运动。个性（含义一）发展实质上是人的本质在个体那里的展开，因为人生命活动的性质是自由自觉的，所以，个性是独一无二的。从这个意义上讲，共性与个性内在统一于人的本质中，并无矛盾。在心理学、教育学上，个性（含义二）与人格同义，指个人稳定的心理特征，是指个体的整体人格，包括了共性与个别性。因此，在这个层面上讲，共性与个性（含义三）都是个人的人格内容。一般来说，人们往往对具体的、直观的、富有差异性的个性（含义二和含义三）有较多认识，对抽象的个性（含义一）难以理解。因此，在忽视类特性（自由自觉的生命活动）的前提下，片面强调共性与个性的差异与对立，易把个性的实现与类特性的展开割裂开来。反映到实践中就是片面强调标新立异，认为只要“不走寻常路”就是个性，殊不知这样做忽视了自己的本真需求、能力等，造成了新的自我异化。它们互有联系又各有侧重，从其共同性上进一步分析，可发现，主体性的迷茫和缺失才是体育价值危机的深层次根源。

总之，异化体育是人的本质与人的存在之间的分裂与对抗，其结果是人自我发展的需要与身体活动能力之间存在难以跨越的鸿沟。体育是人生命活动的一个方面，体育的异化随着体育的发展不断变化，摆脱异化或者克服异化也只能在人的生命活动中才能实现，这也符合马克思对异化的认识，既然压制人性、泯灭个性的那些异己的力量是人自己创造出来的，就需经过人的创造性活动加以摆脱或克服。人的创造性活动就是人的能动性和意向性发挥的过程，是调整人的主体与对象世界关系的过程，人只有不断地摆脱对自然的依赖、对物的依赖、对人的依赖，才能达到独立自由个性的阶段。这种摆脱和克服异化的过程实质上是人的主体性张扬的过程，意味着人的自由自觉性的提高。

二、体育价值的目标向度

人为什么要接受教育呢？英文“education”中的“引出”之意，德文“Erzie-

① 肖潇. 马克思人的发展理论及其当代中国论域[M]. 武汉：湖北人民出版社，2014：144.

hung"中的"训育""牵引"之意，都意味着人要经过教育才能扬人性之善、抑人性之恶；我国古代"教"的"上施下效"，以及"育"的"养子使作善"都有"化性起伪"之意。西方教育和我国古代教育都含有一个共同的意思，即人要想成为人，必须经历一个自我认识、自我发展的过程，经历一个从摆脱兽性到占有人的本质的过程，这个过程就是人生成的过程。体育以育人为本体价值，即以人的生成为价值向度，以人的自由自觉性的展开为向度，使人的主体性得到充分彰显，具体而言就是使人具有在生存、实践和超越三个层次上的完整性，同时具有在自然的人化和人的社会化两个维度上的普遍性。体育价值的核心命题源于人的主体性、发展人的主体性。

(一) 体育价值与人的完整性

生存、实践是人的基本存在方式和生命活动形式，其中，生存是人最本初的生存状态，实践使人改变自在状态为自为的生存状态。但仅有生存和实践的人还不是完整意义上人，马克思主义哲学深刻剖析出人的生命活动的性质是自由的、有意识的，意识不是照相式的直观反映，而是能不断地在自然存在的基础上思考"如何生存"，以及"为什么生存"这些最为深远的有关人的全部生命活动终极意义上的问题，并反过来对人的生存和实践活动产生牵引作用。这种超越现实的、具体的存在的精神追求是在"自然生命存在"的生存和"自觉生命性能"的实践之上的"昭示着人的自由生命的取向"①，它与生存、实践一并组成人的"生命活动之链"②，人的生命活动便是在生存、实践和超越不间断的互动中不断趋向完整的价值和意义，它通常被表达为人的主体性的彰显。

体育源于人的生产生活，在早期更多地表现为人生存的直接需要，如人们相互传授狩猎之法、捕鱼之术等，上一代人尽可能地把已有的社会经验保存下来传授给下一代人，经验、习俗和行为等以口传心授的方式复制下来。这实际上就是人类社会早期的教育，同时也是广泛存在于各个历史时期的教育。在人的早期的实践中，尽管教育更多地表现为复制或模仿，却明确指向了维持人的生存和延续人自身存在的目的，按美国教育学家布鲁巴克(John S. Brubacher)的说法就是"传承取向的教育目的"③，人正是在这种不断调整的目的和具体的生存、实践中实现自我超越，所以，生存、实践与超越只是便于分析人生命活动的三个概念，而不是可以随意在人的活动中被截取或被割裂开的三个阶段。

---

① 陈伯海. 回归生命本原：后形而上学视野中的"形上之思"[M]. 北京：商务印书馆，2012：105.

② 陈伯海. 回归生命本原：后形而上学视野中的"形上之思"[M]. 北京：商务印书馆，2012：91.

③ 布鲁巴克. 教育问题史[M]. 单中惠，王强，译. 济南：山东教育出版社，2012：1.

从广义上来说，人类历史就是一部教育史。“人类是‘制造工具的存在’(tool-making beings)，人类也是‘发明教育的存在’(education-making being)”①。在西方社会，“雅典城邦第一次清楚地表达了自己的教育目的，不仅体现传承的特性，而且体现了进步的特性”②。人总要为未来的可能性去创造条件发展自身，教育就是人在生存之上对自我发展更高追求的实践活动，身心协调发展、人的全面发展等都寄托了人们对自身发展的美好期望。但是，现存可见的体育活动虽然都不曾放弃对人的终极关怀，却因为每一历史阶段有限的条件限制了体育对人的终极关怀的达成，这在已有的体育价值形态中更为明显。西方体育与我国古代体育以不同的体育价值观为指引，按照对“为什么实施体育”这一问题的不同解答走出了外在超越和内在超越截然不同的路子，形成了“如何实施体育”的不同的景观，同时也形成了对人的超越性的不同限制。

西方体育的典型代表古希腊体育和西方现代体育虽属不同的时代，却在“为什么实施体育”的思维根基和思维路径上有着根本的一致性，这源于古希腊时期就已经形成的形而上学。柏拉图为人们悬设了理念世界或型象(form)是一切真知的本原，人们追求的真理无法在现象世界中获得；亚里士多德把形式因作为物理世界背后具有本原意义的“第一实体”，进一步巩固了以探索现象世界或物质世界之外的世界本原为中心任务的形而上学传统。形而上学不只是对自然世界的刨根究底，还形成了对人性、人与自然世界的关系等一系列根本问题的主客二分、物我二分的思维路径，至今影响着人们的思维和行动。古希腊体育和西方现代体育分别以德性和理性为其价值取向，前者认为理念世界是最高的善，人的德性要靠理性的控制才能仰望最高的善；后者从人类经验的有限和指向上依旧悬设了恒定不变的世界本原，如康德的“先验理性”和黑格尔的“绝对精神”。形而上学为人的超越划定的路径是由经验的世界向超验的本体的无限接近，人在古希腊体育和西方现代体育中的超越性就体现为对经验世界的穷尽式的把握上，体现为对所有能够反映本体、本原的那些真理、规律的探究和应用上，表现为灵魂对肉体的控制、驱使上。因此，古希腊体育以德性抑制肉体罪恶形成了“重力”的风貌，西方现代体育以尊重人的主体性，肯定肉体的活动，呈现出“尚动”的风采，但都摆脱不了形而上学设置的主客二分的思维定式。西方体育无法突破对人的超越性的具体限制就是把肉体的、感官的、经验的获

① 奥兹门，克莱威尔. 教育的哲学基础：第七版[M]. 石中英，邓敏娜，译. 北京：中国轻工业出版社，2006：2.

② 布鲁巴克. 教育问题史[M]. 单中惠，王强，译. 济南：山东教育出版社，2012：2.

得都放置在逻辑思辨的体系内，把人的自我超越设定在对自然世界（包括人的肉体）的改造中，导致人们误把改造自然世界成果的丰寡作为评价自我超越的标准，把肉体的变化，如肌肉的增加、力量的增强等作为体育的全部成就，从而偷梁换柱般地把人的主体性交付给了那遥不可及的本体、本原。

我国古代体育则走了一条内在超越的路子，其以心性为价值取向的思想根基是天人合一的天人观，张岱年曾评述道："中国哲学中所谓天人合一，有二意谓：一天人本来合一，二天人应归合一。"①第一层意思指明人在宇宙中的地位问题，即天、人本来就是"息息相通之整体"；第二层意思指明人应在宇宙中具有什么地位的问题，即人应与天合一。因此，与古希腊体育和西方现代体育截然不同的是，我国古代体育的心性价值取向试图在内在超越上达到与天合一。当然，我国古代体育一开始并没有否定速度、力量、耐力等素质训练对人发展的重要性，武学中举重、射箭、御马等基本科目在各个朝代都得到了保留，也是我国古代体育外化的一种表现。但是还应看到，既然天、人是"息息相通之整体"，心性便与"天""道"是相连相通的，那么，心性的内修自省便可通达"天""道"，于是，静坐、虚心、修心、养性等便成为儒、道二家的共识，这对古代的知识分子群体产生了重要影响。另一方面，与"道"对应的是，作为经验层面的肉体的获得被纳入"术"的范畴。"术"固然重要，而且向来擅长从经验世界中求得生存的古人对"术"的重视有着鲜明的实用理性印痕，所以受礼乐教化传统统治的我国古代教育现实地把体育对人社会化的一面限制在了家国一体中，重武德轻武技的传统把运动技能扼杀在了萌芽状态，却把技艺的增进交付给了民间民俗活动，从休闲娱乐的层面满足人们的现实需求，诠释了心性的另一个重要含义，为现在的我国传统体育和全民健身提供了不竭的源泉。因此，心性虽为我国古代体育设定了身、心一元化的理念，却过多地追求内在修为，忽视了外在的竞争与对抗，形成了我国古代体育的"主静"气质。无论是求助于内心与"天""道"等的贯通，还是满足于经验世界的欢娱，我国古代体育对人超越性的具体限制是把人的能动性和意向性限制在维持生命本初的自然形态中，却遏制了人的能动性和意向性在自然生命之外的发展，限制了人自由自觉生命的发展维度。

从人的完整性的形成路径上看，西方体育偏重外在超越，长于从科学研究人体结构、运动规律中找到提升人体运动能力的方法和手段，以追求生命的巅峰状态，可谓"日神精神"与"酒神精神"的结合；我国古代体育着重内在超越，善

① 张岱年．中国哲学大纲[M]．南京：江苏教育出版社，2005：183．

于从人体的气息、血脉、经络中调节人的循环系统，追求心性的超脱与自由。中西体育两种不同的成人路径，共同构成了人的生命活动的丰富性。但是，西方体育对象化地处理人的躯体，我国古代体育混沌地对待人的身体，都限制了人的主体性，限制了人的自由自觉性。现在，身体发展指标、竞赛名次等工具性、功利性的目标等主宰了人们在体育活动中的价值追求，每一历史阶段的具体限制决定了体育活动所蕴含的超越只能是有限的超越，这是体育价值实现的瓶颈。总之，生存、实践和超越构成了人生命活动层级递进的结构和形式，如欲实现人的完整性也只有进一步发展体育，待体育更加成熟和完善时才能使体育价值上升到人类总体的终极性的哲思和信仰之一。

（二）体育价值与人的普遍性

人的普遍性是指人不断摆脱受动性、受制约性，逐渐扩大认识和行动的范围，越来越普遍地把自然界变成自己社会生活领域的一部分，自然界从人的直接的生活资料演变为人的无机的身体。人化或称文化的范围越广，人所生存的自然界的范围就越广。人的普遍性是人作为类存在物的本质力量的展现，它“不是某种生物学意义上的共同性，而是人的普遍的历史地形成和发展着的实践本质与社会本质”①。马克思用自然的人化、人的社会化过程描述人的普遍性过程，这也是分析体育价值与人的普遍性关系的两个维度。

自然的人化或人化的自然这一说法来源于马克思在《1844 年经济学哲学手稿》中的一句话：“人的感觉、感觉的人性，都是由于它的对象的存在，由于人化的自然界，才产生出来的。”②意思是，人以自然界为感觉、认识和实践的对象，使自在自然变为人化自然，使人的本质与自然界的本质相适应。马克思还说，“人则使自己的生命活动本身变成自己意志的和自己意识的对象”③，在体育中，自然的人化直接表现为人以自己的身体为对象进行改造，表现为对受生物—生理规定性的身体机能的改善与提高。动物不会认识和把握自己身体活动的规律，它们只能受动地适应自然界，按照生物遗传法则使用它们的机能，如同吃、喝、性行为，动物的身体机能是它们唯一的终极目的。人的机能不同于动物的机能，人并不把吃、喝、性行为等受生物规定性的那些机能作为唯一的终极目的，而是赋予人的机能以广阔的社会生活和活动领域。在人这里，身体的各

① 夏甄陶. 论人的普遍性[J]. 哲学研究，1992(10)：3—14.

② 马克思. 1844 年经济学哲学手稿[M]. 中共中央马克思恩格斯列宁斯大林著作编译局，编译. 北京：人民出版社，2014：84.

③ 马克思. 1844 年经济学哲学手稿[M]. 中共中央马克思恩格斯列宁斯大林著作编译局，编译. 北京：人民出版社，2014：53.

种机能已经被对象化，走、跑、跳、投等这些动物也具备的机能，通过在不断创造出来的各种体育活动中具体表达出来的，如力量、速度、耐力、韧性、灵巧等，成为自然的人化的一部分，成为人有意识地改造自我以更好地适应自然环境的一部分。起初，这种改造还不能脱离生产劳动，原始社会人传授猎兽的技巧不过是为了充饥，现在，体育中诸多项目的实用价值已经转化为非实用价值，比如，人投掷标枪和吃饭早已没有直接联系了，而非实用价值恰恰是人对超出生物生命需要的人之需求。

人的活动范围越广，人受自然规律约束的程度就越深，人认识和正确运用自然规律扩大活动范围的过程，也是自然规律在人的认识和行动中发挥作用的过程，人的普遍性的发展必然是人所掌握和运用的自然规律日渐增多的过程，是人同外部世界关系逐步加深的过程。在人同自然的关系中，人的各种身体活动形式都必须符合自然存在物的客观法则，俗话说，“胳膊肘不能朝外拐”，即使不使用任何器械的徒手运动项目，人也不能忽视自然规律的存在。在体育活动中，顺应自然规律的现象比比皆是，如游泳、划船时要遵循水的运动规律，否则便会发生“逆流而上，不进则退”的状况。人的生命活动的展开离不开对自然界的依赖，人的生命活动也离不开自然规律的指导，这不仅表现在人对自然存在物的受动上，还表现在人造物的加工、制造和使用也要遵循自然规律上。在体育器械的开发、研制过程中，从原材料的选择，到设计方案的制定，以及加工流程的实施，材料化学、力学等学科的每一次新发现都能带来体育器械的一次革新。如传统泳衣一般是棉质或涤纶材质的，经技术改良，现在使用的鲨鱼皮连体泳衣，已能大大减少水对人体的阻力，从而帮助人加快游泳速度。

由于人是超越性的存在，人不满足于既有的普遍性的范围、层次、程度，每取得的一次进步都将成为人类历史中的过去，为人类历史的未来奠定基础。因此，人改造自身同改造自然环境一样经历了漫长的岁月，现在人们所能感受到的在体育活动中对自己身体的控制是在人类无数次的摸索、重复的基础上发展起来的。起初，人对自然界的一切都具有恐惧感和无力感，在以自然崇拜为主要信仰的原始社会，人把自己的身体也交付给了神秘力量。巫师在祭拜天、地等万物神灵的时候，展示非生产性目的的手舞足蹈，他应该是最早把人的身体活动总结起来并集中公开展示的人。但在原始社会中，巫师的演示并非为了传授他人，而是为了宣示某些身体动作是他专属的权利。到了奴隶社会，体育才算是真正发展起来了，尽管它还是统治阶层的特权，但培养统治阶级所需要的特定的人的思想观念已经明确地作为体育的目标和任务。这种转变是人的身体从自在的身体到人化的身体，再到历史的身体的转变，从人开始发挥主体性时起，人的身体就不再是纯粹的动物的身体，而是结合了人的认识、精神、意识、信念、感情的身体，是处于人类社会历史中的身体。

自然的人化还有一个重要内容，就是在体育活动中人的思维、意识、精神的改变。随同身体活动的多样化发展，人的五官感觉、精神感觉也得到发展。比如，在一节篮球课上，老师在一旁大声地指导练习的学生"传球跑位""上篮""最后 10 秒"……其中，既有时间范畴的快慢，也有空间范畴的前后、左右、上下。即使在传统的跑步项目中，人也会有直观的快慢、前后、左右等时间变化和空间位移的体验。总之，体育改造了包括身体、心灵等在内的整体的人，也正是这种集身体、感官、精神的体验、感悟、认识形成了统一的身体活动形式，从力量、耐力、速度、韧性等方面创造出人的生命活动的新的规定性，"而人的规定性的丰富也就是人的普遍性的发展"①。

一提到自然的人化，人们就会想到"人的自然化"，这主要源自周义澄的《自然理论与现时代——对马克思哲学的一个新思考》和高光的《自然的人化与人的自然化——生产力理论的新探索》，如高光所言人的自然化是指："……人在改变自然的过程中，不断地用各种自然的本质，规定和规律丰富和充实人的生命力，把大自然无比丰富的属性，内在地化为自己的主体知识、观念、才能，铸造成主体自身的社会化的本质力量。"②后来哲学、教育学等多个学科都有学者对该说法进行了一定的阐释。在体育研究中，人的自然化常被引申为人的自然属性的回归和维持，如李力研认为体育就是要使人保持身体的野性或兽性，保留人作为动物应该所具备的自然本性、自然生命形式，因此，他指出"体育的本质就是'人的自然化'"③。实际上，马克思从未使用过"人的自然化"这一说法，他的逻辑是从人与自然的关系转向人与人的关系，因为"自然界的人的本质只有对社会的人来说才是存在的……只有在社会中，自然界才是人自己的合乎人性存在的基础，才是人现实的生活要素。只有在社会中，人的自然的存在对他来说才是人的合乎人性的存在，并且自然界对他来说才成为人"④。因此，在物质基础上建立起来的人与人的关系是人与自然关系的递进，是自然的人化的升

---

① 夏甄陶. 论人的普遍性[J]. 哲学研究，1992(10)：3—14.

② 高光. 自然的人化与人的自然化：生产力理论的新探索[M]. 北京：中共中央党校出版社，1989：233.

③ 李力研. 野蛮的文明：体育的哲学宣言[M]. 北京：中国社会出版社，1998：406.

④ 马克思. 1844 年经济学哲学手稿[M]. 中共中央马克思恩格斯列宁斯大林著作编译局，编译. 北京：人民出版社，2014：79.

华，只有在社会中，人的本质与自然的本质才能统一。人的普遍性展开的第二层含义是人的社会化。

“价值的普遍有效性并不落实在观念与事实的关系上，而是落实在人与人的关系上。”①在体育中，人的社会化可以通过体育的内容加以窥视，例如，体育教师在体育课上教授技能的同时，无一例外地会强调体育对精神、信念的积极作用，甚至尤为强调集体主义精神的培养和团队协作能力的提高，目的是培养符合社会所需要的具有集体荣誉感与责任感的人才。又如，随着人们对培养学生个性重要性认识的加深，学校为学生提供多种体育选修课，以满足学生的不同需求，目的是培养社会所需要的具有个体主动性与创造性的人才。只不过，每一个历史时期的体育内容是经过多次筛选的结果，体育所依附的是人们在该历史时期的生产生活方式、社会心理等，这种历史特色或叫时代特色构成了人们对体育的价值追求。因此，一定历史时期的体育是人肉体与思维、意识、精神共同改变的结果，体育的发展变化反映了该历史时期社会对个人的要求和希望，最终落实在教师、学生身上。

在学理上，人们可以把自然的人化和人的社会化作一定的区分，然而在实践中，这二者是一事之两个方面，统一而不可分割。就好像古希腊的希波克拉底和希罗费罗斯对人体进行临床研究和解剖观察一样，我国古人在阴阳五行的指导下对人体经络颇有心得，西方现代体育人为地创造体育的环境（场地、设施等），不同的社会历史塑造出体育的不同形态，都在不同侧面反映了自然的人化和人的社会化的范围、层次和程度。总之，体育是人对自己身体这一特殊物质的规律性把握，是对人这一特殊对象的内在尺度的把握，是人不断挣脱自然的限制和人的限制追求普遍存在的过程，是自然的人化和人的社会化的统一过程，是人通过对自己的对象化活动与自然、与人交互发展的过程，是人有机的身体与无机的身体共同发展的过程，是人发展普遍性的重要内容。认识和把握作为自然存在物的人自身的规律，以提高自身思维和身体活动能力，使人成为人的自然存在物，应是体育在哲学层面的要旨，这也正是体育育人价值的根基。

三、“新体育”和体育价值的探寻路径

主体一直是西方思辨哲学话语体系中的重要概念，在以世界二重化、方法

① 赵汀阳．每个人的政治[M]．北京：社会科学文献出版社，2010：76．

二重化为显著特征的思辨哲学中,作为主体的人被视为一种事实性存在。在价值哲学的观照下,人的主体性被发现,建构了人是价值性存在的逻辑,为主体性体育价值的出场奠定了理论基础。

（一）人之主体性的由来

“主体”(subject)一词最早见于亚里士多德的著作,用来指称一切实体。实体是本体论中自因自动的存在,实体存在与否是事实判断;主体存在与否则是价值判断,是在价值论域中讨论主体的地位、作用、意义等。因此,把人作为主体从实体中分离出来,赋予人以主体性是在“人”被发现的时代才从本体论中独立出来的。意大利哲学家维柯(Vico)曾提出人类世界是由人自己创造的观点,他指出:“世俗社会的世界必定是人创造的,因此它的原则就应当到我们自己的人类心灵变易中去寻找。”①而“主体性”作为“现代性的标志,它试图为知识的进步、道德的进化与社会的发展提供无可置疑的根据,为人走向自由和解放提供至为可靠和坚实的保证”②。众所公认的是,笛卡儿开创了认识论主体性的研究范畴,此后,西方现代哲学围绕主体性的不同侧面发展出不同的流派,也孕育了价值论主体性的萌生。

美国当代著名学者弗莱德·R.多尔迈(Fred R. Dallmayr)曾指出:“在现代哲学用法中,‘主体性’或‘思维实体’往往主要是作为理论意识(甚至是先验意识)的一个同义语而出现的,因此人们把它解释为一种认识论的前提。”③认识论主体是西方启蒙哲学在以认识、思维为原则建立起来的人之新形象,其代表是笛卡儿对主体的把握。笛卡儿“唯一地把人类主体界定为‘能思的实体’”,他说:“我断定,我是一个实体,其整个的本质或本性仅仅是思考,而且为了存在,它不需要空间,也不需要任何物质的材料。”因此,笛卡儿式主体是“我思”,是理念、灵魂、理性、意识、精神、知性;反之,身体是罪恶、欲望、感性、冲动、疯狂。基于此,主体性的意蕴便不包含身体,身体已经被设定为秩序世界中可以随意处置的客体,其结果是身体成为理性的工具、手段,于是,“意识和身体的伦理关系转变成了意识和存在的工具关系”④。

启蒙时期的另一位著名哲学家康德“人为自然立法”的著名论断至今响彻耳边,康德把人的主体性区分为认识能力、伦理行为和情感结构,将其分别与人

---

① 维柯.新科学[M].朱光潜,译.北京:人民文学出版社,1986:52.

② 贺来.“主体性”观念的反思与意识形态批判[J].马克思主义与现实,2007(3):18—24.

③ 弗莱德·R.多尔迈.主体性的黄昏[M].万俊人,朱国钧,吴海针,译.上海:上海人民出版社,1992:2.

④ 汪民安.身体、空间与后现代性[M].2版.南京:江苏人民出版社,2015:10.

的智力结构、自由意志和审美情感对应，从而区分了认识论主体性与价值论主体性。康德所言的认识论主体是先验的"自我意识"，价值论主体则是具有并服从于自由意志的人，二者的区别是："前者所对应的是'我能认识什么'这一问题域，后者所对应的则是'我应该做什么'这一问题域；前者高扬了人作为'先验的认知主体'的能动性与创造性，后者则高扬了人作为'先验的道德价值主体'的自由性和目的性；前者表明了人在知识世界的中心地位，后者则表明了人在道德价值世界的中心地位。"①除此之外，康德还指出，在纯粹思辨理性与纯粹实践理性"先天地以理性自身为基础"的联结中，"实践理性就占据了优先地位"②，从而赋予了价值论主体优先于认识论主体的权利，为价值论主体的出场指出了方向。

另一位促进价值论主体性研究的是尼采(Nietzsche)，这位非理性主义哲学家以"一切从身体出发""重估一切价值"高声盖过叔本华(Schopenhauer)的唯意志论，他在《看哪这人》中塑造了富有激情、力量和创造力的"超人"形象，尼采式主体便是这"超人"所代表的身体与生命同一的人，主体性也不再是柏拉图主义中对理念、灵魂、精神的接近和再现，而是身体的结果，"生活、身体、自我处于无限的可能性之中，它们永远处于即刻性状态"③。尼采的功绩在于为后人从人的生命出发用不同的方式挑战和解构认识论构筑的终极性、普遍性话语体系提供了思维上的转折，为价值论主体性研究开启了一扇新门。

而胡塞尔(Husserl)提出的命题是回到事情本身和生活世界，他反对用概念抽离事情本身与生活世界的生动和丰富状态，生活世界是一个非课题性的、奠基性的、主观的、相对的、直观的世界。作为主体的人应与他人形成意识统一体，达成主体间性(intersubjectivity，又译"交互主体性"或"主体际性")。不过胡塞尔提出的主体间性是经过还原的先验的自我的属性，实质上仍是意识性的。海德格尔(Heidegger)的目标是建立一种新的本体论，以"时间"为线索解决"存在的意义"问题。他认为"共在"才是自我与他人同时显现出来的生存方式，"共在"是"在世之在"的先决条件。法国哲学家萨特(Jean Paul Sartre)是存在主义的集大成者，他认为人像一粒种子偶然地飘落到这个世界上，没有任何本质而言，只有存在着，要想确立自己的本质必须通过自己的行动来证明，由此

① 贺来．深化"主体性"研究的重大课题：从"认知主体"到"价值主体"[J]．学术月刊，2011，43(4)：27—33．

② 康德．实践理性批判[M]．韩水法，译．北京：商务印书馆，1999：133．

③ 汪民安．身体、空间与后现代性[M]．2版．南京：江苏人民出版社，2015：66．

确立了存在主义的“存在先于本质”“世界是荒谬的，人生是痛苦的”“自由选择”三大原则①。得益于胡塞尔的启示，梅洛-庞蒂(Maurece Merleau-Ponty)关注了身体在知觉形成中的重要性，提出“知觉的身体—主体”，不是身体属于心灵，而是心灵属于身体。哈贝马斯(Habermas)的贡献是不再像胡塞尔、梅洛-庞蒂那样在意识性层面讨论主体间性，而是更看重如何解决现实生活中的主体间性问题。经过分析，他认为主体理解是主体间性特征的核心要素，交往是达成理解的实现方式。据此，哈贝马斯提出著名的交往理性理论。

在胡塞尔时期，西方对主体性的研究达到了高潮，而我国则是在20世纪70年代末以来才掀起了主体性研究的热潮，且有把西方数千年来有关主体性的研究成果一并摄入的特点。主要来看，我国学界从主客体关系开始深入探讨主体性问题，形成了许多认识，如郭湛认为“主体性实质上指的是人的自我认识、自我理解、自我确信、自我塑造、自我实现、自我超越的生命运动，及其表现出来的种种特性，如自主性、选择性和创造性等等”②；李泽厚认为人是“主体性的历史存在”，主体性是“交错渗透，不可分割”的两个双重、四个方面的含义：“外在的即工艺—社会的结构面”和“内在的即文化—心理的结构面”“人类群体的性质”和“个体身心的性质”等③。

至于马克思主义哲学中的主体性究竟属于何种框架下的主体，学界有不同的见解。常见的研究沿袭认识论框架来阐释马克思的主体说，“阐释者们已经形成了这样的思维习惯，即只从认识论的维度出发去理解并解释主体性”，此种阐释强调认识主体在“主体—客体”模式中的主观能动性。俞吾金认为深陷于认识论主体性会遮蔽人们对本体论主体性的研究，并不能解决认识问题之外的如“人格、自由、公正、信仰、善恶、社会关系、主观际性和交往规则”等问题，而马克思本体论主体性具有“人与人之间的关系”和“始源性”两个不可分割的维度，实践联结了认识论主体性与本体论主体性④。贺来分析了马克思的主体性，认为认识论主体性“最大的缺陷就在于它没有对‘认知主体’的有限性和界限进行自觉的反思和体认”，其中的实践活动也被“……仅仅阐释为认识的源泉、动力和标准，这实际上是把实践活动屈从于认识活动”，因此，基于“自由主体”“目的

① 刘赋.存在主义及存在主义之批判[J].理论月刊，2006(5)：36—39.

② 郭湛.主体性哲学：人的存在及其意义[M].修订版.北京：中国人民大学出版社，2010：29.

③ 李泽厚.实用理性与乐感文化[M].北京：生活·读书·新知三联书店，2005：218.

④ 俞吾金.马克思主体性概念的两个维度[J].复旦学报：社会科学版，2007(2)：34—40.

主体”和“责任主体”之上的马克思价值论主体性的内涵被掩盖了①。

近30年来，教育学界也颇为重视对主体性的衍化研究，如鲁洁曾说主体性是“……能自觉认识、掌握、超越各种现实客体的限定和制约，能在与客体关系中取得支配地位。能按照自主的目的能动地改变现实客体的一种人的特性”②，冯建军在进一步讨论学生的主体性中认为，“学生在教育过程中的主体性主要表现为对教育内容选择和加工的自主性、选择性、能动性和创造性”③，张天宝认为“主体性教育是一种培育和发展受教育者的主体性的社会实践活动”④，主体性教育的目的是“增强学生的主体意识”“发展学生的主体能力”和“塑造学生的主体人格”⑤。总的来说，该类研究受学生主体性研究的影响，有着鲜明的反驳“教师中心主义”、延续“儿童中心主义”的印记。在现有的体育研究中，主体性一般也是建立在认识论基础上的，重在探讨体育教学中学生作为主体当如何发挥其主动性和创造性的问题。还有些学者从主体间性切入，提出体育教学中教师要注重学生的个性化发展，师生建立平等互爱的“生活关系”⑥；或者建立课程中多元主体的沟通、互信和交往机制⑦。

从主体性研究的演变来看，价值哲学肯定了人之主体的身心共在，肯定了个人在社会中的尊严与地位，肯定了人之主体的生成性质，极大地颠覆了思辨哲学建立的本质与现象、思维与存在、事实与价值、理性与感性、主体与客体、身与心等二元对立的逻辑，更加符合人的完整性与普遍性发展需求。在教育中，体育是人的身与心、个体与社会结合最为紧密、最为生动、最为全面的一种活动，最能直接体现人的完整性和普遍性价值向度。因此，从主体性出发研究体育价值仍是亟待深入的课题，宣扬主体性体育价值并未过时。

（二）主体性体育价值出场的必要

在体育中，人的自我异化源自人的主体性的迷失，树立主体性体育价值意

---

① 贺来.深化“主体性”研究的重大课题：从“认知主体”到“价值主体”[J].学术月刊，2011，43(4)：27—33.

② 鲁洁.论教育之适应与超越[J].教育研究，1996(2)：3—6.

③ 冯建军.主体教育理论：从主体性到主体间性[J].华中师范大学学报：人文社会科学版，2006，45(1)：115—121.

④ 张天宝.主体性教育[M].北京：教育科学出版社，1999：39.

⑤ 张天宝.主体性教育[M].北京：教育科学出版社，1999：48—54.

⑥ 陈存志，刘苹.论新型主体间性师生关系在高校体育教学改革中的构建[J].北京体育大学学报，2007，30(S1)：284—285.

⑦ 胡庆山，郝秀艳.主体间性视角下体育课程实施多元主体融合[J].北京体育大学学报，2011，34(2)：87—91.

味着对“物质主体性”和“精神主体性”的扬弃①，意味着体育价值不再把被工具化的人当作主体，也不再把某种先验的假定的理想人格当作终极目的，而是要观照人之主体在体育中的生成，观照人之主体性在体育中的生成，即人对自身本质的占有，主体性体育价值的提出还试图在扬弃现有的认识论主体性、主体间性的基础上，借助马克思主义价值论主体性，并借鉴价值哲学的其他理论，寻找一种更为适用的体育价值理论。

扬弃一方面要对认知论主体性、主体间性价值限度进行审视。

其一，笛卡儿开创的认识论主体性延续了柏拉图的理念世界、奥古斯丁的上帝之城把思维与存在、精神与物质、价值与事实相异的做法，甚至把相异发展为对立，这样的主体性所仰望的真、善、美只属于灵魂、意识、精神，这样的主体性是理性构建的秩序世界中的同一性、同质性、总体性，于是，这为主体可被生产、创造、复制以及身体继续遭受规制埋下了伏笔。长期以来，认识论主体性因思辨哲学在哲学中的强大阵营影响着人们的全部活动，给定的、悬留在意识形态中的主体性使人们把理性及与其相关的知识、真理、科学当作价值评价的原则和依据，主体的自由发展也是以理性及其附属物的发展为目标，以培养人为目的的教育活动也认定只有在知识灌输中人才能获得发展；反映到体育领域就是把体育当作对象化活动，把学生当作被动接受的客体，把身体当作受意识控制的无意义的实体，否认了学生主体的主体性，否认了思维认知以外的经验、感觉、体味对人全面发展的意义，体育的育人价值因此受到蒙蔽。

其二，我国学者研究主体性的始因大概有三个，一是西方当代哲学的不同流派纷纷围绕主体性大做文章，二是马克思主义哲学中主体—客体关系、主观—客观关系研究的深化，三是改革开放后人的主观能动性概念在实践领域的普及。然而，受限于我国主体性启蒙的实际状况，过于宣扬自主性、独立性、创造性、竞争性等使主体性偏向了反社会本位的极端个体本位，这种状况就是“虽然源于中国缺乏主体性的国内社会现实，但主体性的启蒙受到西方社会主体性过分膨胀的影响，这就使得中国主体性的培育没有经历发展‘过程’，就直接截取了西方多少世纪以来的发育‘结果’。主体性没有在中国大地上充分地发育，却已经被‘催熟’了”②。近 30 年来，人们不断呼吁学生的个性培养，提出要把体育目的从社会本位转向个体本位也多源于此。

---

① 郭湛．主体性哲学：人的存在及其意义[M]．修订版．北京：中国人民大学出版社，2010：26.

② 冯建军．主体教育理论：从主体性到主体间性[J]．华中师范大学学报：人文社会科学版，2006，45(1)：115—121.

其三，胡塞尔、哈贝马斯等人的主体间性、交往理性理论在我国颇受欢迎，教育学界也有一股关于教育中的主体间性研究的热潮，其内容大致是提出将“教师主体-学生客体”模式转变为“教师主体-学生主体”模式，在教学方法和教学内容上重视主体间的平等、参与、合作、交往、理解等。由于认识论主体性倡导发挥人的主观能动性已为人们对个体这个概念较为接受，主体间性、交往理性又加剧了“主体性-个性”在人们头脑中的关联，无形之中又刺激了个人主义的上扬。对此，余清臣认为，西方现代哲学中的交互主体性并不是如大家理解的那样致力于解决主体间的关系问题或者建立一种平等、和谐的主体间交往关系，而是一种主体类性，是“对唯我论主体性的超越”，它与个体主体性没有必然联系①。主体间性已经渗透到体育中的师生观、教学观、课程观研究中，但强调激发学生的积极性与保持教师的教学控制、平衡个性与集体之间的关系成为新的问题。因此，避免认识论主体性的个人中心主义倾向，克服主体性的“抽象性、独断性和虚幻性”②，认识主体间性在实现途径上的无力仍是今后的研究重点。

扬弃的另一方面是对已有主体性理论中积极因素的发扬。认识论主体性是西方启蒙时代的理论成果，其历史意义是从神权统治中唤醒了人的理性，赋予了人们摆脱宗教控制、封建统治、愚昧文化的强大动力，为人类历史发展立下了不可磨灭的功勋。主体间性是为了克服认识论主体性过于肯定人的能动性而导致的个人对客体（包括社会和他人）的占有、控制，而转向人与人关系的建构，重视非理性因素对人的发展的积极意义，重视理解、合作的关系式思维的建立，肯定交互主体可能达成的一致性，从一定程度上突破了把主体性局限在认知范围内的逻辑。这些积极因素为今后的理论和实践奠定了基础，并为他者性于教育的意义研究提供了必要理路。如李建国倡导面向他者的道德教育③；刘要悟和柴楠认为主体间性仍具有认识论特征，并具有现实性缺失，最终同认识论主体性一样“……走向了对同一的向往和对差异的忽视”④，事实上造成“他者”同化“自我”的后果；冯建军也认为“……主体间性在根源上没有突破以自我

---

① 余清臣.交互主体性与教育：一种反思的视角[J].教育研究，2006(8)：25—30.

② 贺来.“主体性”观念的反思与意识形态批判[J].马克思主义与现实，2007(3)：18—24.

③ 李建国.教化与超越：中国道德教育价值取向的历史嬗变[M].北京：中国社会科学出版社，2014：219.

④ 刘要悟，柴楠.从主体性、主体间性到他者性：教学交往的范式转型[J].教育研究，2015(2)：102—109.

为中心的主体性思维"①,漠视了他者的差异性与特殊性。他们根据法国现代哲学家列维纳斯(Levinas)的他者性理论,对教育中的他者性进行了有益的探索,对主体性体育价值的建构有一定的启迪意义。

欲使体育价值拨开云雾见青天,就要推开制造现代性体育价值危机的"意识形态中的主体""虚假的主体"②,反思主体性"从自我意识的'自我'出发来规定一切存在的哲学观念"③,反思把人的主观意识当作主体性的理论核心,反思只承认思维认知活动的合理性;深入剖析主体性、主体间性、他者性在内在意义上的共通性,在实践领域寻找主体性的可能之道。可喜的是,已有少数学者开始着手从价值论的维度研究人的主体性与体育的关系,如陈冬亮、刘欣然等,不过立足于体育是一种教育活动来探索体育价值主体性,在哲学对人的主体性进行普遍性研究的基础上寻找体育价值主体性之特殊性的研究还寥寥无几。因此,一些著名学者,如法国的利奥塔认为主体性是失去中心的零散的碎片,主体性消失不见,美国的弗莱德·R.多尔迈认为主体性已经进入黄昏,在这样一个主体性被虚构的时代声音异常尖锐的时期,建构主体性体育价值更有唤醒当代人主体意识、发展主体能力的特殊历史意义,本书提出主体性体育价值还为了对下一步的研究提供一种认识框架,为提出新的体育价值观提供理论依据。

第二节 "新体育"和"新体育观"的提出

上文已经通过一些前提性问题的探究,指出体育价值的核心命题是人的主体性,内含着体育有目的地培养和发展人在体育中的自我认识、自我调节、自我创造、自我建构的意识和能力的主张。以激发和彰显人的主体性为内核的主体性体育价值,是体育人性化的内在要求,它包含身体与心灵、个人与社会的双向同构,内隐着人的自然性与社会性、个体化与社会化的内在张力,是提出"新体育观"的认识框架和实践框架。近些年来的体育价值取向是人们对体育价值认识的新高度,国外的终身体育、快乐体育、休闲体育等与国内的三维体育观、人文体育观等均反映出人们对人的全面发展落脚在了体育人性化上,这些都为一

① 冯建军.从主体间性、他者性到公共性:兼论教育中的主体间关系[J].南京社会科学,2016(9):123—130.

② 俞吾金.从抽象认识论到意识形态批判[J].天津社会科学,1995(5):9—12+36.

③ 贺来."主体性"观念的反思与意识形态批判[J].马克思主义与现实,2007(3):18—24.

种“新体育观”的创立提供了理论参照。

一、主体性体育价值理论的推动

既然体育中人的自我异化源自主体性的迷失，构建主体性体育价值意味着恢复人在体育中的正常状态，即“……需要他自己来创造的状态”①，主体性体育价值不是观照某种给定的理想人格，也不是观照工具理性下被工具化的人，而是观照人在体育中的生成，即人对其本质的占有，这至少需要两个方面的努力，一是赋予身体与心灵同样的价值，二是赋予个人与社会同样的价值。于是，主体性体育价值的内涵至少包括身体与心灵的同一、个人与社会的统一这两个方面的内容，其意蕴是从身与心、个人与社会两个维度来革除现存体育中不利于人主体性发挥的、不利于人生成的部分。

（一）身与心的同一

简要回顾人类体育发展的历史，在西方，体育的源头——古希腊体育的兴盛与其特殊的军制具有直接关系，这种特殊的政治观与古希腊人的体育观、健康观一样受到世界观的统辖。强健的体魄是对城邦公民的要求，严酷的训练是为了戒除欲望中有害的部分，适度的锻炼是为了培养道德德性，也就是说，古希腊人“甚至注重道德品质胜过注重体力和运动技巧的发展”②，他们把体育视为使肉体摆脱或远离罪恶，通向灵魂高尚的途径，体育最终指向的是人的最高价值或理想——善和美。而体育在中世纪衰退，恰恰又是这种最高理想或价值的变革导致的，身体因其“罪恶”使其一切活动都套上了“禁欲”的枷锁。因此，“身心关系和与其相应的伦理学在根本上确定了体育在两个不同文化体系中的两极地位”③。同样在早期含有军事训练目的的体育活动形式，在我国传统哲学“天人合一”“形神一体”的塑造下，却表现出以“伦理教化”“修身养性”为主的体育文化意向，以“崇文尚柔”为主的体育形态，呈现出有别于西方体育的独特景象，成为我国特有的体育文化模式。因此，身与心是何种关系是体育价值的重要内容。

自古希腊以来，心灵所代表的人之理性部分被无限放大，最终在西方古典

① 恩格斯．自然辩证法[M]．中共中央马克思恩格斯列宁斯大林著作编译局，编译．北京：人民出版社，2015：8．

② 瞿葆奎．教育学文集：体育[M]．北京：人民教育出版社，1988：205．

③ 赵国炳，杨忠伟．古希腊与中世纪体育的兴衰探源：基于对身体和娱乐的考察[J]．体育科学，2012，32(1)：88—95．

哲学中上升至本体的高度俯视一切存在，人的身体行为在理性的统治下，按照既定的秩序执行理性的决议。在体育中，心灵对身体的统治往往表现为身体的各种活动方式只是受心灵的驱使，身体犹如木偶一般不能为心灵的唤醒和成长提供有效的体验、感悟、认知，而只能以其健壮为心灵提供更好的居所，因此被排除在“学习”之外。这种误区主要根源于二元论带给人们的误解，在本体论、认识论哲学思维中，主体是与心灵（灵魂）相对应的理性、认识、逻辑等，至于人的身体，是被排斥在主体之外的。过去人们以为身体不过是个外壳，对情感、认知没有意义，从而轻视身体。学界通常用“离身”“隐身”作为身体被隐匿、被贬抑、被放逐的隐喻。现在，“具身”概念与之相对，如叶浩生指出具身作为一种认知方式“就是一种人对身体的独特体验”①，把身体作为认知的源泉已经得到学界的广泛认同。

从隐身、离身到具身，改变了以思辨哲学为根基的心灵（灵魂）统治身体的单向度，在这方面，心理学研究起到了重要的推动作用。美国心理学家威廉·詹姆斯（William James）的情绪理论指出身体在心智和情绪形成中所发挥的作用，强调人生理基础的重要性。在瑞士心理学家让·皮亚杰的认知发展理论中，生理成熟与活动、社会经验、平衡共同影响思维的发展，这些理论建立了身体与思维的关系，促进了身体哲学的研究。

身体哲学的产生源于“身”“心”关系的紧张或对抗，在西方，“身”和“心”的关系常常表述为“肉体”与“灵魂”的关系，或者“身体”与“精神”的关系。我们主要从柏拉图那里得知了“灵魂不死说”和“灵肉二分论”，又从笛卡儿那里获知了“灵魂”与“身体”是分离的，还从夸美纽斯那里知晓身体是灵魂的工具，现代哲学却试图从根本上取消“身心二元论”，如现象学抹杀精神与物体、思想与广延的区别，而以“中立”的“现象”消除“对立”的二元“实体”；行为主义主张在人的身体行为、活动等物理语言中消除“身”“心”对立；同一理论以心灵语言、行为语言和神经生理学语言的相互独立与统一来保留心理经验、意识的独立性；通过把内在经验和心理活动转变为可观察的客观行为来消除二元论；“机能类比倾向”则以认知心理学和人工智能理论为基础，企图用科学的手段来证明“心”与“身”是结构与功能的关系，从而消除二元论②。

同一是指身与心共同构成人的存在，二者是“一而二，二而一”的关系，蕴含着人的自然性与社会性的内在张力。马克思和恩格斯批判黑格尔哲学，认为现

① 叶浩生.“具身”涵义的理论辨析[J].心理学报，2014，46(7)：1032—1042.

② 冯俊.笛卡尔第一哲学研究[M].北京：中国人民大学出版社，1989：236—251.

实的人被“自我意识”或“精神”取代，如同基督教的教士所宣扬的“精神创造众生，肉体则软弱无能”一样①，现实的人活生生地把自己的灵与肉剥离开来。把身与心对立，是对物质与精神对立关系的复述，其弊端是把身与心看作机械拼装的两个独立零件的整合关系。

正如人的身体和心灵不可分割一样，在进行体育活动时，实际上包括了人体各个器官和各类系统的综合同步系统的活动，特别是大脑作为感知思维器官与手、脚等运动效应器官的有机统一活动所形成的人的认知形式结构与外部事物结构相适应，使实现自然规律的内化和外化成为可能。从另外一个意义上讲，正是因为人脑的特殊功能，体育活动对人的认知力、记忆力、注意力的培养才具有积极意义，体育才成为社会交往的基本手段，体育才可以从形象与抽象之间来回转化，发展成为美的内容。因此，体育不是孤立的肉体活动或意识活动，试图脱离“体”谈“育”是虚幻的。

由此看来，人们通常所说的育体、育智、育德、育美功能不是强加给体育的任务，而是体育使主体身心协调发展的应有之义。在实践中，这四个方面不是彼此独立、互为手段的，而是相互照应、相互促进的。例如，在一堂体育课中，学生学练的时间虽然短暂，却储备了长期锻炼身体所需的运动知识和技能，为参加体育活动储备了文明参赛、文明观赛的规则意识，为欣赏体育活动储备了鉴别美丑的能力，这些是身与心共在一体的结果。因此，明确身与心的同一解决的是人之主体与自身的关系问题。

(二) 个人与社会的统一

主体性体育价值的另一方面内涵是个人与社会的双向同构。马克思在《关于费尔巴哈的提纲》中指出“人的本质不是单个人所固有的抽象物，在其现实性上，它是一切社会关系的总和”，在这里，马克思并不是说人是社会的受动存在物，也不是否认他在《1844 年经济学哲学手稿》中所说的人具有自由自觉的类特性的观点，而是从实践出发，在把人类历史看作异化的历史的基础上，对费尔巴哈把人看作孤立的个体的观点进行批判。“正像社会本身生产作为人的人一样，社会也是由人生产的。”②人与社会的关系既不是人在社会中的无能为力，也不是人与社会的势不两立，而是一对矛盾体，作为自由自觉的类存在物，人是

---

① 马克思，恩格斯. 神圣家族，或对批判的批判所做的批判[M]. 中共中央马克思恩格斯列宁斯大林著作编译局，译. 北京：人民出版社，1958：7.

② 马克思. 1844 年经济学哲学手稿[M]. 中共中央马克思恩格斯列宁斯大林著作编译局，编译. 北京：人民出版社，2014：79.

社会历史的主体，人在一定历史时期受到前人创造的社会机制的限制，同时又可以其能动性和创造性创造出有利于自身生存和发展的社会机制，这种能动性和创造性的发挥就是人的主体性的发挥。

在古代社会，由于在自然血缘关系缔结的社会关系中人更多的是以一种受动的形象存在，主体的概念也被实体概念涵盖，遮蔽了人的主体性。例如，在古希腊，城邦这一社会机制现实地制约着城邦公民要以严苛的身体训练为日常生活内容；在我国古代社会，重伦理教化的社会机制最终把人对身体的自由向往演化为对封建道义的仰仗。步入现代社会以来，随着血缘关系的社会机制被社会分工瓦解，社会组织化程度越来越高，人的主体性得到承认，人的个体化需要也越来越突出，个体化成为现代社会对人的价值的一种新设想，个体化也被称为现代社会中人的主体性不断彰显的历史进程，于是个体化与社会化的关系成为现代社会中人与社会关系的新内容。“人的社会化与人的个体化是同一现代性过程的两个侧面、两个维度，它们体现了现代社会的持续递进和现代人不断成长的实践经历。”①

个体化以个人的权利与自由得到确认为基础，现代社会所宣扬的“平等、自由、民主”等开启了个体化进程，然而过度地宣示个人的权利与自由，却使人走向了反社会、反集体的另一个极端。例如，作为政治学、社会学、伦理学、教育学的中心议题之一的个人与社会的关系问题，一直被社会本位价值取向与个人本位价值取向所垄断，其总的倾向是在反社会本位的思想驱使下提出个人本位主张，这本身就具有极其强烈的反社会倾向或脱离社会倾向，很容易误导人们把个人与社会对立起来，又因过于肯定个人价值选择的自主性很容易误导人们把个人与个人对立起来，造成社会与个人关系的紧张、个人与个人关系的紧张，其原因是把个人视为社会的对立面，把人的主体性的发挥与摆脱社会的限制完全对立起来。

哲学家解救主体性的架构和方案各有不同。一是从集体中寻找个体的主体性，通过对话、交流、沟通消除个体间的差异性，如哈贝马斯更看重如何解决现实生活中的主体间性问题，他认为：“本体论的前理解永远处于统治地位，它确定了社会化的个体在世界中的实践范围。具有宿命论意味的是，与世界内部事物的照面只能发生在具有先验规则的意义语境中，以至于它们本身能够免除问题的成功解决、知识的累积及生产水平和道德知识的变化等所带来的影

---

① 郑杭生，杨敏，奂平清，等. 品味社会学[M]. 南京：江苏人民出版社，2014：101.

响。"[①]经他分析,主体理解是主体间性特征的核心要素,交往是达成理解的实现方式,自然语言、交往才能消灭先验主体,据此,哈贝马斯提出著名的交往理性理论。二是从个体的孤独中反思,把差异性视为不可更改的权力关系,把差异性消灭在了自我个体之中,更造成"孤独的个体"的产生,如安东尼·吉登斯(Anthony Giddens)认为无意义感是现代社会的根本性心理问题,为此,他提出一种"自我认同的反思性秩序"来重塑自我[②]。

回到马克思主义哲学,人既是社会的产物,社会也是人的产物,个体化绝不是个人的独自行动,而是在社会化的过程中有意识的自我建构过程,人的生成是在社会化的过程中发挥主体性的结果。在我国以竞技运动为统领的历史时期,把少数青少年捆绑在金牌主义、锦标主义的大旗下,无视他们的全面发展,不问他们的个人选择,严重泯灭了人的个性发展。社会化又包括个体的个性化与共性化,教育的内容、手段、方法的个性化只是对个体化发展的一个侧面,教育目的上的个性化将是历史的必然[③]。因此,在现代社会,个人与社会的关系真实地反映为个体化进程中的社会化问题,"人们的身体是个性的基础,因此,人们应该学习如何充分地适应他们的身体"[④],体育正是一个人生命、生活中个体化、社会化的有机组成部分。

根据马克思主义哲学,人的全面发展必然是类的全面发展,类的全面发展必然是个人的全面发展,因此,群体的主体性正是建立在个人的主体性之上的,个人价值与社会价值都是主体性体育价值的应有内容。只有肯定身与心的同一、个体与社会的统一,人作为主体的意义才是完整的。因此,主体性体育价值破除"心→身""社会→个人"的单向输入模式,在体育活动中构建体育"心↔身""个体↔社会"双向同构模式,防止心对身的独裁或社会对个人的欺压,并借助这两种模式指向人的完整性和普遍性发展。

二、国内外体育价值取向的促进

一种"新体育观"的提出既要参照宏观的主体性体育价值理论,还要参照现

---

① 哈贝马斯.哈贝马斯精粹[M].曹卫东,选译.南京:南京大学出版社,2004:332.

② 安东尼·吉登斯.现代性与自我认同:现代晚期的自我与社会[M].赵旭东,方文,译.北京:生活·读书·新知三联书店,1998:253.

③ 徐俊.个体化社会中的教育使命[J].教育发展研究,2014(Z2):35—41.

④ 联合国教科文组织国际教育发展委员会.学会生存:教育世界的今天和明天[M].华东师范大学比较教育研究所,译.北京:教育科学出版社,1996:98.

在体育价值认识的新成果。自20世纪中叶以来，一些发达国家提出了终身体育、快乐体育、休闲体育等理念，我国学者在传播上述新理念的同时，也加强了对三维体育观、生物体育观、人文体育观的研究，国内外体育价值取向的这些新动向代表了体育价值研究的新高度，对当前提出“新体育观”具有极其重要的参考意义。

终身体育是在终身教育思潮中发展起来的一种体育价值观。20世纪60年代，时任联合国教科文组织成人教育局局长的朗格朗在成人教育促进国际会议期间提出“终身教育”后，在国际上引起热议。在这一思潮的推动下，终身体育思想主要是指体育应超出制度化体育的范畴，进行身体锻炼和接受体育应进入人的日常生活，成为人一生的生活方式。终身体育思想看到了体育是人身心发展的必然追求与终身追求，提高了人们对体育的认知，有利于促进社会体育的开展，帮助学校体育进一步矫正体育教学的短期目标与长期目标，同时，还发展出了快乐体育、休闲体育等具体思想。

快乐体育是在20世纪末期由日本学者结合德国的“活动体育论”得出的一种体育思想，其要旨是“……改变学校体育限制过多、形式过多、要求统一和活动呆板的格局，重点培养学生爱好体育的习惯、能力和态度，同时增强学生的体质，促进他们的身体健康发展”①。很多人狭隘地从“快乐”的字面上去理解“快乐体育”，认为激发学生兴趣、增加学生选修内容、追求体育过程中的感官享受等就是“快乐体育”。“体育的快乐突出地表现为日本中学要求学生通过体育课学会独立活动的本领，养成独立锻炼的习惯。”②“独立活动的本领”“独立锻炼的习惯”彰显的是学生从体育中获取和提升的自主自觉性，这才是体育的价值所在。

随着生产生活方式的变革，人们的闲暇时间逐渐增多，把闲暇时间用以丰富生活、发展身心成为人们的共识。卢元镇、任海、于可红、钱利安等学者都曾对休闲体育做过一定的研究，他们都指出休闲体育的几个主要特征：人拥有闲暇时间；人自愿在闲暇时间从事身体锻炼、竞技等身体活动；人从事此类活动的目的是享受身体活动带来的乐趣。主张在闲暇时间以身体活动的形式达到愉悦身心目的的思想是休闲体育的主要旨趣，因此，它还被称为“娱乐体育”。在现代社会，人们饱受各种生存压力之苦，休闲体育思想抛弃了竞技运动中的名利之争、学校体育中的考核指标，从缓解人的身心紧张、疲惫，关注人生活质量

---

① 牧野笃，许庆豫，方明生，等.当代日本中等教育[M].太原：山西教育出版社，1999：99.

② 牧野笃，许庆豫，方明生，等.当代日本中等教育[M].太原：山西教育出版社，1999：100.

与精神享受出发，与我国全民健身的风气相得益彰，受到人们的普遍推崇。

应该看到，关注人的身心协调发展、重视人的生存意义是近些年来体育思想的主要取向，我国学者关于三维体育观、生物体育观与人文体育观的研究也有此意向。三维体育观，即“生物”“心理”和“社会”共同发展的体育观，它的主要依据是世界卫生组织（WHO）宪章中的健康定义包括了身体、精神和社会三方面协调而定的。在我国，毛泽东在1950年就作出“健康第一，学习第二”的指示，2007年中共中央、国务院《关于加强青少年体育增强青少年体质的意见》（中发〔2007〕7号）把“健康第一”确立为学校体育的指导思想；进入21世纪后，我国把“健康第一”确立为教育的指导思想，有关学校体育工作的文件也多次提及学校体育要以发展青少年的身体、心理及社会适应能力为目标，由此关于三维体育观的研究日渐增多。

生物体育观一般是指以体质论为代表的以增强人的体质为目的的价值取向；人文体育价值观的核心思想可以表述为：人是体育的主体，体育的目的就是要实现人性。胡小明在《中国学校教育》（1999年第2期）上发表了一篇名为《人文体育观的渐入与生物体育观的淡出》的短文，文中把增强体质的体育视为生物体育观，说它是一种无“人”的体育，而人文体育观则是倾注了人文精神的价值观，反映了对人自身价值的肯定。此文使得生物体育观和人文体育观相对地出现在人们的视野中。很快，吴翼鉴在1999年第3期的《体育学刊》上发表《增强人的体质，是体育无“人”吗？——与“人文体育观的渐入与生物体育观的淡出”的商榷》一文，明确质疑胡小明的观点，吴翼鉴认为胡小明批判增强体质的体育观是“静态和局部的”“陷入生物学的低层次”和导致人“身心异化”等根本不成立，不仅如此，吴翼鉴还说尽管体育主体是作为生物层面的人出现的，但并不能因此把体育的“育身”与“人文精神”对立起来，增强体质也是“以人为本”的内容。为协调生物体育观和人文体育观，闫华等人提出“体育教育必然是生物性和人文性的统一，或自然性和道德性的统一”，应反对人文体育观和生物体育观的对立，树立一种“身心和谐体育观”①。

胡小明继续拓展了对人文体育观的研究，他和石龙把人文体育价值观看作体育本体价值和体育的终极目标，他们在《体育价值论》中以人文体育价值的兴起与危机贯穿始终，探析了中西方体育价值观的异同，从现代体育人文精神的兴起与价值危机的大背景中，分析了我国现代体育发展历程中体育人文价值缺

① 闫华，闫晓彤，赵超君，等. 对构建身心和谐体育观的解析与思考：无需对立的人文体育观和生物体育观[J]. 河北体育学院学报，2012，26(1)：1—4.

失的原因，提出建构体育人文价值观的建议和对策。应该说，胡小明、吴翼鉴两人此番辩论的重要意义不在于所提出的概念是否准确，所举论据是否充分，而在于引发了学界对体育价值的广泛思考和研究，更为重要的是，这次辩论充当了人文体育价值观出场的先锋。

学者们对人文体育观着墨较多，原因有三：一是受“科学发展观”和“人文奥运”理念的直接推动，人文体育价值观主要体现在体育“以人为本”的潮流中；二是受到反理性主义思潮的推动，如布特认为现代体育的极端科技化带来的体育主体地位的缺失、人身体健康的损害、公平竞争的破坏、兴奋剂的泛滥等问题，是由技术理性和人文精神的分离造成的①；三是社会转型升级的历史背景促使学者们思考体育价值观问题。

马卫平提出了人本体育价值的构想，他在《体育与人：一种体育哲学》一书中从体育研究中的自然科学范式与人文科学范式之争引发对体育中“人”的深思，认为人本体育的核心是“对人的关注、对人尊严的强调、对人价值的肯定”②；书中还通过体育的属人性、为人性和人为性，论证体育与人的自我完善之间的关系，指出体育是人的独特文化形态。该书批判了完整人在体育中被离弃的现象，挖掘了该现象背后的哲学根源——灵肉分离的西方哲学二元论、以理制欲的西方理性主义和宗教禁欲主义、以身抑体的中国传统哲学、社会本位的体育观、自然科学主义体育观。石龙探析了西方人文体育价值观的源流，分析了我国体育缺失人文精神的原因，指出人文体育价值观回归的必然性③；冯霞沿着中西方人文体育观演进的路径，在对比了中西人文精神异同的基础上，从人的完整性本质出发倡导以人的发展为核心的人文体育观，并将之定义为“以人为尺度、以人的发展为终极目的的一系列体育思想、理念”④。

还有一种研究把着力点放在了人文体育价值观的合理性研究上，深入探讨了其哲学基础，为人们全面认识人文体育价值观提供了有力的论证，如蒋德龙提出应以马克思实践哲学为人文体育观的哲学基础等⑤。也有学者以其他理论为基础构建具有长远发展眼光的体育观，如周传志根据科学发展观的理论，

① 布特.和谐体育的哲学探索：现代体育的文化哲学批判与建构[M].北京：北京体育大学出版社，2011：2—3.

② 马卫平.体育与人：一种体育哲学[M].长沙：湖南师范大学出版社，2010：19.

③ 石龙.论西方体育人文价值的演变：兼论我国的缺失与回归[D].广州：华南师范大学，2007.

④ 冯霞.人学视野中的人文体育观研究[M].北京：北京体育大学出版社，2008：27.

⑤ 蒋德龙.价值还是实践：人文体育观哲学基础辨析[J].体育与科学，2012，33(5)：11—15.

提出要树立一种新的体育发展观，即“以人为本，整体协调，追求公正”的体育观①。

总之，在实践状况的改变与认识的深化中，国内外的体育价值取向更加重视人的全面发展，鲜明地表现出在体育中追寻、实现人的生存地位、作用与价值的意向，可将之形容为体育价值的人性化趋向。

三、“新体育”和“新体育观”的基本思路

“新体育观”以重新界定“体育”为切入点，着眼于塑造人作为主体的各种可能性，发展人的能动性。从体育的内涵变化角度，可以把我国体育发展历程分为两个历史阶段：即清末至20世纪中叶的“以学校体育为主力”阶段，和20世纪下半叶至21世纪初的“以竞技运动为统领”阶段。在体育实践的新的历史背景与体育价值认识共同划定的坐标体系中，当前我国体育处于以学校体育为主体、以家庭体育与社会体育为两翼的新的历史坐标，在现阶段把体育界定为“以身体活动为主要形式的教育活动”，将有可能突破“大体育”与“真义体育”争辩的困境，同时实现体育内涵从身体教育被竞技运动遮蔽后的一次新的飞跃，从而形成一种“新体育”认识。

“新体育观”首先以新的体育概念为逻辑起点。历史地看，自我国使用“体育”一词以来，体育的内涵与外延曾发生过两次重大变化。在20世纪30年代以前，我国“体育”主要局限在学校中，指学生身体的自然发育，是“身体教育之简称”②。陈永声的记述也可佐证这种推断，他说：“中国目前的体育设施，差不多只限于学校以内，学校之外几无体育设施之可言。”③1929年4月16日，我国历史上第一部专门的体育法令——《国民体育法》公布，其中规定国民体育由训练总监部会同教育部实施，同时对民间体育会的成立等加以规定。1933年，国民政府教育部成立“体育委员会”，下设学校体育组、社会体育组和研究编审组，这清晰地显示出在民国时期，“体育”即已走出学校，其含义也在“身体教育”之外增加了“竞技”“养生”“健身”“卫国”等内容。但总的来看，在20世纪中叶之前，受经济社会条件的限制，社会体育的实施条件非常有限，《国民体育法》《国民体育实施方案》都没能很好地实施，1941年9月，国民政府公布了修正后的

---

① 周传志.当代中国体育的科学发展观研究[M].北京：北京体育大学出版社，2009：116.

② 吴蕴瑞，袁敦礼.体育原理[M].上海：勤奋书局，1933：9.

③ 陈永声.体育概论[M].上海：商务印书馆，1933：42.

《国民体育法》,规定教育部是全国体育行政的主管部门。可见,学校体育仍是“体育”的主力,“身体教育”仍是“体育”的主要内涵。

中华人民共和国成立之初,改善和提高人们的身体健康水平是体育的目标,由此形成了“健康第一”的教育方针。为快速提高我国竞技运动水平,助力我国国际地位的提升,1959 年《政府工作报告》中正式提出“普及与提高相结合”的体育工作方针,在这一方针的指导下,我国出现了社会体育、学校体育和竞技体育三种“体育”并存的局面,并在 1995 年实施的《中华人民共和国体育法》中被法定化。可以说,中华人民共和国成立后的体育实践反映出在 20 世纪下半叶“竞技体育”居于我国“体育”的核心地位,“大体育观”在理论界也长期居于统领地位。也就是说,一方面,学校体育主要以“健康第一”教育方针为导向,随着对“健康”认识的不断深入,“体育”也从身体的健康拓展为身体的、心理的、精神的和社会的等注重人身、心协调完满的一种状态;另一方面,主要受到国际竞技运动发展的推动和我国“体育”发展的实际需要,“体育”已经兼有“physical education”“physical activity”“physical training”“phyaical recreation”“physical culture”“sport(s)”等的意义,并呈现出以“sport(s)”为主导的面貌。

由此可见,我国“体育”从无到有,从进入学校到走出学校,已从“身体教育”发展为与身体活动有关的一切影响人身心的活动形式(见表 8-2):

表 8-2 我国“体育”内涵与外延的演变

时　期	“体育”的内涵	“体育”的外延
清末至 20 世纪中叶	身体教育	主要是学校体育,已有学校体育与社会体育、竞技运动相分离的趋势
20 世纪下半叶至 21 世纪初	身体、心理、精神和社会适应能力教育	以竞技运动为统领,学校体育与社会体育同时发展

在 2008 年北京奥运会上,我国登上了竞技运动的“王座”,实现了体育大国之梦,接下来的历史任务是从体育大国向体育强国发展,历史的重担从竞技运动转移到了学校体育上。其实,早在 2000 年 12 月,为贯彻落实《中共中央国务院关于深化教育改革,全面推进素质教育的决定》,教育部颁布了中、小学《体育与健康教学大纲》(试用修订版)和高中《体育与健康教学大纲》(试验修订版),中小学“体育课”更名为“体育与健康课”,出现了我国现代意义上的学校体育课程名称的第二次变化(第一次变化是在民国时期将“体操”更名为“体育”),标志着我国学校体育改革进入新的历史时期。此后,《关于进一步加强学校体育工作切实提高学生健康素质的意见》《关于加强青少年体育增强青少年体质的意

见》《关于进一步加强学校体育工作若干意见的通知》与《关于强化学校体育促进学生身心健康全面发展的意见》相继出台，学校体育的育人价值逐渐从竞技、娱乐、养生、健身中凸显出来。

我国体育在经历了"以学校体育为主力""以竞技运动为统领"的两个阶段之后，已经进入了全面反思"体育是什么""体育应当如何发展"的新时期。其中，学校体育中归属于竞技体育的部分是实现与精英竞技进行连接与互动的结合部①，体教融合是转变我国竞技体育发展方式，破除体制性障碍，借鉴世界体育强国相关经验的必然②，中国未来的体育人口必须首先在校园中培养等均反映出我国体育进入新的发展阶段后的历史反思与诉求③。

逻辑地看，现有"体育"的争议主要是在"真义体育"与"大体育"之间当作何取舍。张天白在考证史料中发现，古希腊人已经开始有意识地区别人的不同身体活动形式，他指出"竞技术强调运动技术的指导，并以饮食等生活制度增加体力、体重，来适合运动和训练的需要，着眼于运动技能的提高"，"体操术以所有自由民为对象，根据医学知识对不同年龄、不同身体状况进行合理运动、卫生保健的指导，着眼于运动对身体健康的实际效果"④，可见，作为以获奖为目的的身体形式的"竞技术"(paidotritike)与以提高身体素质为目的的"体操术"(gymnastiké)在古希腊就已分道扬镳了。古希腊名目繁多的赛会是推动竞技术的发展的现实动力，为了获奖而参赛的人被称为"竞技者"(athlete)，也就是现在所说的"运动员"；而那些教授儿童的体操家则是指"……掌握了运动方面的知识(医学知识)、追求健康目的的智者(Sophist)"⑤。因此在很长的时期内，体操术被归为卫生学之中。

古希腊对竞技术和体操术的区别主要是对象和目的上的区别。竞技术的对象是参加竞技赛会的职业运动员，通过较为专业的训练提高竞技能力和水平，以赢得比赛为直接目的和最终目的；体操术的对象是全体自由民，即所有"人"，所用手段综合了现在所称医学、运动学等多学科的知识，其直接目的是提高自由民的身体健康，最终目的是为城邦培养具备德性的公民。古希腊实际区

---

① 辜德宏.我国竞技体育发展方式转变的逻辑起点辨析[J].天津体育学院学报，2015，30(5)：383—387.

② 吴建喜，池建.论我国竞技体育发展方式转变中体教结合向体教融合的嬗变[J].北京体育大学学报，2014，37(4)：88—93.

③ 张正民，陈宁.我国学校体育发展方式转变的现实诉求与理论导向[J].北京体育大学学报，2015，38(12)：88—94.

④⑤ 张天白.古代"体操"语义的演变[J].体育文史，1992(2)：9—11+16.

别竞技术和体操术的意义在于，竞技运动和体育具有天然的联系，它们都展现出身体活动的形式，并辅以运动、训练、医学、卫生、饮食等多方面的知识。但是，竞技运动以参加竞赛为目的，其直接受众只能是具有较高运动能力和水平的少部分人；体育则不然，体育以所有人为直接受众，并根据年龄、性别、身体状况制订不同的运动和训练方案，竞争和参与都是体育的应有之义，却不是体育的目的。

现在，国外通常都是将"sport(s)"与"physical education"独立或并列使用，并没有一个总概念。参照D.安德森著作中的释义，"sport(s)"是"具有竞争性的身体活动或游戏形式"，其"目的是使用、保持或提高身体能力和技能，同时为参与者提供一种享受，并在某些情况下娱乐观众"，"比赛或游戏的双方都试图胜过对方"；"physical education"或称为"physical training"(PT)，指"与人体体质有关的教育课程"，其目的是"促进健康"，加拿大、法国、英国、新西兰、澳大利亚、日本、瑞典、西班牙等国家均以不同的课程内容实施体育。日本学者也从目的上加以区分体育和运动，他们认为"体育和运动都是锻炼身体的活动，虽然活动的强度有强弱的差别，但是几乎是同一种类型的身体活动。由于学校体育把运动作为内容和教材来教授，很难说是在开展性质不同的身体活动"。因此，加入目的和时间这两个考察因素后，"体育活动的结果(也就是预期价值的实现)，是期待在活动结束后的收获"，体育的目的不仅蕴藏在身体活动之中，而且还会在活动之后继续发挥着作用。以此管窥国外的相关研究，或许是受古希腊对竞技术和体操术分别的影响，基本没有出现将"sport(s)"与"physical education"混淆使用的状况。

根据陈村富的研究，在古希腊语中，"physical"的词根"physis"指"依靠自己的力量而成长的东西，即'天生的'、'自然而然的'。和它相对应的是'techne'，即'制造术'"①。樊杰分析认为，"physical activity"在词源学上的本意指的是人之自然生命力量的活动，而"physical education"则指的是依据人之自然而然的生命力量而进行的教育，倘若追溯到这一本源性的词义，那么，体育的教育性和运动性在这个层面上就得到了统一②。樊杰的这一论述表明，"体育"与"运动"本无矛盾，不过是在社会历史发展中的分化形态和价值指向发生了变化而已。如果因强调体育不同于他者的运动形式而合起来称作"体育运动"，貌似兼而有之，实际上也是画蛇添足，试想，哪有不动的"体育"呢？

---

① 陈村富.希腊原创文化及其观念[J].浙江大学学报：人文社会科学版，2003，33(3)：5—12.

② 樊杰.体育作为教化之源：古希腊体育的教化意义[D].长沙：湖南师范大学，2011.

再从“physical education”的本质属性的角度来看，以美国社会对 PE 内涵解读的变化为例，有一个从“针对身体的教育”（education of the physical），转向“通过身体的教育”（education through the physical），现又转向“在身体内的教育”（education in the physical）的过程[①]，不过始终未变的是，PE 的“身体运动”和“教育”未曾脱离，连坚持“大体育”的熊斗寅都承认“体育的本质必须从教育和文化两个范畴来认识”[②]。甚至有些人为了要把“体育”和“教育”结合起来，创造出“体育教育”这么一个“四不像”的词来，这样一来，“体育”中的“育”岂不是成了摆设？再说，如把“physical education”说成“体育教育”，“physical”岂不是要译为“体育”，这是说不通的，韩丹、张洪潭都曾批判[③]，胡科等人也从词语构成的角度进行了分析，指出：“‘教育’本身就包含在体育之中，预设为体育的应有之意。既然结果包含于前提之中，也就不需要任何外在的经验来验证教育是体育之本质了，本质早就在名称中被赋予了。”[④]

“体育”的本质是教育，竞技（sport）、锻炼（exercise）、训练（training）、比赛（game）、娱乐（leisure）等都是其主要表现形式，是具有与“体育”相同形式的社会活动，它们是考察体育的现象之维，以其中之一的特征替代体育的全貌，并试图抽离体育的本质是不可取的。同时可以看出，历史上曾论及的“体育的教育化”本质上是身体活动形式的教育化，至于哪些身体活动形式能成为教育资料，则要经过“一般文化——有文化价值的文化——合乎一定社会需求的文化——适合教育过程的文化”这样一个抉择和提炼的过程[⑤]。把体育的本质归入教育，虽不能被所有人接受，却是可以通过历史来论证的，这并非只是词源意义上的考证，而是在有意义的历史资料中建立起来的逻辑基础，已经超越了操作层面的认识。因此，不是硬生生地把体育拉进教育的大门，而是教育必然地会把一切影响人身心发展的内容纳入其中，体育以其影响人身心发展的特殊性质必然地属于教育的范畴。

当然，此处还应交代一下“教育是什么”。叶澜曾对教育作出过一个描述性

---

① 覃立. 论“Physical Education”的第三种解读：“Education in the Physical”[J]. 北京体育大学学报，2015，38(4)：111—117.

② 熊斗寅. 什么是体育[J]. 体育文史，1996(5)：8—10.

③ 参见韩丹的《“体育”就是“身体教育”：谈“身体教育”术语和概念》（《体育与科学》2005 年第 26 卷第 5 期）、张洪潭的《体育概念研究进展》（《体育与科学》2011 年第 32 卷第 3 期）。

④ 胡科，虞重干. 真义体育的体育争议[J]. 南京体育学院学报：社会科学版，2010，24(4)：59—62.

⑤ 陈桂生. 教育原理[M]. 3 版. 上海：华东师范大学出版社，2012：22—24.

定义，即“教育是有意识的以影响人的身心发展为直接目标的社会活动”①。为避免教育概念的泛化，叶澜从“教育活动”与“教育影响”的区别着手，认为“不强调‘有意识’，就又会把教育回归为个体的全部社会生活，使教育又成为一种漫无边际、无法把握的社会存在”，教育“以对人的身心的发展产生影响为直接目标”便与“以保护人的身心健康、抵御疾病对人的身心危害为直接目标的医疗活动”“以满足人的各种需要为直接目标的社会服务活动”有了根本区别②。显而易见，教育只是人类实践中的一个系统，体育是教育系统中的一个子系统。把体育归入教育，便不会陷入“体育是实践活动”“体育是文化活动”的泛泛而谈中去。

如果“体育”的属概念是教育，“体育”区别于德育、智育、美育的种差又是什么呢？周爱光曾说“体育”的种差是“身体活动”③，但我们要说明的是，为什么要用“身体活动”(physical activity)，而不是“身体运动”。通常大家使用的“运动”所对应的英文“sport”翻译为汉语其实应该是“竞技”，王学峰从美国大学体育专业学生必读书目《体育与竞技——现代导言》(《*Physical Education and Sport: A Contemporary Introduction*》)中“physical education”和“Sport”概念的显著差异出发，指出“Sport 一词的真正含义就是竞技”④。而在哲学中，“运动”(motion)却是一个可以涵盖“活动”(action)的术语。根据辩证唯物主义原理，“运动”是一切物质的存在形式，“活动”是由主体心理成分参与的一种积极主动的运动形式，或许有人会问，种地、打猎不都是身体活动吗？我们要说，前面已经把体育界定在了教育的范畴内，它已经与物质生产劳动区别开来了，此处的身体活动是用以区别德育、智育、美育的种差。

“体育”是指以身体活动为主要形式的教育活动。需要说明的是：

第一，现在所指的“体育”并不是“身体教育”的简称，也不是“真义体育”的翻版。受身体哲学的影响，国内教育界所论及的“身体教育”已经远远超出了 PE 的范畴，其内涵也不只是“增强体质”。

第二，现在所指的“体育”大体上包括通常所说的学校体育、家庭体育和社会体育，通常所说的学校体育是狭义的体育，是制度化的、典型的体育形态。通常所说的竞技体育(为避免误解，文中表述为“竞技运动”)因在对象和目的上均

---

① 叶澜. 教育概论[M]. 北京：人民教育出版社，2006：10.

② 叶澜. 教育概论[M]. 北京：人民教育出版社，2006：10.

③ 周爱光. 体育本质的逻辑学思考[J]. 武汉体育学院学报，1999(2)：19—21.

④ 王学锋，田玫，彭成，等. 对体育概念的基本认识与思考：兼评《体育与竞技——现代导言》(英文版)[J]. 体育学刊，1996(3)：52—55.

与“体育”有根本区别，并不在“新体育”之内。

第三，我国体育在经历过学校体育为主力、竞技体育为统领的阶段后，已经步入了更加重视人的共性与个性、身体与心灵全面协调发展的新时期。因此，根据否定之否定原理，“体育”必然会在超越“身体教育”和被竞技运动遮蔽中再次实现飞跃，是不同于“真义体育”与“大体育”的一种“新体育”。

至此，“新体育观”可以总结为：在以身体活动为主要形式的教育活动中，以培育人的主体性为目的的价值观。

四、“新体育观”的实现条件

“新体育观”的提出坚持了历史与逻辑的统一，其实现也有赖于寻找我国体育发展新的历史坐标。我国体育在经历过学校体育为主力、竞技运动为核心的两个阶段后，发展的总体趋势是从培养竞技运动员向培养具有终身体育意识与能力的社会成员转变，在全社会形成“天天锻炼、健康成长、终身受益”的良好风气。因此，我国体育新的历史路径是通过学校体育的系统性培养，将家庭体育与社会体育连接起来，具体而言就是以学校体育为主体、以家庭体育与社会体育为两翼的“一体两翼”路径。在当前时期，“新体育观”的实现需要具备三个重要的条件。

（一）莫谈“体教结合”与“教体结合”，重塑体育价值认识

联合国教科文组织的著名报告《学会生存：教育世界的今天和明天》曾指出：“体育并不是在理论上有什么不足之处，而是受损于人们对它的漠不关心，这种不关心体育的现象实际上仍然是非常普遍的。”①重塑体育价值认识就是要改变人们这种漠不关心体育的态度。人们的体育价值认识如何，是影响达成体育价值共识的主观条件，“新体育观”的实现在很大程度上取决于人们在体育价值认识和参与体育方面的努力程度。因此，重塑体育价值认识就显得尤为必要。

在我国，“体教结合”是在把竞技运动作为体育的前提下，为扩充竞技运动后备人才队伍而实施的改革业余体校与体工队的一系列措施。因竞技运动隶属于体育部门（国家体育总局）、教育隶属于教育部门（教育部），故把二者结合称为“体教结合”。该措施实施后造成了体育系统把教育系统作为运动员的退

① 联合国教科文组织国际教育发展委员会．学会生存：教育世界的今天和明天[M]．华东师范大学比较教育研究所，译．北京：教育科学出版社，1996：98．

出机制，教育系统把运动员作为拔高竞技比赛成绩的手段，事实上“……体育系统仍然是主体，体育仍然游离于教育之外，而且进一步助长了体育忽略教育的趋向”①。为了改变这种状况，保证我国竞技运动队伍的可持续发展，各级运动队分别与高校、中学与小学对接，教育部门开始承担更多的培养运动员的责任，这种由教育系统担纲的模式被称为“教体结合”。“教体结合”的内涵是“体育回归教育本原，以教育系统为主导，结合体育系统的资源优势来培养全面发展的高素质竞技体育后备人才，并通过这一培养机制的过渡逐步实现我国竞技体育体制的改革”②。阳艺武与刘同员的这一见地颇有深意。

不过，我们要指出的是，如果不改变竞技运动是体育的固有观念，不论“体教结合”还是“教体结合”，后奥运时代所提出的如何发展体育（其实是指竞技运动）都是拿教育为竞技运动作嫁衣，最终牺牲掉的还是体育。因此，不是“体教结合”，也不是“教体结合”，而应是“体竞结合”。在探索体育与竞技运动如何结合的道路上，已经培养出众多足球运动员的北京市回民学校所提供的经验是，不对足球特长生贴标签，不把他们作为特殊群体单独授课，而是只有在课余和周末对之开展训练活动，这样，足球特长生将会付出更多的时间与精力，也会更加珍惜训练的机会，更容易提高他们的足球运动水平。

过去那种以选拔竞技运动员为目的的选拔性体育出口单一化，选拔性体育尤其与基础教育阶段的公平性相违背，这种选拔机制忽视了道德、知识层面的培养。这些学生貌似享受了权利，实则是损失了更多了自由。选拔性体育在价值观念上的不良影响是，人生定向与人的超越性的背离，不仅没有超越可感的世界，反而沦为现实的帮凶，这样的体育只关注人现在怎么样，从不关心人今后怎么样。把体育的育人价值降低为一种追求现实利益的工具，是体育沦落的价值根由。实用化目标毁了人们对体育于人身心发展的意义，终将会引起人们对体育的拒斥。

“新体育观”就是要改变这种行将没落的价值承诺，体育价值的特殊性在于不是直接把人培养成为什么样子，而是为人成为人提供可能，“为一个尚未存在的社会培养着新人”③，全面发展的人只有在丰富的主体活动中才能出现。让所有的受教育者都能接受同样的教育，教育不是为了给学生提供一份具体可见

---

① 阳艺武，刘同员.“体教结合”与“教体结合”的内涵解读[J].体育学刊，2009，16(5)：45—48.

② 阳艺武，刘同员.“体教结合”与“教体结合”的内涵解读[J].体育学刊，2009，16(5)：45—48.

③ 联合国教科文组织国际教育发展委员会.学会生存：教育世界的今天和明天[M].华东师范大学比较教育研究所，译.北京：教育科学出版社，1996：36.

的职业，其基本的目标：一是把高水平运动员作为受教育者的一分子；不能实施为他们人生规定所谓出路的教育，况且这种教育是只培养运动员的教育，它比起智育所提供的更为广阔的就业空间来说，未来职业毫无选择性可言，违背了人的自由意志；二是大多数受教育者还困顿在智育第一的教育环境中不能自拔，要让所有的学生受到体育、智育、德育、美育平衡协调的教育。体育一旦陷入竞技运动中，便会出现以运动训练为主要内容的脱离"育"只谈"体"的境地；体育一旦脱离教育，便会出现以智育为主要内容的脱离"体"只谈"育"的状况，这二者都是不可取的。

"新体育观"还要改变过去的价值标准。我们要学习杜威那种用教育检验哲学，检验政治、经济、文化的思维，摒弃用政治、经济等现实的、物质的利益权衡体育得失的思路。杜威这样论述道："哲学就像是谨慎付诸实践的教育理论。""我们能够给哲学下的最深刻的定义就是，哲学是最普通意义的教育理论。"体育的价值标准不仅表明体育这一人类活动一定是有价值的行动，而且还要表明体育是以身心发展为内容的理性思考后的有价值的行动。意即，体育价值不能仅以满足了人的需要为标准，而是一定要包含着人期望在体育活动中能够得到哪些方面的满足，以及怎样满足，这才是体育价值的"应然"所指。

（二）修改现行体育法规，改革现行体育制度

现行《中华人民共和国体育法》于 1995 年颁布实施，为我国发展体育事业、增强人民体质、提高竞技运动水平发挥了积极的历史作用。该部法律除总则与附则外，另有社会体育、学校体育、竞技体育、社会团体、保障条件、法律责任六章内容。根据现行《中华人民共和国体育法》的规定，社会体育由国家及地方各级人民政府保障实施，学校体育由教育部门和学校管理、实施，竞技体育由国务院体育行政部门管理、组织，这样分类的实际作用是以三足鼎立之势相互促进，共同发展。然而，在竞技体育一家独大，社会体育欣欣向荣之际，学校体育却不见起色，极大地阻碍了我国体育事业的发展，暴露出现行法律法规的历史局限。

现在，有关修改《中华人民共和国体育法》的声音渐次出现，却都还局限在竞技运动统领体育的认识中，这样推进的市场化、职业化、产业化和社会化忽略了体育的教育本质，模糊了体育作为教育事业的本质。而学界一再错把竞技当作体育，体育才被牵着鼻子走，才有了"让体育回到教育"一说，所以，不是"让体育回到教育"，而是让不是体育的那些东西从体育中剔除出去。

因此，本书建议改《中华人民共和国体育法》为《中华人民共和国体育与竞技运动法》，将现有社会体育、学校体育和竞技体育的"三分法"改为体育与竞技

运动"二分法",再在体育之内设家庭体育、学校体育和社会体育,从而在法律上为贯通家庭体育、学校体育和社会体育扫清障碍。在管理体制上,体育由政府教育部门、学校和家庭管理、实施,竞技运动在政府的主导下逐步推进市场化与社会化。

从传统体育大国俄罗斯的体育制度改革中,我们也可洞察竞技运动与体育分离的趋势,获得体育改革的启示。回顾历史,苏联曾与欧美主要国家长时间抗衡,竞技运动作为相互较劲的工具在苏联"举国体制"下迅速崛起,在 1952 年至 1988 年间,苏联共参加了 18 届夏季奥运会和冬季奥运会,其中,共 14 次登上金牌榜首位,成为我国兴办竞技运动的直接效仿模式。但其弊端是"'举国体制'的精髓就是'精英化'和'唯金牌论',为了争夺奥运金牌,国家利用垄断的、不受监督的权力,集中财力和人力,选拔培训运动员",运动员低龄化、运动员教育片面化、竞技运动从业群体的腐败化使"举国体制"难以为继。苏联解体后,失去"举国体制"庇护的竞技运动从业群体四处流散,竞技运动跌入低谷。1999 年,俄罗斯再次进行体育制度改革,恢复国家体委,在政府的主导下振兴大众体育和推进青少年体育来为竞技运动奠定坚实基础,目前,俄罗斯已经重新进入体育强国之列。俄罗斯的体育制度改革通过政府与市场的有机结合,把业余体校改革为面向大众提供系统运动训练的场所,打破了对象单一、目标功利的模式,青少年从事竞技运动事业少了国家强制力与金牌的控制,多了选择的自主权与行动的自由空间。从法律和制度上着手改革,就是要理顺关系、转变职能,从法律和制度层面提高人们的体育价值认识。

(三) 实施"一体两翼"的体育发展策略

从理论上讲,家庭体育、学校体育和社会体育具有同等的重要性,在人一生的不同阶段发挥不同的作用,因此,不适宜在价值上进行排序。但从现有的情况来看,如何把学生从题海中解放出来,如何把学生从补习班中解放出来,如何把学生从教室中解放出来,是整个教育系统的难题。突破法律和制度的阻力,仅是体育改革需要迈出的第一步,体育未来前景的美好必须依靠家庭、学校和社会的共同努力才能实现。

家庭体育与社会体育需要全体社会成员较为清晰的体育价值意识、较高的参加体育活动的自觉性。目前,我国家庭体育与社会体育的发展尚不具备这样的主观条件。要知道,人就应该自觉自主地去跑步、跳操、打球等,唯有真正参与进去,才能体会其中的快乐与痛苦,人不能惧怕在体育中可能会遇到的痛苦,腰酸腿痛不过是对自己懒惰的一种警告,没有跑过 5 公里的人是不可能体会到达5公里终点时的喜悦与自豪的。现在，人们还缺乏“我应当参加体育活动”的认识，因为没有人会强制人们，没有人会用是否参加体育活动，以及参加体育活动的效果来评价人的社会地位和社会名望。另一个制约家庭体育和社会体育发展的因素是，我国家庭以核心家庭为主，社会体育的组织机构还处于起步阶段，体育场地与设施还不到位，还不能有效填补“家庭教育与抚养经验上的真空”[①]，也就是说，家庭体育尚在培育阶段，社会体育还未能发力，借制度之手发展学校体育带动家庭体育和社会体育便是适宜策略。

提出由学校体育带动家庭体育、社会体育的原因还在于，我们提出主体性体育价值的旨意是把受教育者当作体育主体，切实开展主体性的体育，因为从教育的时代背景来看，“教育比任何时候都更处于人和社区发展的关键位置。教育的任务是毫无例外地使所有人的创造才能和创造潜力都能结出丰硕的果实，这就要求每个人都有自我负责和实现个人计划的能力”[②]。苏霍姆林斯基说“自我教育的实质就是要善于强制自己”[③]，“促进自我教育的教育才是真正的教育”[④]，受教育者自我认识、自我管理、自我锻炼、自我检验、自我肯定达到什么程度，他的自我教育就达到什么程度，他的主体性就达到什么程度，也即“受教育的人必须成为教育他自己的人；别人的教育必须成为这个人自己的教育”[⑤]，受教育者才能在教育中成为一个真正的“人”。但是，自我教育是从自我认识开始的，自我认识并不是孤立的、个体的沉思，而是在世界与自己的交互关系中逐渐培养起来的，集体或共同体就是这种交互关系产生的良好居所。正如苏霍姆林斯基所说：“如果没有集体的高标准要求，没有对每个少年的道德面貌、劳动和品行的公众评价，那么少年的自我认识是谈不到的。”[⑥]因此，强制性地培养人从事体育的自主自觉性就变得尤为重要，如果所有的学校都能像清华大学那样喊出“无体育，不清华”的口号，做到每天下午四点至七点为强制性体

---

① 陈桂生. 教育原理[M]. 3版. 上海：华东师范大学出版社，2012：132.

② 教育：财富蕴藏其中：国际21世纪教育委员会报告[M]. 联合国教科文组织总部中文科，译. 北京：教育科学出版社，1996：6.

③ 瓦·阿·苏霍姆林斯基. 少年的教育和自我教育[M]. 姜励群，吴福生，张渭城，等，译. 北京：北京出版社，1984：237.

④ 瓦·阿·苏霍姆林斯基. 少年的教育和自我教育[M]. 姜励群，吴福生，张渭城，等，译. 北京：北京出版社，1984：100.

⑤ 联合国教科文组织国际教育发展委员会. 学会生存：教育世界的今天和明天[M]. 华东师范大学比较教育研究所，译. 北京：教育科学出版社，1996：200.

⑥ 瓦·阿·苏霍姆林斯基. 少年的教育和自我教育[M]. 姜励群，吴福生，张渭城，等，译. 北京：北京出版社，1984：102.

育锻炼时间不排课的决策，增强学生体质便不是水中月、镜中花。此时，强制性就化身为彰显人主体性的手段，而不是限制人主体性的工具。

不要忽略了教育系统的相对自主性①，不论现在，还是将来，学校作为“……向年轻一代有条不紊地施行教育所设计的机关，在培养对社会发展有贡献并在生活中起着积极主动作用的人方面以及在训练人们适当地准备从事工作等方面”，“仍然是具有决定性的因素”②。从学校体育抓起，就是要充分认识到学校能为青少年提供更为适宜的体育活动时间、空间、场地和设施、系统的教学方案和教学方法；从学校体育抓起，就是从青少年抓起，通过他们带动家庭、社会对体育的自觉参与。更为长远的是，现在的青少年将是今后家庭体育和社会体育的主导者，学校体育不仅会塑造青少年对体育的实质性认识，还会形成青少年对自己在体育中的角色的未来理解，这样就会形成代际之间的良性循环，从而带动家庭体育和社会体育的协调发展。促进体育发展从学校体育入手，正是通过制度化体育的辐射作用，把学生吸引到操场上来，使学生更主动、更自觉地参加体育活动。当家长与学生都树立终身体育的理念并愿为之付诸行动后，家庭体育才能发挥作用，社会体育才能有效果，体育才有可能贯穿人的一生。

体育融入生活是体育发展的最高阶段。发展体育，决不能忽视家庭和社会的力量，美国在 2005 年前全国人口接近 3 亿，每年有超过 7 000 万家长、350 万教练员和 3 000 万～3 500 万年龄在 3～14 岁之间的儿童参与青少年体育活动③，德国早已设有“家庭体育奖章”制度，法国也设有“大众体育奖状”制度，重视家庭体育、学校体育和社会体育的同步发展已成为世界各国在实施终身体育战略上的共识，“当家长、教师、学生以及其他人能将彼此视为教育合作伙伴时，那么一个围绕儿童的交叠影响域就会形成并发挥作用”④。安妮·杰薇特(Anne Jeweet)在论及体育课程建设时指出，当代体育课程的焦点是如何把短期效应转化为长期生活方式，竞技运动与体育(sports and physical education)

① 阿普尔，等. 国家与知识政治[M]. 黄忠敬，刘世清，王琴，译. 上海：华东师范大学出版社，2007：81.

② 联合国教科文组织国际教育发展委员会. 学会生存：教育世界的今天和明天[M]. 华东师范大学比较教育研究所，译. 北京：教育科学出版社，1996：15.

③ 丹尼尔·科维尔，纱里安妮·沃克，朱莉·西西利亚诺，等. 体育产业组织管理：对绩效负责[M]. 钟秉枢，李久全，于立贤，等，译. 北京：清华大学出版社，2005：81—82.

④ 吴重涵，张俊，王梅雾. 是什么阻碍了家长对子女教育的参与：阶层差异、学校选择性抑制与家长参与[J]. 教育研究，2017(1)：85—94.

都应提供生活方式所需要的多种可能性，这是体育在提高与健康相关的体能与运动技能之外，朝向个人目标、社会发展与多元文化的价值追求。因此，学校体育课程的多样性要与人们当前的生活方式相适应，为学生毕业后将所学内容转化为自己的生活内容作准备。

现在，我国社会正处于转型升级时期，新的历史条件为体育的发展提供了新的机遇，采取"一体两翼"的路径将有助于青少年借助在学校中受到的体育养成终身可用的正确的体育认知、一定的体育技能、良好的身体锻炼习惯和审美意识；采取"一体两翼"的路径有助于我国体育早日完善制度化体育，并融入人们的日常生活，成为人们的生活方式。届时，"新体育观"将完成其历史使命，被另一种更加符合我国体育新实践的体育观所取代，到那时，我国体育必然呈现出一番新的景象。

参考文献

图书类

[1] 石里克. 伦理学问题[M]. 张国珍,赵又春,译. 北京:商务印书馆,1997.

[2] 恩斯特·卡西尔. 人论[M]. 甘阳,译. 上海:上海译文出版社,2014.

[3] 伽达默尔. 科学时代的理性[M]. 薛华,等,译. 北京:国际文化出版公司,1988.

[4] 阿诺德·盖伦. 技术时代的人类心灵:工业社会的社会心理问题[M]. 何兆武,何冰,译. 上海:上海科技教育出版社,2008.

[5] 黑格尔. 法哲学原理[M]. 范扬,张企泰,译. 北京:商务印书馆,2010.

[6] 黑格尔. 哲学史讲演录:第 1 卷[M]. 北京:商务印书馆,1959.

[7] 列宁选集:第 4 卷[M]. 中共中央马克思恩格斯列宁斯大林著作编译局,编译. 3 版修订版. 北京:人民出版社,2012.

[8] 路德维希·费尔巴哈. 费尔巴哈哲学史著作选:第 1 卷[M]. 涂纪亮,译. 北京:商务印书馆,1978.

[9] 马克思. 1844 年经济学哲学手稿[M]. 中共中央马克思恩格斯列宁斯大林著作编译局,编译. 北京:人民出版社,2014.

[10] 斯宾格勒. 西方的没落[M]. 张兰平,译. 沈阳:万卷出版公司. 2015.

[11] 雅斯贝尔斯. 什么是教育[M]. 邹进,译. 北京:生活·读书·新知三联书店,1991.

[12] 库济辛. 古希腊史[M]. 甄修钰,张克勤,张淑娟,等,译. 呼和浩特:内蒙古大学出版社,2013.

[13] 保尔·朗格朗. 终身教育引论[M]. 周南照,陈树清,译. 北京:中国对外翻译出版公司,1985.

[14] 丹纳. 艺术哲学[M]. 曹园英,编译. 西安:陕西人民出版社,2007.

[15] 顾拜旦. 奥林匹克理想:顾拜旦文选[M]. 詹汝琮,邢奇志,等,译. 北京:

奥林匹克出版社,1993.
[16] 卢梭. 爱弥儿:论教育[M]. 李平沤,译. 北京:人民教育出版社,2001.
[17] 卢梭. 社会契约论[M]. 李平沤,译. 北京:商务印书馆,2011.
[18] 孟德斯鸠. 论法的精神[M]. 申林,编译. 北京:北京出版社,2012.
[19] 瓦诺耶克. 奥林匹克运动会的起源及古希腊罗马的体育运动[M]. 徐家顺,译. 天津:百花文艺出版社,2006.
[20] 韦尔南. 古希腊的神话与宗教[M]. 杜小真,译. 北京:生活·读书·新知三联书店,2001.
[21] 韦尔南. 希腊思想的起源[M]. 秦海鹰,译. 北京:北京大学出版社,1996.
[22] 柏拉图. 理想国[M]. 郭斌和,张竹明,译. 北京:商务印书馆,1986.
[23] 普鲁塔克. 希腊罗马名人传:上册[M]. 陆永庭,吴彭鹏,等,译. 北京:商务印书馆,1990.
[24] 色诺芬. 回忆苏格拉底[M]. 吴永泉,译. 北京:商务印书馆,2017.
[25] 亚里士多德. 尼各马可伦理学[M]. 廖申白,译注. 北京:商务印书馆,2003.
[26] 亚里士多德. 雅典政制[M]. 日知,力野,译. 北京:商务印书馆, 1959.
[27] 亚里士多德. 政治学[M]. 高书文,译. 北京:中国社会科学出版社,2009.
[28] 阿普尔. 全球危机、社会公平和教育[M]. 李慧敏,译. 北京:中国政法大学出版社,2012.
[29] 阿普尔. 文化政治与教育[M]. 阎光才,等,译. 北京:教育科学出版社,2005.
[30] 埃里希·弗洛姆. 人类的破坏性剖析[M]. 李穆,等,译. 北京:世界图书出版公司北京公司,2014.
[31] 奥兹门,克莱威尔. 教育的哲学基础:第七版[M]. 石中英,邓敏娜,译. 北京:中国轻工业出版社,2006.
[32] 邦克. 世界是开放的:网络技术如何变革教育[M]. 焦建利,主译. 上海:华东师范大学出版社:2011.
[33] 本杰明·史华兹. 古代中国的思想世界[M]. 程钢,译. 南京:江苏人民出版社,2014.
[34] 波默罗伊,等. 古希腊政治、社会和文化史:第 2 版[M]. 傅洁莹,龚萍,周平,译. 上海:上海三联书店:2010.
[35] 伯茨. 西方教育文化史[M]. 王凤玉,译. 济南:山东教育出版社,2013.

[36] 布鲁巴克. 教育问题史[M]. 单中惠，王强，译. 济南：山东教育出版社，2012.
[37] 弗莱德·R. 多尔迈. 主体性的黄昏[M]. 万俊人，朱国钧，吴海针，译. 上海：上海人民出版社，1992.
[38] 弗兰克·梯利. 西方哲学史[M]. 贾辰阳，解本远，译. 北京：光明日报出版社，2014.
[39] 汉密尔顿. 希腊的回声[M]. 曹博，译. 北京：华夏出版社，2014.
[40] 库姆斯. 世界教育危机[M]. 赵宝恒，李环，等，译. 北京：人民教育出版社，2001.
[41] 拉·巴·培里. 现代哲学倾向[M]. 傅统先，译. 北京：商务印书馆，1962.
[42] 马文·佩里. 西方文明史：上卷[M]. 胡万里，王世民，姜开君，等，译. 北京：商务印书馆，1993.
[43] 威廉·弗格森. 希腊帝国主义[M]. 晏绍祥，译. 上海：上海三联书店，2005.
[44] 小原国芳. 小原国芳教育论著选：下卷[M]. 刘剑乔，由其民，吴光威，译. 北京：人民教育出版社，1993.
[45] 佐藤学. 课程与教师[M]. 钟启泉，译. 北京：教育科学出版社，2003.
[46] 雅各布·布克哈特. 意大利文艺复兴时期的文化[M]. 何新，译. 北京：商务印书馆，1979.
[47] 皮亚杰. 发生认识论原理[M]. 王宪钿，等，译. 北京：商务印书馆，2009.
[48] 雅各布·布克哈特. 希腊人和希腊文明[M]. 王大庆，译. 2版. 上海：上海人民出版社，2012.
[49] 凯洛夫. 教育学[M]. 沈颖，南致善，等，译. 北京：人民教育出版社，1953.
[50] 拉斯洛·孔. 体育运动全史[M]. 颜绍泸，译. 北京：中国体育史学会，1985.
[51] 乔治·马尔库什. 马克思主义与人类学：马克思哲学关于"人的本质"的概念[M]. 李斌玉，孙建茵，译. 哈尔滨：黑龙江大学出版社，2011.
[52] 维柯. 新科学[M]. 朱光潜，译. 北京：人民文学出版社，1986.
[53] A. R. 拉德克利夫-布朗. 原始社会结构与功能[M]. 丁国勇，译. 南昌：江西教育出版社，2014.
[54] J. S. 密尔. 代议制政府[M]. 汪瑄，译. 北京：商务印书馆，2009.
[55] W. C. 丹皮尔. 科学史及其与哲学和宗教的关系[M]. 李珩，译. 北京：商

务印书馆,2009.

[56] 阿克顿. 自由与权力[M]. 侯健,范亚峰,译. 南京:译林出版社,2014.

[57] 埃蒙·坎尼夫. 城市伦理:当代城市设计[M]. 秦红岭,赵文通,译. 北京:中国建筑工业出版社,2013.

[58] 安东尼·吉登斯. 现代性与自我认同:现代晚期的自我与社会[M]. 赵旭东,方文,译. 北京:生活·读书·新知三联书店,1998.

[59] 基托. 希腊人[M]. 徐卫翔,黄韬,译. 上海:上海人民出版社,1998.

[60] 莱士列·斯蒂文森. 人学的世界[M]. 李燕,赵健杰,译. 北京:中国人民大学出版社,1992.

[61] 罗素. 西方哲学史:及其与从古代到现代的政治、社会情况的联系:上卷[M]. 何兆武,李约瑟,译. 北京:商务印书馆,2011.

[62] 罗素. 西方哲学史:及其与从古代到现代的政治、社会情况的联系:下卷[M]. 马元德,译. 北京:商务印书馆,2011.

[63] 伍德沃德. 文艺复兴时期教育研究[M]. 赵卫平,赵花兰,译. 济南:山东教育出版社,2013.

[64] 休谟. 人性论:上[M]. 关文运,译. 郑之骧,校. 北京:商务印书馆,1980.

[65] 约翰·索利. 雅典的民主[M]. 王琼淑,译. 上海:上海译文出版社,2001.

[66] 约瑟夫·马奎尔,凯文·扬. 理论诠释:体育与社会[M]. 陆小聪,主译. 重庆:重庆大学出版社,2012.

[67]《中国军事史》编写组. 中国历代军事制度[M]. 2 版. 北京:解放军出版社,2006.

[68] 安树芬,彭诗琅. 中华教育通史:第 9 卷[M]. 北京:京华出版社,2010.

[69] 鲍冠文. 体育概论[M]. 北京:高等教育出版社,1995.

[70] 北京大学哲学系外国哲学史教研室. 古希腊罗马哲学[M]. 北京:商务印书馆,1961.

[71] 北京大学哲学系外国哲学史教研室. 西方哲学原著选读:上卷[M]. 北京:商务印书馆,1981.

[72] 布特. 和谐体育的哲学探索:现代体育的文化哲学批判与建构[M]. 北京:北京体育大学出版社,2011.

[73] 蔡元培. 中国伦理学史[M]. 北京:北京联合出版公司,2014.

[74] 曹湘君. 体育概论[M]. 北京:北京体育学院出版社,1985.

[75] 陈伯海. 回归生命本原:后形而上学视野中的“形上之思”[M]. 北京:商

务印书馆，2012.
[76] 陈桂生. 教育原理[M]. 3版. 上海：华东师范大学出版社，2012.
[77] 陈宁. 全民健身概论[M]. 成都：四川教育出版社，2003.
[78] 陈中梅. 神圣的荷马：荷马史诗研究[M]. 北京：北京大学出版社，2008.
[79] 成都体育学院体育史研究室. 中国近代体育史简编[M]. 北京：人民体育出版社，1981.
[80] 成都体育学院体育史研究所. 中国近代体育史资料[M]. 成都：四川教育出版社，1988.
[81] 崔乐泉，杨向东. 中国体育思想史：古代卷[M]. 北京：首都师范大学出版社，2008.
[82] 崔乐泉，杨向东. 中国体育思想史：近代卷[M]. 北京：首都师范大学出版社，2008.
[83] 崔乐泉，杨向东. 中国体育思想史：现代卷[M]. 北京：首都师范大学出版社，2008.
[84] 单中惠，王凤玉. 杜威在华教育讲演[M]. 北京：教育科学出版社，2007.
[85] 单中惠，杨汉麟. 西方教育学名著提要[M]. 南昌：江西人民出版社，2000.
[86] 邓晓芒. 思辨的张力：黑格尔辩证法新探[M]. 长沙：湖南教育出版社，1992.
[87] 方潇. 天学与法律：天学视域下中国古代法律“则天”之本源路径及其意义探究[M]. 北京：北京大学出版社，2014.
[88] 冯金朋. 公民社会的起源：希腊城邦制度[M]. 长春：长春出版社，2012.
[89] 冯俊. 笛卡尔第一哲学研究[M]. 北京：中国人民大学出版社，1989.
[90] 冯克诚. 古希腊罗马教育思想与论著选读：上[M]. 北京：人民武警出版社，2011.
[91] 冯霞. 人学视野中的人文体育观研究[M]. 北京：北京体育大学出版社，2008.
[92] 高光. 自然的人化与人的自然化：生产力理论的新探索[M]. 北京：中共中央党校出版社，1989.
[93] 葛红兵. 障碍与认同：当代中国文化问题[M]. 上海：学林出版社，2000.
[94] 葛兆光. 古代中国文化讲义[M]. 上海：复旦大学出版社，2006.
[95] 葛兆光. 中国思想史：导论：思想史的写法[M]. 上海：复旦大学出版社，

2001.
[96] 郭湛. 主体性哲学:人的存在及其意义[M]. 修订版. 北京:中国人民大学出版社,2010.
[97] 国家体委百科全书体育卷编写组. 外国体育名人选编[M]. 北京:国家体委百科全书体育卷编写组,1984.
[98] 国家体委体育文史工作委员会,全国体总文史资料编审委员会. 体育史料:第 17 辑:中国近代体育文选[M]. 北京:人民体育出版社,1992.
[99] 韩东屏. 人是元价值:人本价值哲学[M]. 武汉:华中科技大学出版社,2013.
[100] 韩晶. 教育价值通论:上册[M]. 沈阳:万卷出版公司,2007.
[101] 何东昌. 中华人民共和国重要教育文献:1949—1975[M]. 海口:海南出版社,1998.
[102] 贺国庆,于洪波,朱文富. 外国教育史[M]. 北京:高等教育出版社,2009.
[103] 胡小明,石龙. 体育价值论[M]. 成都:四川科学技术出版社,2008.
[104] 华东师范大学教育系,杭州大学教育系. 西方古代教育论著选[M]. 北京:人民教育出版社,1985.
[105] 纪秋发. 中国社会消费主义现象简析[M]. 北京:北京理工大学出版社,2015.
[106] 贾馥茗. 教育大辞书:四[M]. 台北:文景书局,2000.
[107] 江畅. 现代西方价值理论研究[M]. 西安:陕西师范大学出版社,1992.
[108] 教育大辞典编纂委员会. 教育大辞典:第 11 卷:外国教育史[M]. 上海:上海教育出版社,1991.
[109] 金观涛,刘青峰. 兴盛与危机:论中国封建社会的超稳定结构[M]. 长沙:湖南人民出版社,1984.
[110] 金诤. 科举制度与中国文化[M]. 上海:上海人民出版社,1990.
[111] 李德顺. 价值论:一种主体性的研究[M]. 3 版. 北京:中国人民大学出版社,2013.
[112] 李富菊. 中国现当代体育课程问题史论[M]. 济南:山东人民出版社,2014.
[113] 李建国. 教化与超越:中国道德教育价值取向的历史嬗变[M]. 北京:中国社会科学出版社,2014.
[114] 李晋裕,滕子敬,李永亮. 学校体育史[M]. 海口:海南出版社,2000.

[115] 李力研.野蛮的文明:体育的哲学宣言[M].北京:中国社会出版社,1998.
[116] 李留东.我国优秀运动员家庭社会阶层背景及其社会流动路径[M].上海:上海社会科学院出版社,2014.
[117] 李楠明.价值主体性:主体性研究的新视域[M].北京:社会科学文献出版社,2005.
[118] 李鹏程.当代文化哲学沉思[M].2版.北京:人民出版社,2008.
[119] 李泽厚.美学四讲:修订插图本[M].天津:天津社会科学院出版社,2001.
[120] 李泽厚.人类学历史本体论[M].天津:天津社会科学院出版社,2008.
[121] 李泽厚.实用理性与乐感文化[M].北京:生活·读书·新知三联书店,2005.
[122] 李泽厚.中国古代思想史论[M].北京:生活·读书·新知三联书店,2008.
[123] 李泽厚.中国近代思想史论[M].北京:生活·读书·新知三联书店,2008.
[124] 联合国教科文组织国际教育发展委员会.学会生存:教育世界的今天和明天[M].华东师范大学比较教育研究所,译.北京:教育科学出版社,1996.
[125] 梁启超.梁启超论诸子百家[M].北京:商务印书馆,2012.
[126] 梁漱溟.中国文化要义[M].上海:上海人民出版社,2005.
[127] 林笑峰.健身教育论[M].长春:东北师范大学出版社,2008.
[128] 刘欣然.生命行为的存在:体育哲学、历史与文化的线索[M].北京:北京体育大学出版社,2014.
[129] 卢梭.论人类不平等的起源[M].吕卓,译.南昌:江西教育出版社,2014.
[130] 卢元镇.体育社会学[M].北京:高等教育出版社,2002.
[131] 罗崇敏.教育的价值[M].北京:人民出版社,2012.
[132] 罗荣渠.现代化新论:世界与中国的现代化进程[M].北京:北京大学出版社,1993.
[133] 麻天祥.中国宗教哲学史[M].北京:人民出版社,2006.
[134] 马卫平.体育与人:一种体育哲学[M].长沙:湖南师范大学出版社,2010.

[135] 毛礼锐,沈灌群.中国教育通史:第5卷[M].2版.济南:山东教育出版社,2005.
[136] 毛振明,王小美.体育与健康课改论[M].北京:北京体育大学出版社,2009.
[137] 牛铭实.中国历代乡规民约[M].北京:中国社会出版社,2014.
[138] 郑旭旭.中国武术导论[M].北京:高等教育出版社,2010.
[139] 全国体育学院教材委员会.体育概论[M].北京:人民体育出版社,1989.
[140] 全国体育学院教材委员会《体育理论》编写组.体育理论[M].北京:人民体育出版社,1981.
[141] 人民体育出版社.中华人民共和国体育运动文件汇编:第1辑[M].北京:人民体育出版社,1955.
[142] 任海.奥林匹克百科全书[M].北京:中国大百科全书出版社,2000.
[143] 阮炜.不自由的希腊民主[M].2版.上海:上海三联书店,2014.
[144] 石鸥,吴小鸥.中国近现代教科书史:上[M].长沙:湖南教育出版社,2012.
[145] 舒新城.中国近代教育史资料:上册[M].北京:人民教育出版社,1981.
[146] 宋君复.体育原理[M].上海:商务印书馆,1933.
[147] 苏彦荣,祝心越,沈华.奥运征程[M].广州:广东人民出版社,2008.
[148] 孙培青.中国教育史[M].3版.上海:华东师范大学出版社,2009.
[149] 谭华.体育本质论[M].成都:四川科学技术出版社,2008.
[150] 谭华.体育史[M].北京:高等教育出版社,2009.
[151] 汤志钧,陈祖恩,汤仁泽.戊戌时期教育[M].2版.上海:上海教育出版社,2007.
[152] 陶行知.陶行知教育文选[M].陈波,编注.杭州:浙江大学出版社,2014.
[153] 体育词典编辑委员会.体育词典[M].上海:上海辞书出版社,1984.
[154] 体育院校教材编审委员会体育理论编选小组.体育理论[M].北京:人民体育出版社,1961.
[155] 田国祥,李斌,康彪.中国学校体育发展史[M].兰州:甘肃人民出版社,2011.
[156] 田正平.中国教育史研究:近代分卷[M].上海:华东师范大学出版社,2009.
[157] 万俊人.现代西方伦理学史:下卷[M].北京:北京大学出版社,1992.

[158] 汪楚雄.启新与拓域:中国新教育运动研究:1912—1930[M].济南:山东教育出版社,2010.
[159] 汪民安.身体、空间与后现代性[M].2版.南京:江苏人民出版社,2015.
[160] 汪子嵩,陈村富,包利民,等.希腊哲学史:第4卷[M].修订本.北京:人民出版社,2014.
[161] 瞿葆奎.教育基本理论之研究:1978～1995[M].福州:福建教育出版社,1998.
[162] 王宏.中欧体育哲学思想比较[M].武汉:湖北人民出版社,2014.
[163] 王华倬.中国近现代体育课程史论[M].北京:高等教育出版社,2004.
[164] 王凯旋.中国科举制度史[M].沈阳:万卷出版公司,2012.
[165] 王以欣.神话与竞技:古希腊体育运动与奥林匹克赛会起源[M].天津:天津人民出版社,2008.
[166] 王以欣.神话与历史:古希腊英雄故事的历史和文化内涵[M].北京:商务印书馆,2006.
[167] 王玉樑.从理论价值哲学到实践价值哲学[M].北京:人民出版社,2013.
[168] 魏贤超.德育课程论[M].哈尔滨:黑龙江教育出版社,2001.
[169] 吴爱明.公共管理理论与实践[M].太原:山西人民出版社,2004.
[170] 吴蕴瑞,袁敦礼.体育原理[M].上海:勤奋书局,1933.
[171] 肖潇.马克思人的发展理论及其当代中国论域[M].武汉:湖北人民出版社,2014.
[172] 徐大同.西方政治思想史[M].天津:天津教育出版社,2005.
[173] 徐复观.论文化:二[M].北京:九州出版社,2014.
[174] 徐复观.中国思想史论集[M].北京:九州出版社,2014.
[175] 徐贵权.价值世界的哲学追问与沉思[M].北京:中国社会科学出版社,2012.
[176] 严复.严复选集[M].周振甫,选注.北京:人民文学出版社,2004.
[177] 颜绍泸,周西宽.体育运动史[M].北京:人民体育出版社,1990.
[178] 杨文轩,陈琦.体育概论[M].2版.北京:高等教育出版社,2013.
[179] 杨向东.中国古代体育文化史[M].天津:天津人民出版社,2000.
[180] 叶澜.教育概论[M].北京:人民教育出版社,2006.
[181] 叶澜.教育研究方法论初探[M].上海:上海教育出版社,1999.
[182] 叶秀山,王树人.西方哲学史:学术版:第一卷:总论[M].南京:凤凰出版

社;南京:江苏人民出版社,2004.
[183] 余秋雨.文化苦旅[M].2版.上海:东方出版中心,2001.
[184] 余英时.论天人之际:中国古代思想起源试探[M].台北:联经出版事业股份有限公司,2014.
[185] 张华夏,张志林.技术解释研究[M].北京:科学出版社,2005.
[186] 张林,黄海燕.中国体育产业发展报告[M].北京:人民体育出版社,2013.
[187] 张天宝.主体性教育[M].北京:教育科学出版社,1999.
[188] 章忠民.黑格尔的本性与命运[M].上海:上海财经大学出版社,2013.
[189] 赵馥洁.中国传统哲学价值论[M].北京:人民出版社,2009.
[190] 赵立.体育概论[M].北京:人民体育出版社,2009.
[191] 赵汀阳.每个人的政治[M].北京:社会科学文献出版社,2010.
[192] 赵祥麟.外国教育家评传:第2卷[M].上海:上海教育出版社,1992.
[193] 郑杭生,杨敏,奂平清,等.品味社会学[M].南京:江苏人民出版社,2014.
[194] 中华全国体育总会文史资料编审委员会.体育史料:第11辑[M].北京:人民体育出版社,1984.
[195] 中央档案馆,中共中央文献研究室.中共中央文件选集:1949年10月—1966年5月:第29册[M].北京:人民出版社,2013.
[196] 中央档案馆,中共中央文献研究室.中共中央文件选集:1949年10月—1966年5月:第33册[M].北京:人民出版社,2013.
[197] 周谷平.近代西方教育理论在中国的传播[M].广州:广东教育出版社,1996.
[198] 周谷平.马克思主义教育思想的中国化历程:选择·融合·发展[M].杭州:浙江大学出版社,2008.
[199] 周西宽.体育基本理论[M].北京:人民体育出版社,2007.
[200] 周西宽.体育基本理论教程[M].北京:人民体育出版社,2004.
[201] 周与沉.身体:思想与修行:以中国经典为中心的跨文化关照[M].北京:中国社会科学出版社,2005.
[202] 祝宏俊.古代斯巴达政制研究[M].北京:中央编译出版社,2013.

期刊论文类

[1] 乔治·巴萨拉.西方科学的传播:西方科学进入非欧洲国家的三阶段模型[J].田静,译.苏州大学学报:哲学社会科学版,2013(1):2—10.
[2] 鲍明晓.体育价值的哲学思考[J].体育文化导刊,1999, 33(3):9—10.
[3] 陈村富.希腊原创文化及其观念[J].浙江大学学报:人文社会科学版,2003, 33(3):5—12.
[4] 陈存志,刘苹.论新型主体间性师生关系在高校体育教学改革中的构建[J].北京体育大学学报,2007, 30(S1):284—285.
[5] 陈桂生."制度化教育"评议[J].上海教育科研.2000(2):9—13.
[6] 陈桂生.再论"制度化教育":兼答康永久君[J].当代教育论坛.2002(4):34—36.
[7] 陈琦,杨文轩,刘海元,等.我国当代体育价值观的研究[J].体育科学,2006,26(8):3—9+74.
[8] 陈融.价值认识:体育基本理论研究的新生长点[J].南京体育学院学报,2000,14(1):9—11.
[9] 程卫波,于军.体育价值的历史性考辨与理性选择[J].体育学刊,2009,16(11):19—22.
[10] 程文广.我国体育教育价值主客体关系解析及其相互作用的内在机制[J].沈阳体育学院学报,2014,33(2):1—6+21.
[11] 崔颖波.论"体育"不是"身体教育"[J].天津体育学院学报,2009,24(6):491—493.
[12] 戴国斌.武术的仿生性生产[J].上海体育学院学报,2009, 33(6):6—10+29.
[13] 董时恒,熊晓正.体育探源[J].体育科学,1982(2):2—7.
[14] 范叶飞,马卫平.体育价值分类探究:基于人与社会的价值结构统一的视角[J].北京体育大学学报,2015, 38(3):35—39.
[15] 冯合国.由"反身"到"正身":现代教育的身体转向[J].湖南师范大学教育科学学报,2013,12(3):53—59.
[16] 冯建军.从主体间性、他者性到公共性:兼论教育中的主体间关系[J].南京社会科学,2016(9):123—130.

[17] 龚德胜,郑成爱,张利. 中国体育价值选择的历史演变及展望[J]. 体育与科学,2009,30(3):51—53.

[18] 辜德宏. 我国竞技体育发展方式转变的逻辑起点辨析[J]. 天津体育学院学报,2015,30(5):383—387.

[19] 郭道全. 体育概念研究中价值预设问题的探讨[J]. 体育学刊,2008,15(4):5—7.

[20] 郭元祥. 教育学逻辑起点研究的若干问题思考:兼与有关同志商榷[J]. 教育研究,1995(9):30—34.

[21] 韩丹."体育"就是"身体教育":谈"身体教育"术语和概念[J]. 体育与科学,2005,26(5):8—12.

[22] 韩丹. 辨析体育的共性与整体:答熊斗寅同志的商榷之一[J]. 体育与科学,2004,15(4):5—9.

[23] 韩丹. 论体育概念之研究[J]. 体育与科学,2012,33(6):1—11.

[24] 韩丹. 论体育、育体和人体科学:关于体育在教育中的地位、作用的新思考[J]. 体育学刊,1995(1):56—60.

[25] 韩丹. 论我国早期的三个体育定义[J]. 体育文史,1993(1):24—26.

[26] 韩丹. 纵论中国体育:特征、概念、历史和转型[J]. 体育与科学,2014,35(6):1—13+20.

[27] 郝苑,孟建伟. 逻各斯与努斯:西方科学文化的两个原点[J]. 中国人民大学学报,2012(2):124—131.

[28] 贺来."主体性"观念的反思与意识形态批判[J]. 马克思主义与现实,2007(3):18—24.

[29] 贺来. 深化"主体性"研究的重大课题:从"认知主体"到"价值主体"[J]. 学术月刊,2011, 43(4):27—33.

[30] 胡科,虞重干. 真义体育的体育争议[J]. 南京体育学院学报:社会科学版,2010,24(4):59—62.

[31] 胡庆山,郝秀艳. 主体间性视角下体育课程实施多元主体融合[J]. 北京体育大学学报,2011, 34(2):87—91.

[32] 蒋德龙. 价值还是实践:人文体育观哲学基础辨析[J]. 体育与科学,2012,33(5):11—15.

[33] 赖金良. 主客体价值关系模式的方法论特点及其缺陷[J]. 浙江社会科学,1993(1):55—60.

[34] 兰孝国，吴永存，崔忠洲，等. “真义体育观”与“Sport(s)大体育观”之争的方法论意义：一种结构主义方法论的分析[J]. 武汉体育学院学报，2013，47(11)：20—24.
[35] 黎平辉. 制度化教育下教师教学个性的困境及出路[J]. 大学教育科学，2009(2)：51—55.
[36] 李可兴. 中西方体育文化的精神实质及价值向度比较[J]. 西安体育学院学报，2005，22(2)：22—24.
[37] 李义君，尹碧昌. “土洋体育之争”的回顾与启示[J]. 体育学刊，2015，22(5)：17—21.
[38] 李志刚. 中小学体育(与健康)课程教材建设 70 年[J]. 中国学校体育，2019(10)：18—23.
[39] 林海. 先秦乐舞的美学探视：以《万舞》与《象舞》为个案的研究[J]. 北京舞蹈学院学报，2014(2)：86—88.
[40] 林笑峰. 析体育的真义(摘要)：兼谈中国真义体育[J]. 学校体育，1989(2)：60—61.
[41] 刘赋. 存在主义及存在主义之批判[J]. 理论月刊，2006(5)：36—39.
[42] 刘建和. 体育价值与体育价值观[J]. 成都体院学报，1987(4)：17—20.
[43] 刘湘溶. 对体育的全新诠释[J]. 北京体育大学学报，2008，31(6)：721—723.
[44] 刘欣然，范婕. 从身体哲学中寻找体育运动的哲学线索[J]. 武汉体育学院学报，2013，47(1)：23—26.
[45] 刘欣然，李孟华，陈安顺. 古希腊体育中的教育思想与实践[J]. 成都体育学院学报，2015，41(2)：69—74.
[46] 刘要悟，柴楠. 从主体性、主体间性到他者性：教学交往的范式转型[J]. 教育研究，2015(2)：102—109.
[47] 刘映海，石岩，丹豫晋. 论体育的本质及其教育价值[J]. 教育研究，2014，35(9)：24—32.
[48] 刘转青，刘积德. 我国体育分类刍议[J]. 体育学刊，2017，24(1)：47—51.
[49] 卢元镇. 体育与科学技术[J]. 体育科研，2001，22(3)：1—4.
[50] 鲁飞. 论体育的核心价值观[J]. 成都体育学院学报，2006，32(5)：27—29.
[51] 鲁洁. 超越性的存在：兼析病态适应的教育[J]. 华东师范大学学报：教育

科学版,2007,25(4):6—11.
[52] 鲁洁.论教育之适应与超越[J].教育研究,1996(2):3—6.
[53] 路光辉.斯巴达军事化体育的影响及启示[J].体育成人教育学刊,2016,32(3):11—13+20.
[54] 罗时铭,赵浅华.古希腊雅典体育及思想基础浅论[J].浙江体育科学,1996,18(4):59—63.
[55] 罗时铭.当代中国学校体育的流派与争论[J].体育学刊,2015,22(6):29—36.
[56] 马廉祯.论现实视角下的近代"土洋体育之争"[J].体育科学,2011,31(2):76—84.
[57] 孟凡强.体育概念争论的方法论特征[J].武汉体育学院学报,2009,43(2):22—25+34.
[58] 苗治文,张帆.我国竞技体育价值取向的转变[J].北京体育大学学报,2014,37(7):126—130.
[59] 缪佳.论德国近代体育之父古兹姆茨对学校体育发展的贡献[J].体育与科学,2011,32(6):107—109+114.
[60] 乔玉成."体育"概念的发生学研究:兼论"Sport"能否成为中国"体育"的总概念[J].体育研究与教育,2013,28(1):1—16+26.
[61] 瞿葆奎,郑金洲.教育学逻辑起点:昨天的观点与今天的认识(一)[J].上海教育科研,1998(3):2—9.
[62] 任杰,刘卓.体育的本质和功能[J].体育学刊,2002,9(4):5—7.
[63] 邵伟德,李启迪,胡建华.学校体育历史上溯与未来愿景:以"矛盾论"的视角[J].体育与科学,2010,31(6):93—100.
[64] 时杰.试论体育教学中教育性价值的回归:从赫尔巴特"教育性教学"的视角审视当前的体育教学[J].体育研究与教育,2013,28(4):69—72.
[65] 宋志明.墨子人天学新探[J].中国哲学史,2009(4):72—78.
[66] 覃立.论"Physical Education"的第三种解读:"Education in the Physical"[J].北京体育大学学报,2015,38(4):111—117.
[67] 太玄.教育学与社会学[J].教育杂志,1917,9(12):39—48.
[68] 谭华.现代体育形成的前提条件[J].成都体育学院学报,1995,21(1):1—8.
[69] 田正平.关于民国教育的若干思考[J].教育学报,2016,12(4):102—

111.
[70] 汪波.互为镜像与复调:宗教与体育的悖谬性超越[J].体育与科学,2017,37(4):48—52+120.
[71] 王猛,刘一民.马克思主义实践观透视下的体育价值[J].体育科学研究,2015,19(2):29—32.
[72] 王明伟,张丹芳,吴香芝,等.我国高尔夫产业发展现状与发展对策研究[J].体育与科学,2015,36(6):41—47+100.
[73] 王学峰."Sport-体育":中国体育认识上的最大误区:再谈体育(PE)与竞技(sport)的本质、功能、目标、手段和主体[J].山东体育学院学报,2003,19(1):16—18+22.
[74] 王延.中西方学校体育价值观的比较研究[J].成都体育学院学报,2013(1):59—63.
[75] 王玉樑.客体主体化与价值的哲学本质[J].哲学研究,1992(7):16—24+52.
[76] 王远林,刘霞.体育教育的本真价值:生命关怀[J].西南师范大学学报:自然科学版,2012,37(8):168—171.
[77] 魏立宇,杨薇,韩飞."体育"不是"身体教育"质疑:兼论中国体育本质研究的症结[J].体育学刊,2011,18(3):1—6.
[78] 魏贤超.教育,要回到人!要慢慢来![J].中国德育,2014(1):6—10.
[79] 魏义霞.仁:在孔子与孟子之间[J].社会科学战线,2005(2):49—54.
[80] 吴建喜,池建.论我国竞技体育发展方式转变中体教结合向体教融合的嬗变[J].北京体育大学学报,2014,37(4):88—93.
[81] 夏甄陶.论人的普遍性[J].哲学研究,1992(10):3—14.
[82] 萧功秦.从科举制度的废除看近代以来的文化断裂[J].战略与管理,1996(4):11—17.
[83] 谢光前.古希腊体育与身体意识的觉醒[J].体育学刊,2006,13(2):79—81.
[84] 熊斗寅."体育"概念的整体性与本土化思考:兼与韩丹等同志商榷[J].体育与科学,2004,25(2):8—12.
[85] 熊斗寅.什么是体育[J].体育文史,1996(5):8—10.
[86] 熊斗寅.现代体育与体育现代化问题初探[J].北京体育学院学报,1980(1):1—12.

[87] 熊文,刘剑. 基于公正的体育发展:兼论科学发展观语境下体育的发展[J]. 武汉体育学院学报,2010, 44(2):12—16.
[88] 徐成立. 中西方体育文化价值取向的冲突与融合[J]. 体育文化导刊,2007(10):52—54.
[89] 闫华,闫晓彤,赵超君,等. 对构建身心和谐体育观的解析与思考:无需对立的人文体育观和生物体育观[J]. 河北体育学院学报,2012, 26(1):1—4.
[90] 颜绍泸. 奴隶主民主制与古代雅典体育[J]. 成都体院学报,1984(4):1—7.
[91] 杨建英. 武术传统中的自然生态剖析[J]. 武汉体育学院学报,2012, 46(12):63—67.
[92] 杨韵. 后哲学文化演进中的体育哲学:基于理查德·罗蒂哲学思想的探究[J]. 体育科学,2011,31(7):92—97.
[93] 姚大为,张强. 古希腊斯巴达体育的社会基础与历史兴衰[J]. 武汉体育学院学报,2013, 47(1):9—14.
[94] 姚风萍. 体育价值之思考[J]. 兰州大学学报:社会科学版,2001(S1):32—35.
[95] 叶浩生. “具身”涵义的理论辨析[J]. 心理学报,2014,46(7):1032—1042.
[96] 余清臣. 交互主体性与教育:一种反思的视角[J]. 教育研究,2006(8):25—30.
[97] 俞吾金. 从抽象认识论到意识形态批判[J]. 天津社会科学,1995(5):9—12+36.
[98] 俞吾金. 马克思主体性概念的两个维度[J]. 复旦学报:社会科学版,2007(2):34—40.
[99] 张洪潭. 体育的主旨是强化体能而非保健养生:读张之沧先生《论身体教育的迫切性》一文有感[J]. 体育与科学,2005,26(5):13—20.
[100] 张洪潭. 体质论与技能论的矛盾论——百年学校体育主线索厘澄[J]. 体育与科学,2000,21(1):8—16+22.
[101] 张环宇,张强. 我国学校体育课程价值取向的梳理与启示[J]. 体育文化导刊,2015(11):131—135+139.
[102] 张井梅. 希腊文明与古代奥林匹克运动会[J]. 世界历史,2008(3):105—

115.
[103] 张军献. 寻找虚无上位概念：中国体育本质探索的症结[J]. 体育学刊，2010，17(2)：1—7.
[104] 张天白. 古代“体操”语义的演变[J]. 体育文史，1992(2)：9—11 + 16.
[105] 张天白. “体育”一词引入考[J]. 体育文史，1988(6)：14—17.
[106] 张文鹏，王健. 新中国成立以来学校体育政策的演进：基于政策文本的研究[J]. 体育科学，2015，35(2)：14—23.
[107] 张细谦. 当代中国体育价值体系的构建[J]. 广州体育学院学报，2012，32(4)：1—6.
[108] 张正民，陈宁. 我国学校体育发展方式转变的现实诉求与理论导向[J]. 北京体育大学学报，2015，38(12)：88—94.
[109] 赵国炳，杨忠伟. 古希腊与中世纪体育的兴衰探源：基于对身体和娱乐的考察[J]. 体育科学，2012，32(1)：88—95.
[110] 中央人民政府体育运动委员会关于公布“准备劳动与卫国”体育制度暂行条例、暂行项目标准、预备级暂行条例的通告[J]. 山西政报，1954(9)：45—55.
[111] 周爱光. 体育本质的逻辑学思考[J]. 武汉体育学院学报，1999(2)：19—21.
[112] 周谷平. 马克思主义教育思想的中国化历程：选择·融合·发展[J]. 高等教育研究，2008，29(3)：82—88.
[113] 周李莉. 竞技体育三层次教育价值分析[J]. 西南师范大学学报：自然科学版，2014，39(6)：89—94.
[114] 朱元善. 体育之价值[J]. 教育杂志，1915，7(11)：201—208.
[115] 祖苇. 再论体育价值[J]. 北京体育大学学报，2003，26(6)：741—743.

学位论文类

[1] 樊杰. 体育作为教化之源：古希腊体育的教化意义[D]. 长沙：湖南师范大学，2011.
[2] 范巍. 中国20世纪以来学校体育课程价值取向研究[D]. 长春：东北师范大学，2013.
[3] 郭海霞. 论身体资本与身体教育[D]. 北京：北京体育大学，2011.

[4] 金光辉. 从体育教科书和专著的立论基础看体育思想的演化[D]. 上海：华东师范大学，2012.
[5] 刘媛媛. 先秦身体观语境下的中国古代体育文化研究[D]. 北京：北京体育大学，2009.
[6] 聂真新. 论身体与体育教育[D]. 北京：北京体育大学，2012.
[7] 覃刚. 近代以来中国学校体育教育人文向度的失落与重构[D]. 上海：华中师范大学，2013.
[8] 石龙. 论西方体育人文价值的演变：兼论我国的缺失与回归[D]. 广州：华南师范大学，2007.
[9] 王琪. 西方现代体育科学发展史论：基于知识图谱视角的实证研究[D]. 福州：福建师范大学，2011.
[10] 张德安. 身体教育的历史：1368—1919：关于近世中国教育的身体社会史研究[D]. 天津：南开大学，2014.

报纸类

[1] 叶乐峰. 全民健身蔚然成风：各地全民健身活动开展情况综述[N]. 光明日报，2016-09-21(11).

索 引